双書 現代倫理学――4

酸っぱい葡萄

合理性の転覆について

ヤン・エルスター

訳――玉手慎太郎

Contemporary Ethics Series 4

Jon Elster

SOUR GRAPES

Studies in the Subversion of Rationality

keiso shobo

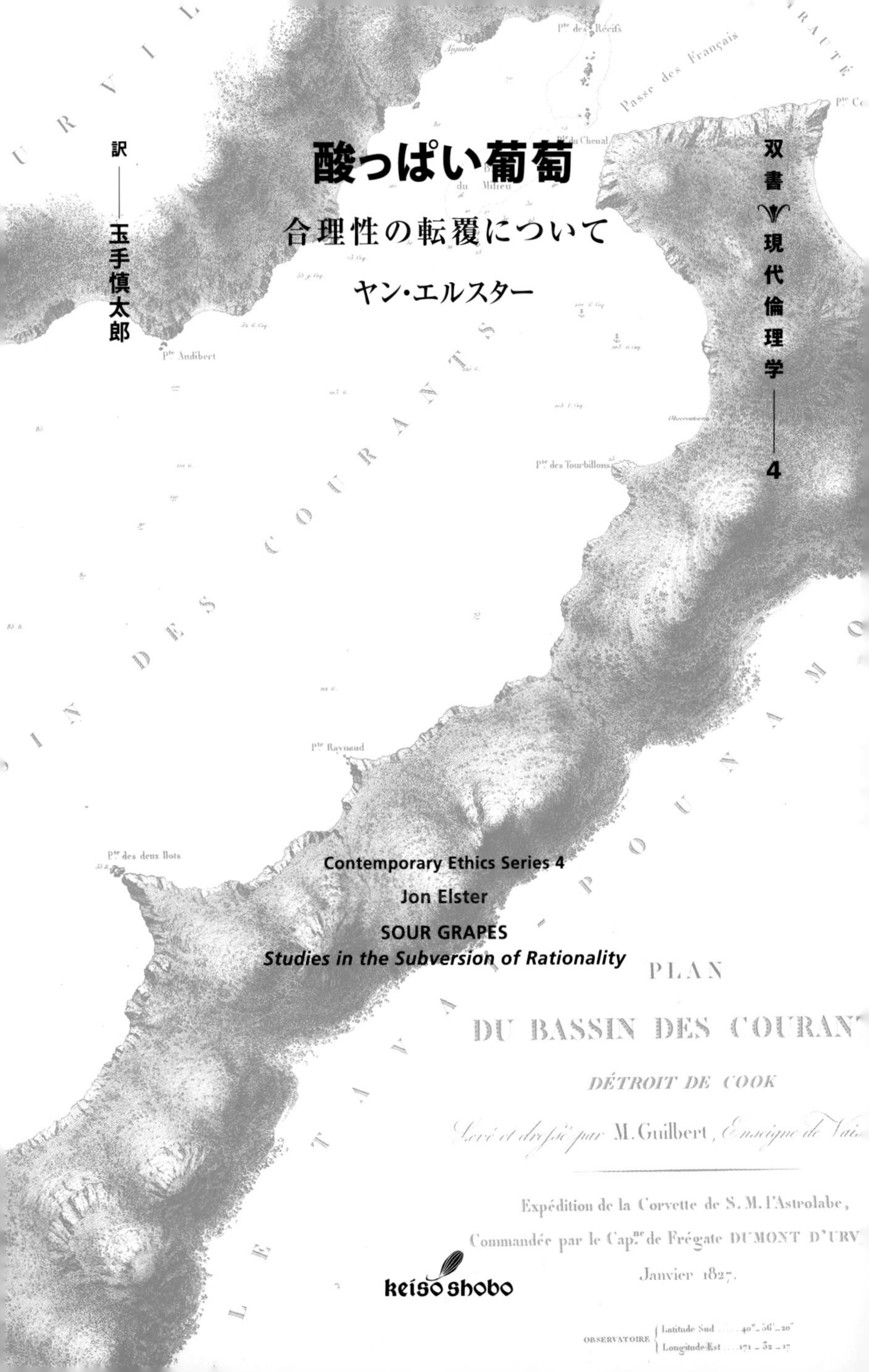

SOUR GRAPES

Studies in the Subversion of Rationality

by Jon Elster

Japanese translation published by arrangement with
Cambridge University Press through The English Agency (Japan) Ltd.

「ケンブリッジ哲学古典シリーズ」版への序★1

リチャード・ホルトン（Richard Holton）

あなたは、自分自身の欲求を充足するために行為する場合、合理的に行為している――これがありふれた見方である。しかし時としてその行為と欲求は、互いに干渉し合い、このような見方を動揺させてしまう。そのような問題事例を示すことが、『酸っぱい葡萄』の主題である。

問題の一つは、欲求されている目標が、その目標を挫いてしまうことなしには目指しえないようなものである場合に生じる。スタンダールはありのままであることを欲し、ダダイストたちは衝動的であることを欲したが、しかしどちらも、そうしようと試みて成功しうるようなものではない。ここでの問題は概念的なものであるが、問題が因果的なものであるような別の事例もある。われわれはかつては眠りに落ちようと試みてそうすることのできる種類の生き物であったのかもしれないが、われわれの大部分にとっては、またほとんどの不眠症患者にとっては間違いなく、そうしようと試みることが事態を悪化させる。扱いの難しい中間領域に存する事例もある。人はリラックスしようとすることができるだろうか？　穏当でいようとすることができるだろうか？

われわれの問題は、いささか不正確な形ではあるものの、本書のタイトルとなっている事例に端的に示されている。すさまじく空腹なのだが、頭上にぶら下がっている葡萄に手が届かないその狐は、あの葡萄は酸っぱいのだ、と断言する。葡萄は酸っぱくなどないのであり、狐は間違いを犯している。彼はその代わりに、ただ単に葡萄を欲することをやめてもよかったのだし、葡萄を食べたくないという積極的な欲求を形成するならばなおよかっただろう。それならば彼は間違いを犯すことはなく、それでいて彼の欲求は充足されただろう。われわれはエルスターが呼ぶところの、そしてすでに標準的用語となっている、適応的選好を持っているのだろう。すなわち、利用可能な物事に適応した欲求を。

そのような欲求について、われわれはどのように考えるべきだろうか？　もし欲求を充足することだけが問題であるなら、世界のあり方にうまく合うように欲求を変更することは、欲求にうまく合うように世界のあり方を変更するのとまったく同じくらい、良いことのはずである。おそらく、時にはそういうこともあるだろう。世界のあり方にうまく合致した欲求を持とうというメタ欲求を伴うストア派や仏教の戦略は、完全に合理的な計画的性格形成を伴うものであるように思われる。しかし、件の狐は仏教徒ではない。彼はただ単に、自分の欲求を世界のあり方に一致させようとする盲目的な因果メカニズムを――エルスターが名付けるところの衝動、すなわち「彼の背後で」作動する何ものかを――持っているだけである。このような事例において、合理性〔という概念〕は〔問題を理解するための〕足がかりを掴めていないように思われる。それどころか、エルスターの主張するところでは、行為者の欲求を充足することが正しいとする功利主義理論は、ここにおいて二つの問題点のゆえに失敗する。第一に、功利主義理論はわれわれにどうすべきかを教えてくれない。というのも、究極的には、もし行為者が無限に適応的な選好を持っている場合、われわれが何をしたとしても選好は充足されることになるだろうからである。そして第二に、適応的選好を充足することは十分に良いことであるというのは、直観的に正しいものではまったくない。彼の能力にどこまでのことができたかに関係なく、われわれが葡萄を取ってやった方が、狐にとっていっそう良かっただろう。

このことのすべてが、膨大な事例をもって示されている。その知見は近年では、心理学について見識のある行為の哲学者たちの間で共有されたものになっている。エルスターが本書を書いたのはもう何年も前のことだが、その議論は歴史学、経済学、そして文学を等しく取り込んでいる。これまで有してきたその影響力にもかかわらず、『酸っぱい葡萄』はまだその探究が端緒についたばかりの原典なのである。

まえがきと謝辞

ある行為は、いくつかの制約の下での一つの選択の帰結である。オーソドックスな見方に従えば、その選択は自由を構成する一つの要素を表しており、またそれらの制約は必然性を構成する諸要素を表している。しかしながら、非標準的なケースではこれらの等式は成り立たない。合理的および非合理的な行動について論じた前著のタイトル『ユリシーズとセイレーン』は、人々は時として自分自身に対する制約を選択する自由を持っているということを思い出させるものである。『酸っぱい葡萄』〔というタイトル〕は、これとは反対に、一つの選択の基礎となる選好は制約によって形づくられることがありうる、という考えを表現している。これら二つの非標準的な現象は、ひとまとめに考えたならば、オーソドックスな理論は根本から見直されて当然である、と主張するのに十分なほど重要なものである。

したがって本書は、私のこれまでの研究を拡充するものである。またある程度は、人々は自分の性格を選択することが可能であるという考えについて、今ではゆきすぎた熱狂による適用であったと考えている部分を修正するものでもある。計画的性格形成によって達成されうるものには限界があることが、本質的に副産物である状態を扱う章〔第二章〕において示される。人は自分自身の魂の主人であることができる、という見方の中には傲慢さがある――それはちょうど、行為によって生じるあらゆるものは行為によって引き起こすこともできるという見方の中に知的誤謬があるのと同じである。

本書はまた、合理性、意図性、および最適性という複雑な概念について、その絡み合った網目のいくつかを解きほぐそうという試みでもある。これに関連して提起されるいくつかの問題は、私の『技術変化の説明』においてより十全に議論されている。このことはとりわけ機能的説明の分析について当てはまる。

私は誰よりもまず、第二、三、四章の一連の草稿について広範にそして徹底的にコメントしてくれたG・A・コーエンに感謝したい。彼がその手腕によって私を生まれつきの知的怠惰から引きずり出してくれなかったなら、議論のレベルはずっと低いものになっていただろう。次に私は、有用な議論と絶え間ないインスピレーションを与えてくれたことに対して、人間科学館（Maison des Sciences de l'Homme）の援助の下に設立された合理性に関するワーキンググループのメンバーに感謝したい。とりわけブライアン・バリー、ドナルド・デイヴィドソン、ダグフィン・フェレスダール、ロバート・グッディン、セルジュ・コルム、アメリー・ローティ、エイモス・トヴェルスキー、バーナード・ウィリアムズに謝意を示したい。最後に、あらゆる読者にいずれ明らかになるであろうことに言及しておくべきだろう――私はポール・ヴェーヌの傑出した研究、『パンと競技場――ギリシア・ローマ時代の政治と都市の社会学的歴史』から非常に多くの知的な恩義を受けた。さらに加えて、個々の章に関して以下の感謝を述べたい。第一章における集合的合理性についての私の考えは、ノルウェー人文科学研究会議（Norwegian Research Council for the Humanities）によって設立された「民主主義と社会計画」プロジェクトにおける、オーヌント・ヒューラント、ルネ・スラグスタットをはじめとした参加者たちとの間での、非常に多くの議論によって形づくられたものである。それより前のことになるが、第二章のより簡潔かついささか議論の混乱したヴァージョンが、はじめに一九八一年の『社会科学インフォメーション』に発表された。編集上の手助けについてエリーナ・アルマシーに、また有益なコメントをくれたことについてヴォルフ・レペニースに感謝している。第三章のわずかばかり異なるヴァージョンが、アマルティア・センとバーナード・ウィリアムズによる編著『功利主義とその向こう側』(Cambridge University Press, 1982) において発表された。[★1] 私はそのヴァージョンの草稿に関して、この本の編者たちから、そしてまたヘルマン・ファン・グンステレン、マーティン・ホリス、ジョン・ローマー、アーサー・スティンチクームから価値あるコメントを受け取った。第四章は、これもまたいささか異なった形であるが、マーティン・ホリスとスティーヴン・ルークスによる編著『合理性と相対主義』(Blackwell, Oxford, 1982) において発表された。編集上の提案についてマーティン・ホリスに感謝している。

本書の執筆にあたっては、オスロ大学、ノルウェー人文科学研究会議、人間科学館、そしてオックスフォード大学オール・ソウルズ・カレッジからも支援を受けた。

酸っぱい葡萄　合理性の転覆について　目次

凡例

・本書は、Elster, Jon, ［1983］ 2016, *Sour Grapes: Studies in the subversion of rationality*, Cambridge: Cambridge University Press の全訳である。
・原注は＊1、訳注は★1のように表記し、それぞれ章ごとの通し番号で示した。注は巻末にまとめた。
・原文イタリックのうち、強調を示している箇所は傍点を付し、書名を示している箇所は『　』を付した。
・日本語で可算名詞として扱うことが一般的でない単語（たとえば「信念 belief」や「欲求 desire」など）については、単数形・複数形について区別せず訳出した。
・本文の（　）はそのまま訳出した。ただし読みやすさのために、原文にないところで訳者が（　）を追加している場合もある。引用文内の［　］は原著者による補足である。〔　〕内は、文意を明確にするために付された、訳者による補足である。
・人名のカタカナ表記については、既存の表記が確認できた場合にはそれに従い、それ以外は原則として発音に最も類似すると思われるカタカナを当てた。
・日本語として読みやすいよう、一文を二文に分けて訳出した場合がかなり多くある。ただし段落分けは完全に原文の通りである。
・明らかな誤植と判断されるものは、それと明示せずに訂正して訳出した。

第一章　合理性

《1》はじめに

この研究は主として非合理性に関するものである。とはいえ、合理性という概念について先に分析しないことには、その議論は意味をなさないだろう。この概念はやっかいなほどに内容の豊かなものである。途方に暮れるほど多くのものが、合理的であるとか非合理的であるとか言われる――信念、選好、選択や決定、行為、行動パターン、人格、さらには集団や制度までも。そしてまた「合理的」という言葉の意味は、効率性と整合性についての形式的な概念から、自律あるいは自己決定についての実質的な概念まで幅広い。おまけにこの概念の背後には、カントもしくはヘーゲル的な意味での「悟性 Verstand」と「理性 Vernunft」という手強い対立が潜んでいる。

私はまず、個人的な行為の形式的な特徴としての合理性に焦点を当てるところから始める（第2節）。そこから、ロールズの同様の用語法に従って[*1]、私が合理性の薄い理論と呼ぶものを提供しよう。それは、合理的であるかどうかが問われているある行為の合理性を評価するにあたって、そのように行為する理由を形成している信念や欲求については検討を加えないでおく（ただしそれらが論理的に不整合でないと規定されていることを例外として）という意味で、薄いものである。実際のところ、薄い意味での合理性は整合性のみに関わる——信念体系の整合性、欲求体系の整合性、そして、信念と欲求を一方としてそれらを理由とする行為を他方としたときのこの両者の間の整合性のみが問題となる。

個人的な合理性の広い理論は、こうした形式的な諸要請を越えていく（第3節）。ここで合理性は、整合的な信念や欲求に基づいて整合的に行為すること以上のものを含む。すなわち、より実質的な意味で信念や欲求が合理的であることもまた要求される。信念の場合には、このことが何を意味しているのかを述べるのはそれほど難しいことではない。実質的に合理的な信念とは、利用可能な証拠に基づくものである。すなわちそれらは判断の概念と密接に結びついている。実質的に合理的な欲求についてこれと対応する概念を定義することはずっと難しい。この問題にアプローチする一つの方法は、欲求に対する自律の関係は信念に対する判断の関係と同じであると論じるものであり、私は主としてこのやり方をとるつもりである。

合理性の概念は別の方向にも、すなわち個人的なケースから集合的なケースへも拡張可能である。ここでも再び、私はより形式的な考察から（すなわち薄い理論から）始めたい（第4節）。このレベルにおいては、合理性は、集合的意思決定（社会選択理論におけるような）と個人の決定の集計結果のどちらにも付与されうる。いずれの場合においても、個人の欲求や選好は所与とされ、合理性は主として選好と社会的帰結との間の関係として定義される。集合的合理性についてのより広い理論（第5節）は、個人の選好を個人的合理性の広い概念に従わせるための、社会システムあるいは集合的決定メカニズムの能力にも目を配らなければならないだろう。この意味で集合的に合理的な取り決めとは、自律的な欲望を育んだり、あるいは非自律的な欲望を濾過して排除することが可能であったりするもののことである。

本章において私は合理性に関心を向けるが、後の章では非合理性に関心を移す。これら二つの概念間の関係を見る一つの方法は、次のようなものである。合理性は行為者になすべきことを教える――もし彼がそれとは別の行動を取ったならば、彼は非合理的である。私はこの見解に反論しようと思う。多くの場合において、合理性は――薄いものであれ広いものであれ――特定の選択肢を排除する以上のことはできず、そこで残った選択肢の間での選択についてはいかなる指針も示さない。もしそのような場合における行動を説明しようとするならば、合理性についての仮定に加えて、因果的な考察にも訴えなければならない。実際、もしわれわれが広い意味での合理性を要求する場合には、このことは例外ではなく規則となる、ということを私は以下で論じるつもりである。

《2》個人的合理性――薄い理論

ドナルド・デイヴィドソン（Donald Davidson）によって提起された方向に沿って論じるならば[*2]、合理的な行為とは、行為者の信念や欲求（私はこれらをまとめて彼の理由と呼ぶ）に対して特定の関係に立つ行為のことである。われわれは、第一に、その理由がその当の行為のための理由であり、第二に、その理由が、それが理由となっている当の行為を実際に引き起こしており、第三に、その理由が当の行為を「正しい方法で」引き起こしている、ということを要求しなければならない。それらの要求には暗黙のうちに、欲求や信念それ自体に対する整合性の要求も含まれている。以下では主として整合性に焦点を当てることになるが、しかしその前に、合理的な行為の定義に組み込まれたこれら三つの条項について二言三言、述べておかなければならないことがある。

最初の条項には二つの捉え方がある。ある理由は、行為者の信念を所与とすれば、当の行為が彼の欲求を実現するための最も良い方法であるときに、行為のための理由となる、とも言えるであろう。しかしまた、もっと弱く、ある理由は、（信念を所与として）欲求を実現する方法のうちの一つである場合に、行為のための理由となる、とも言えるであろう。この区別は、先に第1節の最終段落で提起された問題と、関連してはいるが異なるものである。なぜなら、単一性の問い（行為の合理的な進路が一つ存在しているか？）は最善性の問い（その合理的な進路は最善のものであるか？）とは区別されなければならないからである。等しくかつ最大限に良い選択肢が複数存在するということは十分にありうる。この点については後ほど議論するつもりである。ここではただ、われわれがここで扱おうとしている合理性についての理論が、どれだけ極端に薄いものであるかを指摘しておきたい。もしある行為者が他人を殺害したいという強迫的な欲求を持っており、その人を殺害するのに最善の（あるいは一つの）方法は彼をかたどった人形に釘を突き刺すことだと信じていたとするならば、〔この理論の下では、〕彼は人形に釘を突き刺す場合に合理的に行動していることになる。しかしわれわれはおそらく、そのような欲求と信念の実質的な合理的について疑義を呈したくなることだろう。

定義についての二つ目の条項は、「第一のクラスの偶然の一致」と呼びうるもの、すなわち、ある人が、まさに彼が取ったような方法で行為する理由を持っているのだが、彼はその理由とは異なる何か別の要因によって当の行為を行った、というケースを排除するために必要となる。そうする理由のある行為について、人は偶然にそれをなしてしまうかもしれない。そしてまた、強迫的な行動は偶然にも、状況に照らして実に適切なものであるかもしれない。

三つ目の条項は、「第二のクラスの偶然の一致」、すなわち、ある理由があり、それが理由となっている当の行為が実際にその理由によって引き起こされているのだが、しかし「間違ったやり方で」そうされている、というケースを排除するために必要となる。理由が行為を「間違ったやり方で」引き起こしうるということは、ある理由が、それ自身が理由となってはいないような行為を引き起こすケースに見て取ることができる。たとえばデイヴィドソンは、意志の弱さというものはこの方向に沿って説明することができると論じている。[*3] しかしながらここで扱っているケースはより複雑である。というのもここでは、ある理由によって間違った仕方で行為が引き起こされるのだが、まさにその行為こそが、その理由が理由となっているところの行為だからである。このようなことがどのようにして可能であるかを見るために、デイヴィドソンの、非標準的な因果連鎖という概念を考えてみよう。外的世界における〔非標準的な因果連鎖の〕例として次のようなものがある。「男がある人を撃ち殺そうとしている。その殺人者はターゲットを撃ち殺すのにすっかり狙いを外してしまうが、しかしその弾丸は野生の豚の群れを驚かせ、豚たちがターゲットに殺到して踏み殺してしまう、と考えてみよ」。[*4] この場合に、男がターゲットを意図的に殺したのだと言うことははばかられる。なぜなら因果連鎖が間違った種類のものだからである。われわれがここで関心を持っている心的因果の事例についても同様のことが言える。

ある登山者が、その手に握ったロープによってもう一人の男を支えている。彼はその男の重さと〔それに伴う〕危険から逃れたいと思っており、そしてその重量と危険から逃れるにはロープを握る手をゆるめればよいのだと知っているとしよう。この信念と欲望はあまりに心をうろたえさせるものであるがゆえに、彼は〔思わず〕その手をゆるめてしまうかもしれないが、しかしこの場合には彼は決して手をゆるめることを選んだわけではないし、決して意図的にそうしたわけでもない。*5

〔以上で三つの条項については議論を終え、次に整合性についての議論に入ろう。〕信念や欲求は、それが整合的なものでない限りは、行為の理由にはまずなりえない。論理的、概念的、あるいは実際的な矛盾を含んでいてはならないのである。はじめに信念の整合性の基準について議論し、次にそれよりいくぶん広い幅をもって欲求〔の整合性の基準〕について論じよう。

信念についての整合性を評価することは、少なくとも、比較的表面的な、信念がすでに同定されていると想定しうるようなレベルにおいては、難しいものではない。より深いレベルにおいては、ある人の信念を同定することとその整合性を評価することとを分離することはできないとするデイヴィドソンの議論を、われわれは受け入れなければならない。信念を帰属させるプロセスは、信念が全般的に整合的であるという仮定によって支えられていなければならないのである。*6★1 しかしひとたび一般的な整合性のベースラインあるいはバックグラウンドを打ち立てたならば、信念の部分的な不整合性を問うことが可能になる。以下ではこの条件のみが満たされているものとする。

われわれは信念を、主観的確率の評価とみなすことも、ともかくそれ自体で類をなすもの（sui generis）とみなすこともできる。第一の読み方においては、整合性は単純に確率の法則との一致を意味する。たとえば、互いに排他的でかつ網羅的ないくつかの事象のある一時点における確率の総和が1であるとき、それらのうちのどの二つの組み合わせの確率もゼロになる、等々。同様に、混合事象の確率は基本事象の確率に対して精緻な関係性を持っており、独立した事象の結合はその要素事象の積に等しい確率を持つ。

それ自体で類をなすものとして捉えられた信念に対しては、明確な整合性の基準は以下のようなものになるだろう。一揃いの信念は、それらがすべて真であるようなある可能世界が、すなわちそこから矛盾を引き出すことが不可能であるような可能世界が存在している場合に、整合的である、と。しかしながらヤーッコ・ヒンティッカ（Jaakko Hintikka）が、これでは不十分であることを示した。[*7] 信念は、それらがすべて真でありかつ信じられている一つの可能正解が存在する場合に、整合的である、というのが彼の基準である。最後の一節［「かつ信じられている」］は、高階の信念、[★2] すなわち信念についての信念を扱う場合に必要性が生じる。たとえば、ニールス・ボーア（Niels Bohr）はあるとき、自分の部屋のドアに馬の蹄鉄を掛けていたと言われている。馬の蹄鉄が幸運を呼ぶと本当に信じているのか、と問われて、彼は答えた。「いいや。でも、そいつは信じていない人にだって幸運を運んでくれるって聞いたよ」。[*8] この話を少しばかり整えれば、次のようになる。

(1)ニールス・ボーアは「馬の蹄鉄は自分に幸運をもたらすことはない」と信じている。

(2)ニールス・ボーアは「馬の蹄鉄は、それが自分に幸運をもたらすとは信じていない人に幸運をもたらす」と信じている。

ここで、(1)と(2)の引用符の中の信念の間には矛盾はないが、しかしそれら二つの信念に(1)そのものを加えた場合には不整合性が生じる。したがってもしわれわれが、直観的にはそのような信念体系は不整合なものだと呼びたくなる、ということを認めるならば——私は認めるべきだと思うが——そのような直観に沿う結果をもたらす、複雑な基準がわれわれには必要なのである。

欲求についての整合性の基準を定義するには、はじめに、問題となっている当の行為の本性をより近くからのぞき込まなければならない。大雑把に言って、ある行為は、何かを行っているものか、あるいは（因果的に）何かを引き起こしているものとして見ることができるだろう。果物のボウルから一つのリンゴを手に取ったとき、私は外の世界に因果的プロセスを生じさせているわけではない——私はただ（意のままに）それを行っている。反対に、灰皿を投げつけて窓ガラスを割るとき、私はすぐに私の意志から独立するような因果的プロセスを生じさせることで、世界に変化を引き起こしている。（もちろん、また別の記述をすればこれらの特徴づけは逆にもなるだろうが、ここで私は、行為を意図的に遂行されたものとみなす記述に関心を持っている。）これら二つの行為の説明は、たとえそれらが両方とも合理的行為の一般的図式の下にあるとしても、決して相互に同化可能ではない。私はリンゴが欲しくて、それを手に取った——それ以上を言う必要はない。いくらか頭でっかちな言い方になるが、私はそこにリンゴがあると信じている、と付け加えることもできる――そしてまた、もしもっと強い形式での説明を望むなら、手に入ると私が信じている他の選択肢と比べて、リンゴは私がそのとき最も欲しているものである、と付け加えることもできる。要するに、私はリンゴを選好しているのである。これ以上進む必要はなく、私は私の味覚器官に特定の感覚を引き起こすために、あるいは特定の感覚を最大化するためにリンゴを手に取るのだと付け加えるのは誤りである。そのようなことは非標準的なケースにおいてのみ真であるだろう。しかしながら、〔ここでの議論とは〕少し離れたところで、味覚はなおある程度の説明力を持っていることを付け加えておかなければならない――それは選好の創発と強化に関連している。それは私の欲求を記述するときではなく、私の欲求を説明するときに引き合いに出されうる〔後の第二章第10節も参照〕。

しかしながら灰皿のケースにおいては、それがアンドレ・ジッドの『法王庁の抜け穴』[★3]におけるような単なる無償の行為ではないと仮定するなら、その行為の説明のために単なる選好以上のものに訴えなければならない。その行為を理解するには、ある計画〔の存在〕を前提し、かつその取り組みが目的としている将来の状態を特定しなければならない。目的――窓ガラスを割ること――を達成するには、たくさんの方法がありえただろう。私の行為についての説明の一つは、単純に、灰皿を投げることは目的を達成する方法の一つであると私は信じていたというものである。より野心的な説明は、私はそれが最善の方法であると信じていたというものである。もしも誰かが「なぜ彼は灰皿を投げたのですか?」と尋ねる場合、そう尋ねるのはそれ〔灰皿の投擲〕が怒りの表現であったのかそれとも窓ガラスを割るための手段だったのかを知りたいからかもしれないし、窓ガラスを割ることの理由を調査したいからかもしれないし、あるいは他のものではなく灰皿が選ばれたのはなぜかを理解したいからかもしれない。最後の疑問に焦点を合わせれば、選好と計画の間の区別が見えてくる。コーヒーマグではなく灰皿を選ぶことは、オレンジではなくリンゴを選ぶのとは異なる種類の行為である〔前者は計画の問題であり後者は選好の問題である〕。それでは次に、行為が選好によって導かれたかそれとも計画によって導かれたかによって、それぞれにまったく異なる整合性の基準が用いられることを見ていこう。

選好に対する整合性の基準は、最低限、推移性を含んでいる——もし私が a を b よりも選好し、かつ b を c よりも選好するならば、私は a を c よりも選好するだろう。より複雑な内的構造を持つ選択肢に対して選好が定義されている場合には、より複雑な整合性の基準が必要となる。そのような二つの状況、確率と時間それぞれに由来する状況について考察しよう。

選好はくじによって、すなわち、選択肢の確率的な組み合わせによって定義されうる〔選択肢のいくつかはそれ自体がくじかもしれない〕。このことは実践的に重要でありうるとともに、選好の強度の比較を許すような効用関数を構築する上で決定的でもある。*9 そこでは普通、優越原理（dominance principle）が仮定される——もしある人が a を b よりも選好しかつ $p > q$ であるならば、その人は p という確率で a を受け取り $(1-p)$ という確率で b を受け取るという選択肢を、q という確率で a を受け取り $(1-q)$ という確率で b を受け取るという選択肢よりも合理的に選好するだろう。そしてまた、普通は還元原理（reduction principle）が、すなわち、もし複合くじ——選択肢の中にくじを含んでいるようなくじ——が単純な〔選択肢にくじを含まない〕くじに明確なやり方で還元されたなら、選好は同じままに留まるだろうということが、仮定される。しかしどちらの仮定も、これまでその難点を指摘されてきた。[*10]

選好はまた、選択肢の全体的な配列によっても定義されうるが、それは時間を考慮に含める一つの本質的な方法である。とりわけ、ある人がある一時点において、後の様々な時点あるいは期間に対して与える相対的重要性の表現として、われわれは時間選好（time preferences）の概念を定義することができる。時間選好は典型的には、将来を割り引くこと、すなわち将来の消費や効用に現在のものよりも小さなウェイトを付けることを求める。そのような選好は、二つの種類の非合理性、われわれがそれぞれ非自制性（incontinence）（あるいはより中立的に言えば短気）および不整合性（inconsistency）と呼ぶものの制約を受ける。非自制性は将来を過剰に、すなわち死亡統計やそれと同様の考察から正当化される以上に割り引くことを求める。合理性の薄い理論においては、われわれは、その行為者が非自制的に行為しているそのときに同時にまたあらゆることを考慮した上で待つのが最善だと信じているのでない限り、非自制性を非合理的だと述べる権利を持たない。われわれはそれを、先に簡単に言及した意志の弱さの一ケースとして扱うだろう。また他方では、そのようなコンフリクトが存在しないときでも非自制性をなお非合理的であると特徴づけることを可能にするような、合理性の広い理論をわれわれは支持するかもしれない。[*11] これに対して、不整合な時間選好は薄い理論においてさえ非合理的である。[*12] 時間選好の整合性は、時点t_1において時点t_2とt_3の間での消費の配分について立てられた計画は、時点t_2に至ったときにも有効性を保っていなければならない（ただしその人の性格にも利用可能な選択肢集合にも変化はなかったと仮定して）、という要求によって定義される。不整合な時間選好の下では、人は過去の計画を堅持することが決してできない。将来が一定の率で割り引かれるように、整合的な時間選好は指数的なものでなければならないと示すことは可能である。〔しかし〕ジョージ・エインズリー（George Ainslie）は、人間生活において非指数的な時間選好が広く見られると論じるとともに、行為者は自身の非自制性を克服するためにこの特徴を戦略的に活用することができることを示した。[*13] そのアイデアは、簡潔に言えば、いくつかの将来の選択をひとまとめにすることによって、個別の選択のそれぞれにおいて後のより大きな報酬につながる選択肢を選ぶ見込みを上昇させるというものである。[★4] しかし一方でこの解決策は、衝動性の問題に対してはそのもともとの困難と同じくらい悪いものでありうる。というのも、選択肢をひとまとめにする習慣は硬直的で強迫的な行動を導きうるからである。

非自制性と時間的不整合性に加えて、時間はまた心変わり（inconstancy）、すなわち非合理的な選好の変化（時間選好の変化も含む）[*14] の危険性を持ち込むものでもある。もちろん、あらゆる選好の変化が非合理的なわけではない。現実には時として、学習に際しては、その人の選好が変化しないことのほうが非合理的だということも起こりうる。しかしながら、この問題についての議論は後回しにしようと思う。というのもここで〔この問題を扱う上で〕われわれは明らかに、合理性の広い概念に訴えているからである。実を言えば後の第4節で私は、純粋に形式的な基準に照らして非合理的だと言われうるような内発的な選好変化の例を与えはするのだが、しかし一般的にはわれわれは〔内発的な選好変化を論じるには〕自律についての実質的な考察に訴えなければならない。

合理的選択理論において、選好はしばしば整合的であると同時に完全（complete）であることが要求される。すなわち、あらゆる選択肢のペアに対してそのうちの一方に対する選好を表明できるはずであり、それができなければ〔両者は〕無差別だとされるのである。今ここで用いている観点〔合理性の薄い理論〕からすると、この条件に対する強力な擁護論は一つもない。実際のところ、もし選択肢のどちらについてもほとんど知るところがない場合には、そのどちらかに対する選好に身を委ねることのほうが非合理的であると論じることすらできるだろう。少なくともそのような選好に大きな信頼を寄せることは非合理的であろう。[*15] しかしながら、モデル構築という目的のためには、利用可能な選択肢の間での完全な順序づけのほうが部分的な順序づけよりもずっと強力な概念であることは明らかである。とはいえもしも利便性よりも現実性に導かれるならば、部分的あるいは不完全な選好順序を前提するか、あるいは完全な選好を前提しつつそれを（行為者が選択肢についてよりいっそう知識を得ることによる）内発的な変化の影響下におくかが選択肢となるだろう。完全かつ安定した選好を前提するならば、現実世界から離れすぎてしまうように思われる。

整合性と完全性に加えて、選好は連続性（continuity）という特徴を持っているとしばしば仮定される。非常に大まかに言えば、ある人がbよりもaを選好しているとして、aがきわめて小さな（どんな小さなものであれ）変化を被った場合に、その選好は逆転してはならないということをこの条件は意味している。[*16] この要請はいわゆる非アルキメデス選好のケースにおいて棄却される。その一つの重要な特殊ケースは、価値の階層性を含む辞書的な選好構造である。もし私が飢えており、ひとかたまりのパンとともにバッハのレコードを聴くという選択肢と、ひとかたまりのパンとともにベートーヴェンを聴くという選択肢との間での選択が私に提示されているなら、バッハへの私の愛着が私に前者を選好させるかもしれない。しかしながら、もし最初の選択肢からきわめて小さな、どんな小さなものであれ、パンの小片でさえ取り除かれたならば、飢餓段階におけるカロリーは音楽とは比較不可能なほど重要であるという理由で、私は第二の選択肢へと移る。このような選択の変更に非合理的なところはまったくない。それゆえ、連続性は合理性の一部分ではありえない。[*17] しかしながら、モデル構築という目的のためには、この条件はとても重要である。というのも、推移的で完全かつ連続的な選好は実数値の効用関数として表現可能だからである。

　ここに至って気づくことが二つある。第一に、効用を最大化することは、独立に定義された目的を実現するのに最善の手段を選び、計画を成し遂げることとは関係がない。現代の効用理論において、効用は本質的に選好についての一つの省略表記であって、行動の目標とみなされうるような多かれ少なかれ快い心理状態については何も含意していない。いまや、このような厚生の順序的構想は物事を極端に扱いすぎているとみなす適当な理由がある。というのもわれわれは内省を通じて、喜び、幸福、そして満足が意味のある概念であることを確かに知っているからである。ただしこのことは、それらをどう概念的に扱えばよいかがわれわれにわかればの話であって、それら〔の概念〕は扱いづらいものであることが明らかになるかもしれない。ここでの私の要点は、もしある人が効用の基数的尺度を定義することに成功したとしても、それによってたとえば投資が利潤最大化という言葉で説明されるのと同じ意味で、行為は常に効用最大化という言葉で説明されうると信じるのは誤りであるだろうということである。投資が〔標準的なモデルにおいては）[18]意識的かつ事前に企てられた計画として考えられるのに対して、効用を最大化しようという意識的かつ熟慮の上での試みは自滅的（self-defeating）なものとなる傾向がある。幸福というものはそれを積極的に求める人の手をすり抜けていく傾向があるというのは、自明の理であり、そして重要なことである。第二章の多くの部分はこの考えについてのさらなる分析に当てられる。ここでは私はただ次のことを強調するにとどめたい。すなわち、時には行為をこの事前の意味での効用最大化の試みとして説明することが可能であるとしても、その試みがそのまま成功すると考えることは正当化されないだろうし、むしろ逆であるだろうということである。[19]他方で先に見たように、行為をその行為の効用最大化の帰結を使って説明することができる場合には、それらの帰結は選好について因果による説明を提出することによってその説明を成し遂げているのである。快い心的状態は重要な要素として行動の説明に入ってくるが、それは行為の自覚的な目標として入ってくるのではない。

第二に、合理的人間（rational man）を経済的人間（economic man）と対比させることはわれわれにとって有益なことでありうる。前者は――ここで議論している薄い意味においては――整合的な選好と（先取りして言えば）整合的な計画以外の何ものも要求しない。後者はもっと多くを与えられた生き物であり、整合的であるだけでなく、完全で、連続的で、そして利己的な選好を持つ。確かに経済学者たちは非利己的な選好を含む数多くのモデルを構築してきたが、[20]しかしそれらの考え方は、利己的な選好から見かけ上非利己的なあらゆる行動を引き出そうと試みるものである。[21]これはもしかしたらよい研究戦略ではあるかもしれない。ある所与の一行動の説明に取り掛かる際には、まずそれが利己的であると仮定し、もしそうでないなら少なくとも合理的であると仮定し、もしそうでないなら少なくとも意図的であると仮定するのである。しかし、あらゆる形式の利他主義・連帯・自己犠牲は、実際のところ自己利益の極端に見えにくい形式である、という実質的な仮定を置くことを正当化する方法は、一つの例外を除いて一切存在しない。その例外とは、他者の苦痛から自分も苦痛を感じるのを避けようとして人々は他者に関心を持つのだと論じる、興ざめな戦略である。しかしこの戦略でさえ、アラン・ギバート（Allan Gibbard）が指摘したように、合理的に苦痛を最小化する人間はしばしば他者を助けるよりももっと効率的な手段を用いるだろうという反論にさらされている。[*22]

〔選好についてはここまでとして、〕計画とその整合性基準の話に移ろう。その基準を求めるということは、意図的ではあるがしかし合理的ではないような行為がありうると想定しているということである。私は実際にそのような行為が存在すると主張するものであり、第二章の大部分でそのような行為の一つの重要な下位分類について扱う。計画についての整合性基準について議論を進める前に、この主張をもう一つの別の主張、すなわちある個人が意図的に行為しながらも総体として非合理的だということがありうるという 主張と区別したい。ここでわれわれは再び、総体的な合理性は意図を個人に帰するための前提条件である （その意図は非合理的であるとしても）とするデイヴィドソンに同意しなければならない。われわれは、もしある人の何らかの計画について理解できないと言うことができるならば、彼のことを総体としては理解できているに違いないのである。

合理的な計画は二つの基準を満たさなければならない。第一に、それによって計画が規定されるところのその最終状態は、論理的に矛盾のないものでなければならない。もし、サルトルが論じたように、われわれはみな根本的に即自（en-soi）であると同時に対自（pour-soi）であることを望む、すなわち、まるで物のようにわれわれ自身として存在するとともに、しかしまたこのことを享受するためにわれわれ自身から距離をおいて存在することを望むというのが真であるならば、われわれは実際には論理的あるいは概念的に一貫しない目標のために努力しているのである。[★5] この欲求に基づいて行為することは、自分自身の影を捕まえるためにとびきりの速さで振り向こうと試みるのと同じくらい、自滅的である。同様に、一方的に目が合うことへの欲求――あなた自身は見ていない誰かと目が合うことへの欲求――は、相互的であることが目が合うことの条件である以上、どうしたって達成されえない状態を引き起こそうという欲求である。[*23] したがってこの第一の基準において、計画の整合性についての一つの必要条件は、それが実現するような可能世界が存在すべきであるということになる。

　しかしながら、信念の場合のように、われわれは次のような第二の基準を必要とする。すなわち、その計画が熟慮によって実現されるような、すなわち、その計画とその達成状態の両方を考え出すことができるような可能世界が存在しなければならない。思いがけず何かをする、という計画を考えてみてほしい。人はしばしば思いがけず何かをするものであるから、その計画を規定する最終状態には矛盾したところは何もない。しかし、意識的でないようにしようと試みることは自滅的な計画である。というのも、まさにその試みが目標に干渉してしまうだろうからである。私が思いがけず何かをする可能世界は存在するが、思いがけず何かをしようと計画してそれに成功するような可能世界は存在しない。第一の基準を破るような計画は論理的あるいは概念的に矛盾しているのに対して、第一の基準は満たすが第二の基準を破るような計画は実践的に矛盾しているのである。後の第二章では、後者の意味で矛盾した計画にほぼ限定して考察を行う。

合理的な行動という概念の曖昧さに関する、とりわけ私の欲求を実現するための一つの方法としての行為と最善の方法としての行為との間の区別にかかわる、いくつかの注意を述べることで本節をしめくくろう。すなわち、ここで合理的な行動の単一性と最適性とに関心を向けることにしたい。そうするにあたって、行為者は何らかの目標を最大化したいのだと、つまり、ある計画を最善のやり方で実現したいのだと仮定し、そして彼はどのようにしてその目的を阻まれうるのかを問うことにしよう。なお計画の代わりに選好を対象としてもきわめて類似した議論が行われうるが、そちらについては読者に委ねたい。

様々な形態の最大化行動を区別するのは、第一には、環境の性質であり、第二には、その環境についての行為者の認識の程度である。第一の要因に関しては、受動的あるいはパラメータ的（parametric）な環境と、戦略的な環境とに分けられる。第二の要因は確実性、リスク、および不確実性に分けられる。結果として生じる多様な下位分類のうち、パラメータ的な環境における確実性の下での決定が、標準的な最適化問題となる。そのような単純なケースでさえも、単一性も最適性も存在しないかもしれないことをわれわれはただちに見て取ることができる。選ばれた目的に対して、等しく最大限に良い複数の選択肢が存在するということは十分にありうる。*24 さらに、利用可能な選択肢の集合が「行儀の悪い」（badly behaved）ものであるため、最適な選択肢が存在しないということもありうる。つまらない例として、ゼロより厳密に大きい最小の実数を探すという仕事が挙げられる。より実質的な例としては、経済計画における最善の戦略の非存在が挙げられる。[*25]

リスクをふまえたパラメータ的〔な環境下での〕決定のケースでは、目標関数の期待値、あるいはリスク回避や不可逆性を加味したその何らかの修正形が、最大化すべきものとなる。不確実性の下でのパラメータ的決定のケースはより論議をまねくものである。というのも、真の不確実性あるいは正真正銘の無知といったものが存在することを、すなわち行為から生じうる諸結果についてその確率を数字で表すことがまったくできないようなケースが存在することを、多くの人は否定するからである。そのようなケースが存在し、そしてそれらは実際のところきわめて重要であるという私の見解についてここで論じることはできない。[*26] そこでひとまずそのようなケースが存在するものと仮定すれば、人が合理的に考慮に入れることができるのは、行為の道筋のそれぞれに結びついた最善の結果と最悪の結果のみであることがわかる。[*27] たとえば最悪の結果が最も良い行為を選ぶとか、あるいは最善の結果が最も良い行為を選ぶとかいったように、〔そのようなケースにおいて〕決定をなすにはたくさんの方法があるため、[★6] 単一性も最善性も獲得されることはないだろうということになる。われわれには「最小値最大化（maximin）」と「最大値最大化（maximax）」との間で選択を下すにあたって持ち出せる理由が何もないという事実は、前のパラグラフで考察されたうちの一つ目のケースのように、両方とも最善であるということを意味するわけではない。二つのケースを同じものとして扱ってしまうと、無差別と比較不可能とを混同してしまうことになるだろう。

もし環境が戦略的なものであるならば、われわれはゲーム理論の領域に足を踏み入れることになる。大まかに言って、ゲーム理論は、社会生活に広く見られる相互依存関係の〔次の〕三つの集合を同時的に論じるための道具の一つとして――実際のところ唯一の道具として――捉えられる。(1)嫉妬や利他主義などを通して、各人の報酬は全員の報酬に依存している。(2)一般的な社会的因果関係を通して、各人の報酬は全員の行為に依存している。(3)戦略的な推論によって、各人の行為は全員の行為に依存している。最後のものはゲーム理論の固有の貢献である。私がゲーム理論をあらゆる問題に対する解決と見ている、と考えてしまう人がいるといけないのでここで付け加えておきたいのだが、私は、ゲーム理論は次のことについて論じることができないと考えている。(4)各人の欲求は全員の行為に依存している。これは、個人の選好や計画はその発端からして社会的なものであるという事実（これは個人の選好や計画はその意図において社会的であるということとは異なる）、すなわち他者の厚生は個人の目標の一部分となりうるという事実に、言及するものである。第三章は主に選好形成をめぐる議論に当てられる。

　選択の相互依存関係は、均衡点（equilibrium point）の概念、すなわちお互いに対して最適な戦略からなる集合という概念に、決定的な形で依存している。ゲームの解を、すべての行為者がそこに向かって暗黙のうちに収束する均衡点として定義する人がいるかもしれない。〔しかし、〕いくつかのゲームは均衡点を持たない。たとえば次のようなものがある。「それぞれのプレイヤーは一つの数字を書く。最も大きな数字を書いた者が総取りである。その取り分は、他のプレイヤーとの間での書いた数字の間の差の合計である」。ハイパーインフレーションはこのような形で生じうる。他にも、少なくとも一つ以上の均衡点を持ち、そのうちどれも解として選び出されるに足るような突出性を持たない、という場合もある。一つの例はこのようなものである。「私は映画に行きたいと考えており、あなたはレストランに行きたいと考えているが、しかしわれわれはどちらも一人でいるよりは一緒にいたい」。このことを、そしてこのことのみを互いに知っているならば、何らかの選択肢に合理的に収束することはできないだろう。*28 実際にはこのようなケースで傍点を付した一節が満たされることはほとんどないのであり、人は他者が何をするかについての〔その人の心がどのように動くかについての洞察から引き出される〕予測に基づいて行動することができる。しかしながら、また別のケースにおいては、他者についてその人が合理的でありかつ合理性が相互的であることを知っているという最低限の事実以上のことは何一つ知ることができず、それゆえ合理的に確定されうるような予測の集合が存在しないこともある。ここでは最適性は破綻してしまう——それより良いものは一切ない、というような行為の道筋は存在しないのである。

　また別のゲーム理論的相互行為においては、実に興味のそそられるいくつかの帰結を伴いながら、単一性が破綻する。きわめて一般的に言えば、ゲームの解が混合戦略によって構成されている、すなわちそれぞれの行為者にとって実行可能な諸行為の間での選択が何らかの〔最適な〕確率分布に従っている時にはいつでも、他者は解にいたる行動に固定されていると仮定する限りにおいて、個人は解にいたる行動から逸脱することによって得をすることも損をすることもないだろう。とりわけ、「最小値最大化」戦略、すなわち他者は彼〔自分〕を可能な限り悪い境遇に置こうとして行動を選択すると仮定した上で可能な限り自分自身を良い境遇に置く選択肢を選ぶという戦略を取るならば、損をすることはないだろう。それゆえ、もし他者が解に固定されているならば失われるものは何もないこと、また他者が解に固定されていないとしても少なくとも損失を阻止できることを知っているなら、この戦略を取ることが魅力的に映るかもしれない。しかし、他者もまた自分自身と同じくらい合理的であることを知っているなら、他者も同様に行為するかもしれないという考えが彼を引き止めるだろう――他者も同様に引き止められるだろうと願いながら。明らかに、状況はひどく不安定である。離脱から利益を得るものは誰もいないという要求は解の唯一性を保障するが、しかし個人の行動は、実際に離脱から損失を被る場合に比べれば、ずっと不安定な形でしか解に結びつけられていないのである。*29

私は最適性が破綻する三つのケースに言及してきた――行儀の悪い機会集合、不確実性の下での意思決定、そして解を持たないゲームである。一般的な議論については次節に取っておくが、これらは〔最適化ではなく〕充足化を支持する特別な議論（the special argument for satisficing）を提供するものである。「それより良いものは一切ない」というような行為の道筋が確定されていない時には、最適なものよりも、十分に良いもの、つまり満足のいくものを求めていかなければならないだろう。計画を立てるケースにおいては、このことは「受け入れうる計画」でもって最適な計画に代えることを必要とするかもしれない。*30 それはまた、戦略的相互行為のケースにおいては、最小値最大化行動を必要とするかもしれない――最適性に傾注することの事実上の代わりとして。しかしながら、均衡点を持たないゲームにおいては最小値最大化戦略を確定することができないかもしれない、ということに注意しなければならない。もしハイパーインフレーションが、一切の禁則なしに、他のグループよりも大きな賃上げの交渉に成功したグループに報酬を与えるようなゲームとみなされるならば、ある所与のグループに「満足な」結果を保障したり、そのグループに対して他のグループがもたらしうる損害について制限したりするような、いかなる要求も存在しない。そのような思い通りにならない相互行為の構造において、理性はほとんど役に立たない――そこではむしろ、合理的に選択をなすことが不可能となる、その状況のほうを変更することが求められている。

《3》個人的合理性――広い理論

ここからは合理性のより実質的な意味について探究してきたい。ここまで述べてきたことの中には、自殺、殺人、大量虐殺を合理的な行動と述べるのを妨げるものはなかった。また、ホピ族の雨乞いの踊り、株式市場に投資を行う前に星占いをチェックすること、黒猫のいる道を通るよりも家に引き返そうとすることを合理的な物事の領域から排除するいかなる理由も私は示さなかった。論理的に言えば、あまねく世界は陰謀に巻き込まれており、それを正そうという私の努力をくじこうとしている、ということもありうるのであって、そのように仮定して行動することは、薄い意味で、私にとって実に合理的なことでありうるのである。しかし、〔合理性の〕このような意味は明らかに薄すぎる。われわれに必要なのは、前節におけるただひたすら形式的な考察を乗り越えて、行為に含まれる欲求と信念の実質的性質の吟味を許すような、合理性の広い理論である。合理的に行為するとは、整合的であるだけでなく合理的でもあるような信念と欲求に基づいて整合的に行為することを意味する、と言えるようになりたいのである。

しかし他方でわれわれは、われわれが信念や欲求に備えていてほしいと考えるかもしれない好ましい特徴のすべてを含むほど、合理性の概念を希釈したいわけではない。私が言いたいのは、合理的な物事についての薄い理論と真理および善についての完全な理論との間に、合理的な物事についての広い理論の余地と、さらにはその必要性とがあるということである。合理的な信念にとって真理は必要不可欠だと述べるのは明らかに要求過剰であるが、整合性で十分だと言うのでは慎ましすぎる。同様のことが、いっそう論議をまねくものではあるものの、合理的な欲求についても言える——やはり整合性を要求するだけでは弱すぎるし、倫理的な善さまで求めるのは強すぎるのである。

　私の提案は、信念と欲求についての広い合理性を、それらの形づくられ方を見ることによって評価すべきだというものである。ある信念が整合的かつ真だったとしても、また、ある欲求が整合的かつ道徳にかなったものであったとしても——もしそれらが不適切な因果的要因によって、つまりその人の「陰で（behind the back）」作用する盲目的な心理的因果関係によって形づくられたものならば、それらを合理的と呼ぶことはためらわれるかもしれない。ここでの強調点は、「不適切な」および「盲目的な」に置かれるべきであって、そのような因果関係のほうに置かれるべきではない。私は、信念や欲求は因果的な起源を持っていることによって非合理的なものになるのだと論じるつもりはない。あらゆる欲求とあらゆる信念は（十分な）因果的起源を持っているのだが、そのうちのいくつかが、誤った種類の因果的歴史を持っているがゆえに非合理的なものとなるのである。しかし正しい種類の〔因果的〕歴史を特徴づけるものが何であるかを正確に述べることはきわめて困難であるから、私はこの（重大な）問題については他に比べてそれほど言うべきことを持たない。ここでも後の部分でも、私はあらゆる間違いの種類についてより多くのことを論じていくつもりである。本節の終わりのほうで、私は信念と欲求の様々な歪められ方・誤らせられ方の簡潔な類型学を提示する。それらのうちのいくつかは、後の第三章および第四章においてさらなる探究が加えられる。

最初に信念と欲求の形成について考察していこう。明らかに、ある信念は真でありながら非合理的であるかもしれないし、合理的でありながら真ではないかもしれない。信念の（実質的な）合理性は、信念と世界との関係ではなく、信念と利用可能な証拠との関係に関わっている。さらに、第四章でより詳細に扱うが、信念が合理的であるという主張は、証拠と信念との比較にではなく、現実の因果的物語の探究に基づいていなければならない。というのも人は、偶然によって証拠に立脚しているような信念に、非合理的なルートを通ってたどり着くこともあるからである。さらにまた、信念はそれを信じることを合理的とするような証拠によって引き起こされた場合に合理的となる、と述べるのでは十分ではない。というのも場合によっては、信念はそうした証拠によって、しかし誤った方法で（たとえば相殺的誤謬（compensating errors）のメカニズムによって）引き起こされたものかもしれないからである。このことはすべて、行為と、その行為への理由を提供する信念および欲求との間の関係についての、本章第2節の議論と深く類似したものである。

合理的信念の積極的な特徴づけは、判断という概念を用いてなされうる。ここで判断とは、目下の問題に大なり小なり明らかに関係している広大かつ拡散した情報を、いかなる単一の要素あるいは要素群も過度の重要性を与えられないような方法で総合する能力、として定義される。これがそれほど役に立つ定義でないのは明らかだが、そのような現象が実在することについては疑問の余地はほとんどない。このような能力を持つ人もいればそれに欠けている人もいるということはみな知っている。人生を歩んでいくにあたってそれを持っていることは不可欠であり、それに欠けている人々は遠からず淘汰される。極端なケースは競争的市場であり、そこでは判断力を欠いた人によって経営されている企業はすぐに倒産してしまう。また戦争状態もそうであり、判断力を欠いた指揮官や兵士は高いリスクを背負うことになる。ある程度までは政治家もそうであり、彼らにとっては判断力と良識とが——尽きることのないスタミナと、訓練によって獲得されたある種の感受性の欠如に加えて——慣習的に定義される知性よりもずっと重要なものとなっている。科学の諸分野においては、何にも増して論理が必要とされる分野と、もっと形式的でない判断力の行使が主に求められる分野との間に、大まかな区別が付けられるかもしれない。*31

しかしながら、「利用可能な証拠」について長々とおしゃべりをしても大した役には立たないだろう。というのもそうしている間、信念にたどり着く前にどれだけ多くの証拠を合理的に利用可能なものにすべきなのかという決定的な問いが棚上げにされているからである。この問いは、当の信念が投じられるさらなる用途によって（もしそれがあればだが）異なる解答を許容する。純粋な科学者にとっては、真なる信念の定式化こそが彼の行動の究極の目的であるから、さらなる用途についての問いは生じない。証拠の総量の増加に伴って真なる信念に到達する見込みも増してゆく中で、真理の探究は自滅的であることが明らかになるかもしれない。というのも、それにコミットする科学者は証拠を無限に集め続けなければならないことになり、信念の形成を常に先延ばししてしまうからである。その苦境は次のような社会と類似している。すなわち、消費という目的に熱心であり、そのために無限に貯蓄しそして投資し続けることを強いられることで、その投資への取り組みが目的としていたはずの成果の享受を常に先延ばししてしまう社会と。どちらのケースにおいても解答は同じである——そもそも問題には解答の余地はないのだから、合理的な対応は、それぞれ証拠と投資について「満足のいく」水準を見つけるものとして問題を再解釈することである。[*32]

一見したところでは、ビジネスにおける意思決定の実際的な文脈において証拠の最適な量を決めるほうが、より容易であるように見えるだろう。ここでは、真理最大化のパラドックスに直面するより前の段階で証拠〔の収集〕に制限がかかる。というのも、情報収集は企業にとってのコストであり、したがって利益を生む（と期待される）範囲においてのみ取り組まれるべきものだからである。環境について一切の情報を取得しないのは非合理的であるが、かなりの長期にわたって情報を集め続けるのも同じくらい非合理的であるから、企業にとって取得するべき情報には何らかの最適な量があるに違いない。しかしまたしてもこれは問いを棚上げにしている。なぜなら「利潤最大化のための情報体系の選択はそれ自体が情報を要求するのであり、野心をもって利潤を最大化する人物がどのようにしてこの情報を手に入れるのか、また彼がそれに対して過大な費用を支払っていないことを何が保証するのかは明らかではない」[*33]からである。証拠の最適量を要求することは即座に無限後退に至るのである。

これが、〔最適化ではなく〕充足化を支持する一般的な議論（the general argument for satisficing）である。この議論はビジネスにおける意思決定のみならず、情報を得るために時間やお金を投資する必要とすでに手に入れた情報を利用するために時間とお金を用いる必要との間でコンフリクトが生じている、他のあらゆる実際的問題に対しても当てはまる。[*34] 合理性の薄い理論から離れた場合には合理性と最適性との間の繋がりは完全に破壊されるということを、この議論は意味している。合理的な行動は、世界についての所与の信念との関わりにおいてのみ、あるいはせいぜいそれとの関わりにおいて、最適化として特徴づけられうるのであって、信念の取得を統制する合理性の原理が最適化として言い表されることはありえない。このことは少なくとも事前的な意味では、つまりどれだけ多くの情報を手に入れるのが最適なのかを前もって知ることができない場合には、妥当である。けれども事後的な意味では妥当でないと、少なくとも（自分自身の落ち度によって）浅はかな選択をなしてしまった意思決定者が競争によって淘汰され、それゆえに最適な情報体系を持つ者のみが残るようなケースにおいては妥当でないと、そのように推測する人がいるかもしれない。しかしこの魅力的なアイデアは、より詳細に展開されたならば、状況についてきわめて限定的な仮定を置かない限りは一見してそう思えるほど説得力のあるものではないことが明らかになる。こういうことである。企業間の競争のあらゆる現実的なモデルにおいて、ある特定の企業が直面する状況はきわめて急速に変化していくのであり、〔浅はかな選択をなした〕競争者たちが淘汰されるまでの間、一つの情報体系がずっと最適であり続けるということはありえない。われわれは事実上、変動し続ける目標への適応を論じているのである。[*35]

誤解を防ぐために、正しくあることと合理的であることとの間の関係は私がこれまで示唆してきたよりもいくらか複雑であることを付言しておくべきだろう。科学の歴史は誤っていることが合理的でありうること、しかし正しくあることは非合理的ではありえないことを示している。メルセンヌ[★7]への手紙の中でデカルトは、「投石器で放った石、あるいはマスケット銃の弾丸、あるいは弓の矢は、その運動の中間では、当初よりも速く進むのか、より力が強いのか」という問いを発し、これは実のところ「俗に信じられて」いることだと述べつつ、自分にはそうではないと考える理由があると付け加えている。[*36] 明らかに、一六三〇年の時点では、この通俗的な信念は合理的であった。人や馬車の場合には動き出した後のある時点でより大きな速度が達成されることに意義を唱える人は一人もいなかったのであり、投射物の動きについても同様に考える理由はいくらでもあった。運動をプロセスとしてではなく状態として再概念化するにはデカルトの天才を要したのである。[*37] しかしながら、デカルトがその驚くべき知性の跳躍によって到達した信念が非合理的であったと述べるべきではない。というのも彼の理論は、言うなれば、それを支える証拠を他者に理解させることができたからである。通俗の理論は知られている諸事実に照らして見れば合理的であったし、デカルトの理論は彼がそれを打ち立てることを可能にした新しい諸事実によるならば合理的であった。私は、信念と観察との関係は双方向的なものであり、「利用可能な証拠を所与として最も合理的な信念」といった言葉によって示唆されるような一方向の帰納的プロセスではない、という陳腐な主張をしているにすぎない。このことは洞察を判断の一部とすることを許容するが、そのことを要求するわけではない。

不確実性についてここまでの節で私が述べてきたことから、次のことが導かれる。すなわち、合理的な道筋を辿ることによっては、ありうる帰結のうちどれが実現されるかという点についていかなる信念も形成することができないようなケースがいくつか存在する。ここで信念の二つの概念の間の区別を思い出してほしい。それ自体で類をなすものとしてのそれと、主観的確率の判断としてのそれである〔第2節の第七段落以下〕。もし前者の意味での信念が、様相演算子(modal operator)として理解されるならば、あらゆる問題について信念を形成する合理的な必要性はいっさい存在しないということが即座に導かれる。というのも、排中律は命題についてのみ妥当であり、命題的態度には妥当しないからである。もし「N」が必然性に類似するあらゆる様相演算子(信念、知識、義務など)を表しているならば、そのとき「pまたは非p」と「Npまたは非Np」はどちらも真であろうが、「NpまたはN(非p)」は偽でありうる。★8 しかし、信仰に対して無神論は不可知論よりもずっと魅力的な代替案であるらしく、不可知論の論理的可能性は常に明白に理解されているというわけではない。アレクサンドル・ジノヴィエフ(Alexander Zinoviev)★9は、内的否定と外的否定の間の、すなわち「N(非p)」と「非Np」の間での系統的な混乱に基づいた社会としてのソヴィエト連邦に関する幻覚的な叙述を発表した。*38 この混乱は信念およびその他の様相演算子に対して、とりわけ義務に対して顕著に、排中律を適用しようとする強迫的な傾向を助長する。彼が報告しているように、スターリンの死後ごく短い期間はスターリンに言及することは義務でなかったのだが、その空隙はまもなく、スターリンに言及しないよう義務づけることによって閉じられたのである。*39

そのようなケースにおいて排中律を適用することが様相的誤謬であることにはみな同意するであろうが、しかしこのことの実質的重要性についてはまだ疑いが持たれるかもしれない。すなわち、もし信念が——主観的確実性と様相的解釈を対応させる形で——主観的確率判断として理解されるならば、たとえそれがゼロパーセントあるいは一〇〇パーセントという極端なケースのいずれかであるという仮定がなかったとしても、人はある所与の主張が真実である確率について何らかの判断を常に形成することができるし常に形成すべきであると主張されることは、十分にありうる。しかし一方で、もし真の無知および不確実性といったようなものが存在するという考えを受け入れるならば、確率についての判断を形成しようという試みはきわめて非合理的なものでありうる。ある人を一連の仮想的選択状況に置くことによって、そのような〔主観的〕確率を常にその人から引き出すような、そんな操作手続を定義することは可能である。しかしこの事実は、私見では取るに足らないものである。というのも、すべては〔そのような操作手続によって〕生起した確率に対して信頼を置く理由を彼が持っているかどうかにかかっているからである。この点についても、やはりここでは私の見解を展開することはできない。*40

ここで、〔信念についてのものよりも〕もっとずっと込み入った概念である、欲求についての実質的な合理性に話を移そう。この概念を自律（autonomy）と呼ぶことにする。自律の欲求に対する関係は、判断の信念に対する関係と同じである。自律を特徴づける上での困難は二つある。第一に、欲求について、「正しいやり方で」形成されたものだということ、すなわち、不適切な因果プロセスによって歪められていないということが、いったい何を意味するのかを述べることはきわめて難しいように思われる。第二に、欲求の自律を欲求の倫理的な善から区別することは、無意味なことであるように思われる——少なくともそういう区別は影響力あるカント的伝統には反するように思われる。私は、第二の反論に対しては、他律的な欲求を非道徳的な欲求から区別したくなることが明らかないくつかの事例を示すことによって答えることができると考えている。しかしこのことは、第一のものに対する有効な解答なしには、まるで小数点第一位を無視して小数点第二位を正確に決めようとしているようなものである。というのも、自律が何を意味するのかがわからないならば、われわれはいかにして自律的な欲求を倫理的な欲求から区別できるだろうか？

自律について十分に満足のいく定義を提供することはできない。判断とのいささか不明瞭なアナロジーを除けば、できるのはせいぜい、具体例に頼った定義を考えてみることくらいだろう。優れた判断で知られる人々が存在するのとまったく同様に、自身の欲求が形成されるプロセスをコントロール下に置いているように見える人々、あるいは少なくとも自分自身が認めないようなプロセスに束縛されてはいない人々は存在している。しかし誰がそういう人々にあたるのか、あるいは本当にそんな人々がいるのかについてさえ、判断の場合に比べればずっと議論の余地がある。というのも、判断の場合には、生存率の差による操作的定義が可能だからである。一方では、そのような個人を同定する方法はわれわれ自身の倫理的観点に深く結びついているために、自律と善との間に区別を引くことが不可能となるように思われるだろう。他方で、非自律的な欲求形成プロセスのリストが拡張されれば、かつてそうであったし未来においても間違いなくそうであるように、われわれのあらゆる欲求がそこに飲み込まれてしまい、自律には何も残らなくなってしまうことを恐れる人がいるだろう。

「盲目的な」因果関係という、非合理性についての私の比喩的な特徴づけをふまえれば、次のような定義を提案することが魅力的に思えてくるかもしれない。自律的な欲求とは、熟慮の上に選ばれ、獲得され、形成された欲求のことである——意思に基づく行為によるものであれ計画的性格形成のプロセスによるものであれ——と。これは例えばストア派、仏教、そしてスピノザ派哲学者たちの基礎をなす、自己決定（self-determination）という理想である。後の第二章および第三章で私は、この意味での自己管理の本性と限界についてかなり詳しく論じる。ここでは私はただ、その考え方には自律の定義として、足りない面と求めすぎている面の両方があると論じたい。〔第一に足りない面として、〕この定義によれば、意図的な計画的性格形成に由来する欲求が、それが依拠するもとの意図よりも自律的であることはありえないことになり、[41] われわれは直ちに無限後退に陥ってしまうがゆえに、この定義は弱すぎる。さらに、二階の欲求が常に不適切な因果の影響を免れていると信じる理由は何もない。もし仮にそうであった〔常にそれを免れる〕ならば、無限後退は断ち切られていただろう。しかしジョージ・エインズリーの重要な研究に示されているように、二階の欲求もまた強迫的な性格を帯びて、衝動的な一階の欲求——二階の欲求はこれからわれわれを守ってくれるはずだった——と同じくらい他律的なものとなるかもしれない。[42] 計画的性格形成という活動自体が、自我の強さあるいは自律の特徴としてしばしば言われる「多様なありかたの許容」と両立しえないような、性格の硬直性を生じさせるかもしれない。〔第二に求めすぎている面として、〕先の定義は、計画されたものではない一階の欲求を合理的あるいは自律的であることの範疇から排除してしまう点で、強すぎる。二階の評価をなすための能力は人格性の一つの条件であるという主張はもっともらしいが、そこから、この能力の実際の行使が自律のための一条件であると結論するべきではない。[43] 人々は、まったくの道徳的な幸運[44] によって、それを獲得しようと苦心することなしに自律を達成するかもしれない。

　自律を理解するための予備的なステップとして、結局のところそれが可能なのかどうかという問いも含め、自己のいくつかの非自律的なあり方を概観してみることができる。本書は全体として、とりわけ第三章において、そのような予備的研究に主眼を置き、合理性の広い概念が成立しうるその背景を提供する。しかし、自律が何を意味するのかを知らなくても、それが倫理的な善とは異なると論じることは可能である。われわれが欲求を非自律的だと批判する際に依拠する根拠が、われわれが欲求を非倫理的であるとして退ける際に引き合いに出す根拠とは異なる、ということを示すいくつかの議論を私は提示するつもりである――非倫理的な欲求が非自律的でもあることが明らかになる可能性を残したままで。

欲求あるいは選好が好ましくないものとなる理由としては、その出自（非自律的な欲求）やその内容（非倫理的な欲求）がある。非自律的な選好の最も明白な例として本書で議論されるのは、「酸っぱい葡萄」の選好、すなわち、実現可能であると考えられるものへの選好の適応である。他に重要なものとしては順応主義（conformism）、すなわち他の人々の選好への個人の選好の適応（および完全な惰性）がある。われわれはまた、それらの反対の現象である反適応的選好（「隣の芝生は青い」）、反順応主義、そして新しさへの執着も含めるべきだろう。非倫理的な選好の例は、その本質から言っていっそう論議をまねくものである。大抵の理解においては、悪意に満ちた選好やサディスティックな選好が含まれるであろうし、おそらくは特権的財（positional goods）、すなわちある少数の者を越えて多数がそれを手にすることが論理的に不可能な財への欲求も含まれるであろう。[*45] 平均の二倍の所得への欲求がその一例である。特権的財への欲求が広範に存在すればすべての人にとっての厚生の低下が導かれかねないため、そのような選好はカント的な一般化可能性テストをパスできない。[*46] またそれは悪意とも密接に結びついている。なぜなら、他者よりも多くを手にするための一つの方法は、他者が手にするものがより少なくなるよう取り計らうことだからである——実際のところこのほうが、大抵の場合において、他者に勝るよう努力するよりも安価かつ効率的な方法となるだろう。*47

自律に欠けていることがどのようにして道徳的価値に欠けていることから区別されうるのかを見るために、他者のようでありたいという衝動から引き起こされた欲求を表すテクニカルタームとして順応性（conformity）を、そして他者のようでありたいという欲求を指すものとして順応主義（conformism）を用い、反順応性と反順応主義も同様に定義しよう。（衝動と欲求との間の区別についてはすぐ後で〔次の次の段落で〕論じる。）順応性は他者の行動が私の欲求の原因として含まれることを意味し、順応主義は他者の行動が私の欲求の対象の記述の中に縮減不可能な形で含まれることを意味する。*48 順応性は順応主義をもたらしうるが、反順応主義を導くこともまたありうる。フランスの農民の間では「名声はほとんどの場合、古い行動様式への順応によって獲得される（したがって非順応主義者の息子もまた非順応主義者になると予測されるかもしれない）」というセオドア・ゼルディン（Theodore Zeldin）の言葉の通りである。*49 順応性は明らかに、自律性を欠きながらも道徳的に受容可能な欲求を生じさせうる。反対に、ある人が自律的に反順応主義的な選好を抱く可能性をどうすれば排除できるのかは、私にはわからない。もっとも、自律が反順応性と両立不可能であるのみならず、反順応主義とも両立不可能であると証明してくれる人がいるなら、大歓迎ではあるのだが。

しかし後者の問題に決着を付ける必要はない。というのも、第一のケースでもって区別の現実性を理解させるには十分だからである。正しい欲求を教え込まれる環境にいつも支えられているがゆえに道徳的に行為する従順な順応主義者は、自律を主張することがほとんど不可能である。実際のところ、自律した道徳的行為は、非倫理的な環境においてさえ道徳的に行為できる能力を含意する。とはいえ私は、そのようなケースにおいて人はすべての人に採用された場合に最善であろうと思われる方針に常に従うべきである、と言っているのではない。これは仮定からして順応主義者の行動ではないだろうが、その上また別の意味において非自律的であるかもしれない。実践的な道徳性というのは、他者が非道徳的に行為しているときには彼らがしていることからだけでなく普遍的な道徳的行動に関する理想状況において採用される行動からも逸脱しなければならないだろう、という意味で、概して「次善の」選択に関するものである。[*50] このように文脈感応的でない何らかの倫理的ルールに盲目的に基づいて行為することは、自律のしるしとは言えないだろう。そのような行動は、ルールを求め倫理的判断力の行使を避ける厳格な人にしばしば見られる。[*51] そのような人は一見したところ道徳性と自律の模範であるように見えるかもしれないが、実際にはその双方を欠いているのである。

本書では、自律はただ残余として、すなわち短いリストにまとめられた非合理的な選好形成のメカニズムのいずれかによって形づくられた欲求を排除したその後に残るものとして、理解されなければならないだろう。同様に、信念についての判断の性質は、歪曲も錯覚もないものとして理解されるだろう。この考え方は広い意味での合理性のいくつかの必要条件を提供する。それらの必要条件は、完全な特徴づけに比べれば満足いくには程遠いが、それでも目標に向かう最初の一歩とみなされうる。歪曲を引き起こすメカニズムが、それらが生み出す心的状態のように、その特徴において認識的か情緒的かのいずれかでありうるということに気がつけば、そのようなメカニズムの大まかな類型学を構築することが可能になる。最終状態は認識的か情緒的かのいずれか、すなわち信念として記述されるか欲求として記述されるかのいずれかである。同様に、それらにおける合理性の欠如は誤った認識的プロセスか、あるいは何らかの情緒的衝動からの不適切な影響かのいずれかに帰せられるだろう。このことはトータルで四つのケースをもたらす。例を用いつつ〔次の次の段落から〕簡単に記述することにしよう。しかしながらその前にまず、欲求と、私が衝動と呼ぶものとの間の区別について説明しておく必要がある。衝動は欲求を（そしてまた信念を）形づくるが、しかしそれ自体は欲求ではない。というのも、衝動は意識的なものではなく、またそれを抱いている当人に知られているものではないからである。（したがって、新しさに取り憑かれている人は「変わることへの選好」を持っているのだとフォン・ヴァイツゼッカー（von Weizsäcker）のように述べるのはミスリーディングである。[*52]）また、衝動をメタ欲求と同化することもできない。どちらも一階の欲求を形づくるものではあるが、後の第三章で論じるように、その方法が大きく異なっている。衝動は、短期的な喜びの追求へと方向づけられた、非意識的な心理的強制力（psychic force）として捉えられなければならない。それは何らかの長期的な利得を獲得するために短期的な喜びを差し控えるような意識的な欲求とは反対のものである。[*53]「強制力」というメタファーは、衝動の実質的特徴についてのわれわれの無知を際立たせる上で非常に有効である。衝動の実質的特徴は、現在の研究水準では、直接に研究されるのではなく行動から推測されなければならない。

この区別をふまえて、われわれは、信念と欲求の広い合理性が衝動あるいは認識的欠陥のために歪められてしまうようないくつかのケースに目を向けることができる。私は四つのカテゴリーを概説することはせず、ただそれらを例によって説明する。それらの例は重要なものではあるが、しかし個々の類型〔の特徴〕を網羅的に示しているわけではない。

適応的選好形成（adaptive preference formation）とは、欲望を実現可能性に沿うよう調整することである——それは計画的性格形成者による、好みに沿った熟慮の上での適応ではなく、非意識的に生じた因果プロセスである。この適応の背後には、どうしたって満たすことのできない欲望を抱くことから感じる緊張や欲求不満（frustration）を減らそうという衝動が存在している。

フレーミングによる選好変化（Preference change by framing）は、合理的には何ら違いをもたらすはずのないような形での選択状況の再フレーミングによって、選択肢の相対的な魅力が変化する場合に生じる。最近の研究においてエイモス・トヴェルスキー（Amos Tversky）とダニエル・カーネマン（Daniel Kahneman）はこの効果が選択状況においてありふれたものであること、そして多くの点で錯視に類似していることを発見した。彼らはL・J・サヴェージ（Leonard Jimmie Savage）[★10]による一つの例を引用している。「素敵なカーラジオを取り付けるために新車の購入費にさらにXポンド追加しようと思っているある消費者は、車を標準価格で購入した後にそのラジオにXポンド支払うつもりは自分にはないだろうと気がついた」。そして次のように付け加える。「多くの読者は、家や車の購入と言った大きな支出の場面において……お金の価値が一時的に減少し、余分な浪費が促進されることを知っているだろう」。また、時間やお金を配分する際に、われわれは内的な簿記手続を用いているように思われる。その手続きは時として独自の力を獲得し、ある支出が一つの勘定から別の勘定に移された場合に、われわれに決定を覆させることがある。もしわれわれが五ポンドの劇場チケットを買いに行く途中で五ポンド紙幣をなくしてしまったとしても、購入を思いとどまるには至らないが、もしすでに購入していたチケットを無くしてしまったとするならば、われわれはもう一枚購入しようとはしないだろう。*54 これらのケースには衝動は一切含まれておらず、ただ硬直的な認識プロセスがあるだけである。★11

希望的観測（wishful thinking）は、信念を欲望によって形成し、世界は実際のところわれわれの望む通りのものなのだとみなさせることである。たとえば昇進への欲求によって、昇進が間近に迫っているという信念が引き起こされるかもしれない。適応的選好形成のように、これは「冷静な」というよりは「熱い」プロセスであるが、最終結果が欲求ではなく信念である点に違いがある。とはいえ両者はきわめて類似した原因によるものでもあるため、これらの現象は時としてお互いに置換可能であると期待できるかもしれない。実際のところ、まさにこのことをわれわれは後の第三章と第四章において見るだろう。

推論の失敗（inferential error）は、冷静ながら、非合理的な信念へと至る道である。このような失敗の様々なパターンが、近年リチャード・ニスベット（Richard Nisbett）とリー・ロス（Lee Ross）によって明らかにされてきた。彼らは、「直観的な科学者」——すなわち日常生活におけるわれわれ一人ひとり——は認識器官における誤りに由来する、気が滅入るほどたくさんの無根拠な判断と推論とに陥りがちであると結論する。そのような誤りは因果メカニズムの点でフレーミングによる選好のシフトに似ており、またそれがもたらす効果の点で希望的観測に似ている。典型的な例は「共和党支持者である確率が高いとみなされ、法律家である確率が低いとみなされた個人が、共和党支持の法律家である確率は中程度だとみなされてしまう」というものだろう。[*55] まるで確率が掛け算ではなく足し算で成り立っているかのようだ。[★12] ここで信念は薄い意味でさえ合理的でない〔判断の内容を問わない整合性さえ維持されていない〕。しかしながら、他の多くの場合においては、影響を受けているのは整合性ではなくむしろ判断である。

《4》集合的合理性──薄い理論

「集合的合理性」というこの概念自体が、疑わしい、あるいは（そうでなければ）トリビアルなものである、と思われるかもしれない。もしこの概念が諸個人にさらに加える形で彼らが形成している集合体に訴えているならば、すなわち（架空の集合的存在としての）「人々」のために（諸個人としての）「人々」が自分たちの利益を犠牲にしなければならないということの正当化を訴えているならば、それは疑わしいものとなるだろう。他方でもしこの概念が単に意思決定能力における集合体を意味するならば、あるいは（その代わりに）集合体を形成している諸個人の合理性に個別に言及するならば、それはきわめてトリビアルなものとなるだろう。

疑わしくもなければトリビアルでもない集合的合理性の理論の余地が実際にあることを示すために、私はまず、個人的な非合理的行動に時折見られるある特徴に注意を促したい。向上の結果死に至る、すなわち一連の段階的な向上によって自らを損なっていくという現象である。そのような行動を非合理的だと結論せずにいることは難しい。したがって、もしわれわれが集合的なレベルでこれの類似物を見つけることができるなら、集合的な非合理性について、さらにはそれと関連する形で集合的な合理性について、論じることに納得してもらえるだろう。

個人的なレベルでのそのような行動の例として二つ挙げよう。一つ目は、非推移的な選好、すなわち*a*を*b*よりも、*b*を*c*よりも、そして*c*を*a*よりも好むような選好に基づく行動である。「これのどこが悪いのか？」と問う人がいるかもしれない。そういう人にはこう答えることができる。ある人がそのような選好を持っているという事実からは、彼が自分自身の考えをちゃんと理解していないということが示されるのだと。しかし反対者はこう続けるかもしれない。「そのことの何がそんなに悪いのか？」と。ここでわれわれは、ハワード・ライファ（Howard Raiffa）の手による独創的な解答を提供することができる。[*56] すなわち、そのような選好を持っている人は自発的な一連の選択によって自分自身を死に追いやってしまうかもしれないのである。*a*を*b*よりも欲する以上、彼は*b*を*a*と交換するために、いくらかの（おそらくごく少額の）お金を支払う意思があるはずであり、[*57] また同様に、*a*を*c*と交換するためにいくらか支払う意思があるはずである。そして*c*を*b*と交換するためにさらにいくらかを支払うだろう。このプロセスによって最終的に彼は、初期時点と同じく*b*を、しかしいくらかの金銭の欠損を伴いつつ、所有することになる。以上のプロセスを反復することによって、事実上この個人は自らを破産に追い込むことになるだろう。[*58] 二つ目の例はC・C・フォン・ヴァイツゼッカーからのものである。[*59] 几帳面に（しかし無意識に）自分が目下あまり持っていない財をよりいっそう強く欲するように自らの選好を調整している人物をイメージしてほしい。そして、彼は以下のような二財の組み合わせの連鎖にさらされていると仮定しよう。(1/2, 3/2), (3/4, 1/2), (1/4, 3/4), (3/8, 1/4) ……。このとき、もしある一時点において彼がこの連鎖の中から n 番目の組み合わせを購入し、そして次の時点において n 番目と $n+1$ 番目の組み合わせの間で選択を持ちかけられるならば、彼は常に後者を選択するだろう。というのも、後者は彼が目下あまり持っていないほうの財をより多く提供するからである。しかしこの数列はゼロに収束していくから、こうした段階的な向上は崩壊への道を舗装するものとなるのである。★13

〔このような行動の〕集合的なアナロジーは次のようになる。一〇〇人の農民がみな川に面した土地を持っている。一つ一つの区画に何本かの木といくらかの耕作地がある。家族が増えるにつれて、農民たちは木を切り倒してより多くの耕作地を得ることを決める。木が切り倒されると、その根による土地深層の保持力が失われ、浸食によって土地は川に消えてしまう――木々がもともと生えていた土地だけでなく、かつては耕作に用いられていた土地さえも幾分かは流されてしまう。しかしながら、どの個人の区画についても、浸食が生じる必要条件は隣接するすべての区画において木が切り倒されることである。すなわちどの家庭も、隣人が同じことをしない限り、自分自身の土地の木を切り倒すことによって自らを損なうことにはならない。したがって、もしすべての家庭がより多くの耕作地を得るために自分のところの木を切り倒した場合には、彼ら全員が失うことになる――これが、先に論じた異時点間の非合理性に対する、個人間でのアナロジーである。*60 他の家庭が同じ行為を企てることはないという信念があるならば、それらの行為〔自分の土地の木を切り倒すこと〕は薄い意味において個人的合理性を持つ。実際には他の家庭も同様に行動するだろうと予見されているとしてもなお、そうでありうる。

このことをよりいっそう明瞭にするために、信念と行動の間の三つの異なる関係に対応した三通りの仕方でこの物語を仕上げたいと思う（一つのケースでは〔物語そのものに〕変更も加える）。第一のヴァージョンでは、隣接したすべての区画において木が切り倒されることを、個人の区画において浸食が発生するための必要条件であるとともに十分条件でもあると仮定する〔すなわち、自分自身は木を一切切り倒さなくとも、両隣の隣人が木を切り倒せば土地は失われてしまうとする〕。そしてさらに、もし浸食が生じたら、その土地に残っていたすべての木々も川に飲み込まれてしまうと仮定しよう。最後に、木は様々の有益な用途に利用可能な木材になるものとしよう。このとき、他の家庭がどうするか（どうすると信じているか）に関係なく、各家庭が自分のところの木を切り倒すインセンティブを持つのは明らかである。というのも、もし隣人がみな自分たちの木を切り倒さないならば、自分のところの木を切り倒すことによってより多くの耕作地を手にすることができるし、もし隣人が切り倒すならば、どのみち失われてしまうものを切り取って少なくとも木材を手にするべきだからである。このケースでは他人の行動についての信念は無関係である。もし農民がそのことについて考え出したならば、隣人たちは実際のところ自分たちの木を切り倒すはずだと悟ることになるだろうが、しかし彼は、意思決定を下す前に、他人〔の行動〕について何らかの信念に到達している必要はない。一つの〔ゲーム理論的な意味での〕ゲームとしては――実はこれは囚人のジレンマゲームになっているのだが[*61]――問題状況はトリビアルである。解が支配戦略によって組み立てられているからである。

第二のヴァージョンでは、隣接する土地とともに自分自身の土地においても木が切り倒された場合に限って、土地に浸食が起こるものと仮定しよう。この場合、もし隣人が木を切り倒す（と信じている）ならば、自分は木を切り倒さずに浸食を避けるインセンティブが生じる。しかしながら、隣人の中には木を切り倒さない人もいる（と信じている）ならば、さらなる耕作地を得るために木を切り倒すインセンティブが生じる。このゲームは――「チキン」ゲームと呼ばれるが[*62]――トリビアルでないばかりでなく、一筋縄ではいかないものである。誰にとっても隣人と異なる行動を取ることが利益となるからである。一方では他人の行動について抱く信念が各人の意思決定において決定的であるのだが、他方で他人がどのように行動するかの予測を形成する合理的な方法は存在しない。われわれが手にしているのは解のないゲームである。

第三のヴァージョンでは、元の物語を変更して、農民たちはすでに浸食に遭遇しており、それを食い止めるために新しい木を植えようとしていると仮定しよう。どの区画においても、浸食が食い止められるためにはその区画およびすべての隣接区画において木が植えられることが必要かつ十分な条件である。もし隣人が同じ行動を取らないならば、新しく植えられた木はすべて川に飲み込まれてしまうことになる。このゲーム――保証ゲーム[*63]――のトリビアルでない解はすべての家庭が木を植えることである。というのも、すべての人がそうする場合には、逆の行動を取るインセンティブは誰にも生じないし、またすべての人がそうすることは誰もそうしないよりもすべての人にとってより良いからである。他方で、人々は他者も同じように行動するだろうと信じている場合に限って木を植えるだろう。というのも自分だけがそうすることにはペナルティが存在するからである。このケースでは（第一のヴァージョンと異なり）他人の行動についての信念の形成が決定的なものとなっており、そして（第二のヴァージョンと異なり）他人も自分自身と同じように合理的でかつ十分な情報を持つということさえ知っていればその信念にたどりつくことができる。

第一のヴァージョンは、人々の信念が合理的か否かに関わりなく、個人的には合理的な行為が集合的には破滅的な結果を導いてしまうケースを提示している。第二のヴァージョンは未決定である——行為者たちがお互いについて持つ（必然的に非合理的な）信念に応じて、集合的な破滅は生じるかもしれないし生じないかもしれない。第三のヴァージョンにおいては、行為者たちが（お互いの選好、合理性、および持っている情報についての）情報を手にし、それによって他者が協力してくれるという信念が合理的なものとなる場合には、破滅が回避されるだろう。

以上の背景を踏まえて、われわれは集合的合理性の二つの概念を定義することができる。集合的合理性の経済学的概念は、人々が、個々人において合理的な行動をとることで、全員にとって好ましい結果が、あるいは少なくとも全員にとって悪くない結果が生み出されることを意味する。そのような集合的合理性の失敗は、今まさに論じた三つの道筋のいずれかによって——〔個々人の意思決定の〕分離によって、一筋縄ではいかない相互作用構造によって、あるいは情報の欠落によって——生じうる。他の場所において私はそのような失敗を「社会的矛盾」と呼んだ。[*64] 集合的合理性の政治学的概念は、人々が協調行動によってそれらの矛盾を克服しうることを意味する。たとえば、厚生経済学の中心的定理は、外部性が存在しない場合には市場メカニズムは経済的な意味で集合的に合理的だというものである。[*65] しかしながら、外部性は実際には遍在しているのであり、そこで国家が集合的に合理的な政治学的解として現れてくるのである。[*66]

確かにわれわれは政治的システムに対して、実現可能な別の何らかの結果よりもすべての人にとって好ましくない結果を避ける、という意味での集合的合理性よりも、ずっとたくさんのものを要求することもある。しかしこの意味での集合的合理性は、少なくとも、そのような〔より要求の大きな政治的〕システムを作り上げる上でも最低限の要求とされるように思われる。★14

先の議論において、私は二つの大きな単純化を行っていた。すなわち、各々の行為者には二つの選択肢しかなく、そして行為者は立場や動機づけが同一であるものと仮定していた。一般的なケースにおける社会的相互作用は、もちろん、それぞれ異なった機会と選好を持ち、数多くの選択肢に直面した行為者たちによるものとなる。そのような複雑化が、経済学的な意味での集合的非合理性の射程を広げるとともに、それを克服するための合理的な政治制度への要求を増加させることは明らかである。

社会選択理論は、所与の個人の選好を基礎として社会的に最善の帰結に至るにはどうすればよいか、という問題を論じるための有益なツールである。きわめて大まかに概略を述べれば、その理論構造は次のようなものである。*67 (1)所与の行為者集合からスタートする。したがって境界線の規範的正当化の問題は生じない。(2)行為者たちは所与の選択肢集合に直面しているものと仮定される。したがってたとえばアジェンダの操作といった問題は生じない。(3)行為者たちはこれもやはり所与の、かつ選択肢集合から独立した選好を授けられていると仮定される。このうちの後者の条件は、適応的選好およびそれに類する問題を無視できることを意味する。(4)標準的な——そしてこれまでのところ唯一運用されている——ヴァージョンにおいては、選好は純粋に序数的であると仮定される。したがって選好の強度を表現することや選好を個人をまたいで比較することは不可能である。⑸最後に、選好は薄い意味において合理的であると仮定される。

この条件下で、われわれは選択肢について以下の諸基準を満たすような社会的選好順序を獲得することを目指す。⑹順序は完備性と推移性を満たしているべきである。⑺ある選択肢が全員から個人的により選好されている別の選択肢よりも社会的に選好されることはありえないという意味で、順序は集合的に合理的であるべきである。⑻社会的選好順序は何らかの意味で個人の選好を尊重しているべきである。この最後のアイデアは、匿名性（すべての個人が等しくカウントされるべきである）、非独裁制（なおさらのこととしてどの個人も社会選択を独裁的に指図すべきではない）、リベラリズム（すべての個人は自分自身が独裁者でいられるような私的領域を持つべきである）、そして戦略的操作不可能性（虚偽の選好を表明することが割に合うものであるべきではない）、といった様々な概念をカバーしている。⑼二つの所与の選択肢の間での社会選択は、諸個人がそれら二つの選択肢をどのようにランクづけるかということのみに基づいているべきであり、彼らが他の選択肢に与えるランクづけの変化に左右されるべきではない。これは無関連選択肢からの独立性の条件であり、たとえば個人の選好が選択肢集合に応じて異なってくる場合に侵害される。

この理論の具体的内容は、一連の不可能性定理および一意性定理によって与えられる。これらの定理は、上述の諸条件のある所与の部分集合〔上述の諸条件の特定の組み合わせ〕について、それらを同時に満たすことが不可能であると述べるか、あるいは選好を集計するある特定の方法がそれらを満たす唯一のものであると述べるものである。社会選択理論は数多くの問題を提起している――そのうちのいくつかはこの理論によって明らかにされた困難であり、他のものはむしろこの理論に対する反論である。ある程度まで、困難は同時に反論を指し示すものである。というのも、この理論における様々な不可能性定理は、全体としての枠組みに何か間違ったところがあるに違いないと考える理由を提供するものでもあるからである。不可能性定理のうちのいくつかは事態の核心に迫るものではないように思われるため、ここでは不可能性定理のすべてを論じるつもりはない。とりわけアローの定理は、選好の表明が純粋に序数的な方法でなされることに起因している。選好についてより多くの情報があれば、このパラドックスが生じる必然性はなくなる。[*68] より本質的な（と私には思われる）ことは、表明された選好は——序数的であれ基数的であれ——これから指摘する二つの理由によって、共通善の理論にとってきわめて脆弱な基礎でしかないという事実である。（個人の選好については薄い意味で合理的であることが要求されるのみである、というさらなる問題については次の節で扱う。）

〔第一に、〕現実には、選好は決して、直接に観察可能だという意味で「所与」のものではない。それが社会選択理論へのインプットとなるには、それは個人によって表明されなければならない。選好の表明とは、まさにその当の選好によって導かれたと想定される行為のことである。[*69] そして、個人的に合理的な行為とは自分の選好をあるがままに表明することである、などというのは決してわかりきったこととは言えない。選好を集計する方法の中には、虚偽の選好を表明することが割に合うようなもの、すなわち、もし自分の選好を正直に表明しなければ帰結が本当の選好に照らして改善されるようなものがある。社会選択メカニズムにおける戦略的操作不可能性の条件は、このような可能性を排除することを意図したものであった。しかしながら、正直さが常に割に合うようなシステムは、他の点においてきわめて魅力のないものであることが明らかになっている。[*70] そのため、われわれは、次のような可能性から目を背けることはできない。すなわち、たとえ社会的選好が表明された選好に関して集合的に合理的〔社会選択理論の言葉で言えばパレート最適〕であることを要求するとしても、その社会的選好は実際の選好に関しては集合的に合理的ではないかもしれない、という可能性である。戦略的操作不可能性と集合的合理性は一蓮托生である——そして、前者が成り立たないと思われる以上は、後者もまたそうなのである。社会選択メカニズムの帰結は何らかの形で共通善を表現している、という考えを擁護することは、すべての人にとって他の帰結のほうが好ましいかもしれないという可能性が存在している場合には、実際のところきわめて難しくなる。

〔第二に、〕エイモス・トヴェルスキーは、あらゆるケースにおいて選択が——すなわち表明された選好が——実際の選好を表現していると仮定することはできないということの、もう一つ別の理由を指摘した。[*71] 人はある選択をなせば、後に自分自身によって、あるいは他人によって、そのことについて責任があるとされるかもしれない。とりわけ、事前には完全に合理的であったリスキーな決定について、もしそれが事後に誤ったものであったと判明すれば、後悔することになるかもしれない。この後悔を予期することで、この人物は、期待される価値はもっと小さくなるが不確定性が減少するかあるいは消滅するような賭けを選ぶかもしれない。その場合、表明された選好は、セルジュ・コルム（Serge Kolm）の言葉を借りれば、可能性依存的なものとなる。[*72] このことはもちろん、無関連選択肢からの独立性の条件に抵触する——本当の選好に関してではなく、人々が表明することを選んだ選好、つまりわれわれがアクセスできる唯一の選好に関して。第三章においては、ある一つの重要な状況類型においては、本当の選好が利用可能な選択肢集合にも依存しうることについてかなり詳しく論じる――これは社会選択理論の規範的影響力について懐疑的になる、さらにまたもう一つ別の理由である。

《5》集合的合理性――広い理論

集合的合理性の薄い理論は個人的合理性の薄い理論によって支えられている。というのも、社会選択へのインプットとして適切とされる個人の選好は、本章第2節で明確にされたような形式的整合性の諸特性のみを要求されているからである。ここで私は、もし個人の選好が実質的な合理性を欠いているならば、政治は「ガラクタを入力すればガラクタが出力される（Garbage in, Garbage out）」の一例となってしまうだろう、という反論について考察したい。★15

社会選択理論およびそれに関連したアプローチにおいては、*73 集合的合理性は個人の選好の調停あるいは集計の問題、すなわち個人がお互いの足を引っ張り合ったりお互いの庭にゴミを捨てたりするのを防ぐという問題だと捉えられる。行為者の実質的な合理性も、その選好の道徳性も、決して問題とされない。それらを問題とすべきではないことに強い理由が存在することに疑いの余地はない。〔その理由とは次のようなものである。〕厚生経済学が消費者の主権性という仮定に支えられているように、社会選択理論は市民の主権性という仮定に支えられている。国家というのは市民たちによる国家でしかありえない。道徳哲学者が利己的だ、悪意がある、破壊的である、順応主義的である、つかの間のものである、などとみなすかもしれないような選好を市民たちが持つことも十分にありうるが、道徳哲学者が市民たち〔によるそれらの選好〕の表明を規制しようとするならば、それは彼には許されていない不当な検閲だろう。諸個人にとって何が良いものであるのかをその当人以上によく知る人は他にいないのであり、諸個人にとって何が良いものであるのかはその人の選好の中で表明される、とこの議論は続く。したがって、国家がなすべき唯一のことは、諸個人が自身の行為のプライベートな領域にある選択肢集合だけでなく、ありとあらゆる社会的協定について自分自身の選好を表明することを可能にするようなメカニズムを創出することである。このメカニズムはうまく働くかもしれないし、働かないかもしれない。前節の終わりのところで言及された問題が、集合的合理性を実現しようとする試みをくじいてしまうかもしれない。しかし社会決定をなすための他のいかなる議論も正当化されえない。とりわけ、特定の人物の選好を考慮に入れなかったり、特定の種類の選好を考慮に入れなかったりするやり方は決して正当化されえない。

以上のような議論は数多くの文脈において実際に有益なものであるが、しかし私はそれが完全に決定的なものであるとは考えていない。その議論は二つの暗黙の仮定に依拠している。選好を集計することに取って代わる選択肢は選好を検閲することと以外にないという仮定、そして選好を検閲することは常に反対すべきものだという仮定である。どちらの仮定に対しても異議を申し立てることが可能である。第一の仮定は、政治システムは選好を集計するよりもむしろ変更するという仕事に向けられうることを根拠として、また第二の仮定は、自己検閲はパターナリスティックな検閲がそうであるのと同様の意味で反対すべきものであるとは限らないことを根拠として、異議にさらされる。これらについて詳しく論じる前に、以下では道徳性と広い意味での合理性との間の相違にはあまり注意を払うつもりがないことを言い添えておきたい。広い意味で合理的な選好を促進する（あるいは少なくとも好意的に扱う）政治システムの能力と倫理的な選好に関する同様の能力とを区別して取り扱わなければ整合性が保てないことは疑いないが、しかし私にはこの区別に命を吹き込むことはできない。

選好にフィルターをかける、あるいはそれを「洗濯する（laundering）」方法としての自己検閲については、あまり論じるつもりはない。[*74] 原則として、個人や集合体が、将来において特定の種類の選好が社会選択プロセスへのインプットとしてカウントされないよう決めておくことはありうるが、しかしこれを実行に移すことに対しては様々な反論が存在している。一つには、それはしばしば不必要に込み入っている。たとえば、もしサディスティックな選好を排除したいなら、〔選好を除外するよりも〕選択可能な選択肢の集合からサディストにとっての最高位の選択肢を排除するほうがずっと単純だろう。同様に、「お節介」で介入的な選好を排除したい場合にも、やはり社会選択プロセスから特定の選択を取り下げ、その選択については直接に関連する個人の手に委ねるほうが、事はずっと簡単だろう。[*75] いくつかのケースにおいては、人は選好それ自体にフィルターをかけたいと考えるかもしれない――選択がまさしく政治的なものであり、そして最高位の選択肢がそれ自体としては反対すべきものではないケースなど――が、しかしそのようなケースはおそらくそれほど多くないし、きわめて重要だということもないだろう。[*76] いずれにせよそうした〔フィルターをかけるという〕提案は、個人やコミュニティが後々の心変わりを不可能にしてしまうようなやり方で自分自身を事前制約（precommit）することが許されるべきなのは果たしてどんな場合なのかについて知らなければならないという、一般的な困難を抱えこむことになる。[*77]

もっとずっと――理論的にも実践上でも――重要なのは、政治の中心的な関心となるべきは選好の変形であってその集計ではないという考えである。この見方においては、政治プロセスの核心は共通善についての公共的かつ合理的な議論であり、私的な選好に従った孤立した投票行動ではない。政治の目標は、それ以上縮減できない対立する利害の間での最善の妥協ではなく、全員一致の合理的なコンセンサスであるべきである。討論は市場を統制する諸原理によって汚染されてはならないし、コミュニケーションは契約によって混乱させられるべきではない。これらの対比から、私が念頭に置いている著述家は明らかだろう。ルソー、ヘーゲル、ハンナ・アーレント（Hannah Arendt）、そしてユルゲン・ハーバーマス（Jürgen Habermas）――多くの側面において大きく異なってはいるが、開かれた公共的な議論の中から私的な、利己的な、あるいは特異的な選好を取り去る必要性に同意している著述家たちである。以下で私は、まず広い意味での集合的合理性の理論をこれらの（あるいはさらに他の）著者たちの叙述を元に再構成し、続いてそれに対するいくつかの反論をスケッチしようと思う。後者については、それを理想的な意味での理論、すなわちロールズの言うところの「完全な遵守理論（full compliance theory）」に反対する議論として理解してもらおうということに主眼があるわけではない。*78 むしろ私は、ここからそこへ〔非理想的な状態から理想的な状態へ〕と向かうプロセスにおいて生じそうな、いくつかの実践上の障害に焦点を当てることを意図している。とはいえ反論のうちのいくつかは、いくらかより深いところまで達することがあるかもしれない。だが、私は次のことをはっきりと述べておくべきだろう。すなわち、この〔政治を公共的な議論と捉える〕理論は私が十分に自分のものとして考えているものであり、天邪鬼を演じるのはこの理論を覆すためではなく、むしろその防御を固めるための一つのステップとしてそうするのである。

その理論の——少なくとも私が主として魅力を感じたヴァージョンの——基礎には、二つの主要な前提があるように思われる。[*79] その第一は、政治的状況において公的に述べることが単純に不可能であるような、特定の種類の議論が存在するというものである。政治的な議論においては、それが自分あるいは自分の属するグループをひいきしてくれるからというだけの理由から、ある所与の解が選ばれるべきだと主張することは、実践上不可能である。公共的討論に参加するというまさにその行為によって——取引をすることよりも議論することを選ぶことによって——人はそのような要求をなしうる可能性を排除するのである。たとえば労働者や女性は、単に彼らの地位だけを理由として優位性を要求することはできない。彼ら・彼女らは〔優位性を要求するためには〕倫理的に関連性を持つ特定の諸特徴を理由として、その地位が自分たちに優位性を持つ資格を与えるのだと論じなければならないし、その諸特徴がもし他のグループの中にも同様に見出される場合には、そのグループのメンバーに対しても同様の優位性への資格が与えられると論じなくてはならない。単に強い立場から交渉するのではなく、資格を基礎にして議論することは、論理的に言って、関連する諸側面において同様の立場に置かれている他者からの要求を受け入れる用意ができていることを含意する。[*80]

ここまでの議論はまだ、政治的討論において人は共通善に対する何らかのリップサービスを行わなければならない、ということしか明らかにしていない。第二の前提は、人は徐々に共通善についての考慮によって実際に揺さぶられることになる、と主張する。人は共通善を「口先で（du bout des lèvres）」無制限に賞賛することはできない。なぜなら——パスカルが賭けについての文脈で論じたように[★16]——当初は偽装だった選好を最後には本当に抱くことになるだろうからである。第一のものと異なり、これは概念的というより心理学的な前提である。なぜ形だけ真似をすることがその対象を現実にもたらすのかを説明するために、次のように論じる人がいるかもしれない。すなわち人々には、〔認知的〕不協和を縮減させるために、自分が意図していることを自分が言っていることに沿わせようとする傾向があるのだ、と。しかしこれは目下の文脈では危なっかしい議論であり採用できない。後に第三章で詳細に説明されることだが、不協和の縮減には自律的な選好をもたらす傾向はない。むしろ偏見と利己性を打ち壊す理性の力に訴えなければならないだろう。理性の声で話すことによって、自分自身もまた理性にさらされるのである。

さて、要約すれば、公共的討論において利己的な主張を表明することの概念的な不可能性、および他者に配慮した（other-regarding）選好を実際に獲得することなしに表明することの心理学的な困難は、一緒になって、公共的議論が共通善の実現を導くことにつながる。そして一般意志（volonté générale）は、単に所与の（あるいは表明された）諸選好についてのパレート最適性の実現ではなく、[*81] それ自体が共通善への関心によって形づくられた諸選好の創出となるだろう。たとえば、合理的な議論によって、人は将来世代の利益を考慮に含めることができるようになるかもしれない。それに対して所与の諸選好のパレート最適な実現は、後続世代の全面的な無視を伴っていることが十分ありうる。また、決定的なことであるが、いまや戦略的操作不可能性の問題は回避されうる。より合理的な選好と、それが実際に表明されることの保証とが、一石二鳥で成し遂げられるのである。

これから、今まさに提示したこの理論に対する、いくつかの——全部で七つの——反論をスケッチしたいと思う。第一の反論は、パターナリズムの問題の再考を含んでいる。政治的議論に参加する義務を市民に課すことは、実際のところ不当な介入ではないだろうか？（これ〔政治参加の義務〕が抑圧という形を取ることさえあるということは以前から論じられてきた。たとえばドイツ学生運動のスローガンには次のようにあった。「討論とは抑圧である」。これが適切なスローガンとなるような文脈も確かに存在するのだが、しかしここでは考慮しないことにしよう。）多くの人はこの反論に、次のように主張することで答えようと試みるだろう。すなわち、投票する権利と議論に参加する義務との間には結びつきがあるのだと。投票する権利を獲得するには、特定の市民的義務を遂行しなければならないのであり、ただテレビセットの前で投票ボタンを押すだけではだめなのである。

この議論は、民主的制度についての討論の内部で持ち出される場合には、二つの異なる考えによって支えられているように思われる。第一に、政治について十分に関心を持っており、自身の資源——とりわけ時間——のいくらかをそこに捧げようという意思がある人だけが、投票する権利を持つべきである〔という考えがある〕。第二に、投票プロセスへのインプットとしては、情報に基づく（informed）選好を大事にしようと試みるべきである〔という考えがある〕。第一の主張は、参加と議論を興味関心のしるしとして尊重するが、それ自体に道具的価値を付すことはない。この議論の目的にとっては、人々が投票する権利のために支払いをすべきだという要求でも用が足りる。第二の主張は、議論を向上のための手段として尊重する。それは正しい人々を選び出すのみならず、現実に彼らをよりいっそう適任なものとしていくだろう。

これらの主張は、政治への関心が関連するあらゆる側面について均等に分配されるような準理想的な世界においてはいくらかの妥当性を持つだろうが、現代政治の文脈においては的を外しているように思われる。参加のための高い敷居に耐えられる人々が見出されるのは、全人口のうちの特権的な一部分に偏っている。これは良くてもパターナリズムに至ってしまうだろうし、悪ければ参加についてのそうした高い理想が、当の問題に関心があるからではなく権力を欲するがゆえに政治に時間を費やすような、自選のエリート活動家を生んでしまうだろう。他の場合においては、後に論じるように、最善は善の敵であるかもしれない。私は、合理的な議論と敷居の低い参加の双方を可能にする方向へとその理想を修正することは不可能であると言うつもりはない。ただ、あらゆる制度デザインはそれら二つの間のトレードオフの存在に注意しなければならないと言っているのである。

私の提示する第二の反論は、たとえ議論の時間が無限にあると仮定しても、全員一致の合理的な合意は必ずしも成立しないというものである。共通善の本質をめぐる意見の間に、正当かつ解決不可能な相違は存在しないのだろうか？　究極的な価値についての多元性さえありえないのだろうか？

私はこの疑問に答えることはしない。というのもいずれにせよ、私の提示する第三の反論はその疑問の先を行っているからである。実際のところ議論には常に時間的な制約がある——そして大抵の場合、問題が重要なものになればなるほどいっそう厳しくなる——ため、満場一致は滅多に達成されることがない。そして全員一致に至らなかった一群の諸選好に対しては常に、それらを集計する社会選択メカニズムが必要になるだろう。できることは期限まで議論することだけであり、そのときがくれば、たとえ意見の間に大きな相違が残っているとしても、決定をしなければならない。すなわちこの反論は、選好の変形はただ選好の集計を補助することしかできず、それに完全に置き換わることはありえない、ということを示しているのである。

ここまでは疑いなく、その理論〔公共的議論を重視する理論〕の擁護者たちのほとんどにも是認されるだろう。彼らが言いそうなのは、実際のところ、たとえハーバーマスが言うところの「理想的発話状況」が決して完全には実現されえないとしても、それに向かって進んでいくならば政治プロセスの帰結は改善されるだろうということである。第四の反論はこの返答の妥当性に疑問を付す。いくつかのケースにおいては、少しばかりの議論というのは危険な代物であり、実際のところ一切議論がなされないよりももっと悪い。すなわち、すべての人々ではなく一部の人々だけを共通善のために協力させるような場合がそうである。次のストーリーはこの問題をよく表している。

むかしむかし、二人の少年がケーキを一つ見つけた。一人は言った。「すごいよ！　僕、食べちゃおう」。もう一人は言った。「だめだよ、それはフェアじゃない！　一緒に見つけたんだから、分けなくちゃ。半分が君の、半分が僕のものっていうふうに分けるべきだね」。最初の少年は言った。「いいや、僕がケーキをまるまるいただくべきだよ！」。そこへ一人の大人がやってきて、こう言った。「君たち、こんなことで争うものじゃない。妥協するべきだ。彼に四分の三を分けてあげなさい」。*82

ここで困難を生じさせているのは、最初の少年の選好が、この大人によって提案された社会選択メカニズムの中で二回カウントされてしまっているということである——その選好を表明する段階で一回、そして、分け合うべきだというもう一人の少年の内面化された倫理においてもう一回[★17]。そして、彼らが二人とも利己的な選好に固執していた場合に生じたであろうものと比べれば、その結果は社会的にいっそう劣ったものであると言うことができる。公共善のために交易を行おうとする人々によって多くの善がなされるなどということは聞いたことがない、とアダム・スミスが書いたとき、彼が考えていたのはただ、倫理的・合理的に行為しようと一方的に〔相互的でない形で〕試みることによってもたらされうる害のことだったのかもしれない。定言命法それ自体が、一方的にそれに従う人たちのために、かえって意図に反する結果をもたらすこともありうる[*83]。そしてまた、もし議論がすべての参加者に合理性の部分的な厳守を引き起こすなら、それは、二人の少年の場合のように、完全な厳守を何人かにのみ引き起こし、そして他の人には引き起こさない場合よりも、いっそう劣った帰結をもたらすことがありうる。セルジュ・コルムは、中程度に利他的な行為者からなる経済は、すべての人がエゴイストであるかあるいはすべての人が厳密な利他主義者であるような経済よりも、上手くいかない傾向があることを論じた[*84]。これらすべてのケースには、すでに本章第3節で言及した、次善についての問題が含まれている。重要なのは、他の誰も道徳的に行為することがないような状況においてはそうする義務はないかもしれない[*85]、ということではなく、そのようなケースにおける道徳的義務は誰もが道徳的に行動するという前提の上での道徳的義務とはきわめて異なるものでありうる、ということである。
第五の反論は、全体としての政治体はその部分の総和よりも良い、あるいはより賢明であるという暗黙の前提に疑問を呈する。人々は政治的な相互作用によって（より少なくではなく）よりいっそう利己的に、あるいは非合理的になるということがむしろありうるのではないだろうか？　認識論的なアナロジーとして挙げられるのは、信念についての広い合理性は相互作用によって、肯定的に影響を受ける可能性があるのと同じくらい否定的にも影響を受ける可能性があるということである。一方では、アーヴィング・ジャニス（Irving Janis）が「集団思考」と呼んだもの、すなわち相互に強化し合うバイアスが存在する。[*86] 他方で、一人よりも多数によってより良い思考が可能になるという考えにもいくらかの真実が存在することは確かである。というのも彼らは、意見を共有し、様々なやり方でお互いを補い合うことができるからである。[*87] 同様に、欲求と選好についての広い合理性は相互作用によって高められることもあれば損なわれることもあるだろう。以下の叙述はいずれも、人間の条件についての一般的な見方としては真実ではないが、しかし特定の事例に対しては適切さを有しているかもしれない。

あらゆる人間集団において、衝動を管理し食い止める理性というものは、その集団を構成している諸個人が個別的な人間関係において示すよりも少なくしか存在しない。克己の能力も、他者の必要とするものを理解する能力もやはりより少なくしか存在しない。そしてそれゆえに、いっそう抑制のないエゴイズムがそこにはあるのだ。[*88]

アメリカ人の信条は、人間性にたいする半宗教的な信仰には基づいておらず、それどころか反対に、それぞれ個人としての人間が持つ人間性を共通の絆と相互約束によって抑制できるという可能性を根拠にしていたのである。個人としても人間を信頼できるのは、ひとりの人間ではなく複数の人間がこの地球上に住み、彼らの間に世界を形づくっているという事実があるためである。人間性の落とし穴から人びとを救うのは、人間のこの世界性なのである。[*89]

一つ目の引用は、大衆に対するある種の貴族的な軽蔑を思い起こさせる。それは、個々人としてはまっとうな人々を——慇懃無礼の典型のような言葉遣いで——考えなしの群れに変えてしまう。これをただの一般論として退けるとしても、しかし二つ目の引用に表されている極端さにまで進むべきではない。〔古代〕ギリシア人たちは自分たちがデマゴーグにそそのかされてしまうかもしれないことに十分に気づいており、実際のところそのような傾向に対して徹底的に用心していた。[*90] ハンナ・アーレントによって賞賛されたアメリカの都市も、集合的な自由が常にそこに具体化していたわけではないのは間違いない。というのもそれは時として魔女狩りへの踏切板としても役立ったからである。相互作用の構造と枠組みの細部に多くのことが依存している以上、合理的な議論に取り組むのだとただ決心するだけでは、実際にその処理が合理的になされる保証はない。私的かつ利己的な選好のランダムな誤りはある程度まで相互に消去できるのであり、したがって集団思考を通じて発生する大規模かつ統合された誤りよりも懸念は少ない。他方で、典型的なケースにおいて私的な悪徳の相殺によって公共の利益がもたらされることを頼りにするのはあまりにも愚かであろう。私は公共的な議論の必要性に反論するつもりはない。私はただ、制度的・構造的デザインの問題をかなり真剣に受け止める必要があると論じているだけである。

第六の反論は、満場一致は仮に実現されるとしても、おそらく合理的な同意よりもむしろ順応性によるものであるだろう、というものである。実際のところ、満場一致であった場合よりも反対投票をした少数派がいる場合のほうが、私は民主的決定の結果にいっそうの信頼を置きたい気持ちになると思う。ここで私は自分の本当の選好に反して多数派の選好を表明している人々について述べているのではない（これを防ぐための秘密投票を仮定している）。私が念頭に置いているのは、多数派がどちらに進むかを見た上で、人々は自分の本当の選好を変えてしまうかもしれないということである。社会心理学はそのようなバンドワゴン効果の頑強さについて詳細に明らかにしてきた。[*91] 順応主義者が自身の見解を適応させるところの多数派は、合理性と自律性のテストをパスするだろう（たとえ多数派への彼の追従はそれをパスしないとしても）、と論じてもうまくいかないように思われる。というのも、その多数派が、もし支持しうる少数派が〔他に〕存在していたならば脱け出してしまっていたであろう順応主義者たちによって形成されたものだということも、十分にありうるからである。

この論点について納得してもらうために、後に第三章第3節で議論されるこれと類似のケースについて考察しよう。われわれは、人間が自由であるのは彼が手に入れたいと思ったものや行いたいと思ったことを何であれ手に入れたり行ったりできる場合である、と言ってしまいたい誘惑にかられる。しかしそのときすかさずわれわれは、彼はおそらく「酸っぱい葡萄」のような何らかのメカニズムによって、手に入れることのできるものを欲しているだけである、という批判を突きつけられる。すると次にわれわれは、他の条件が等しければ、行いたいと欲しているが自由に行うことはできない物事がより多いほど人はよりいっそう自由である、とつけ加えるかもしれない。というのもこのことは、彼の欲望が一般に利用可能な選択肢の集合によって形づくられているわけではないことを示すからである。ある人の自由は彼が行いたいと欲しているが自由に行うことのできない物事が多いほどいっそう大きくなる、という主張には明らかにパラドックスの気配があるが、しかしよく考えてみるならばこのパラドックスは正当な主張を具体化しているのである。同様に、集合的決定は満場一致から離れているほどいっそう信頼できるものになる、という見方に付きまとうパラドックスの気配も、解消することは可能である。

私の第七の反論は、要約するなら、議論を共通善との関わりで行うことが必要とされるならば欲求からあらゆる利己的な要素が取り除かれるだろう、という見方の否定である。一般に、共通善を実現するには数多くの異なった方法がある——もしその語〔共通善〕がいま単純に、諸個人の決定が調停されていない場合に対してパレート優位であるような何らかの協定を意味しているのならば。そのような協定はそれぞれに、一般的な利益を推進することに加えて、何らかの特定のグループに追加的報酬をもたらすのであり、そのグループは当の協定に大きな利害関心を持つことになる。[*92] このケースにおいて当のグループは、〔内実としては〕その追加的報酬ゆえにその協定を選ぶに至っているにもかかわらず、共通善との関わりでそれを擁護するだろう。そのような協定はしばしば因果的理論——たとえば、経済がどのように動くかの説明——によって、すなわち、それが一般的な利益を促進するための一つの方法であるだけでなく、唯一の方法であることを示すことによって、正当化されるだろう。初期のレーガン政権を支えていた経済理論はこのような方法で形成されていた可能性が高い。私はそのような理論の擁護者たちを不誠実だとするつもりはないが、しかしそこには希望的観測の要素がありそうである。社会科学者たちでさえどのように世界が動いているのかに関して非常に大きく意見を異にしているのだから、自分が利益を得られるような協定を唯一のものとして正当化してくれる理論を選ぶのは、なによりも人間らしいことではないだろうか？政治はしばしば、目的についての論争だけをしているのではなく、それが主たる論争ですらなく、手段についての論争を含んでいる。私的利益と一般的利益との対立は、いずれにせよ単純化されすぎている。私的利益は共通善についての個々人の捉え方を因果的に決定するかもしれないからである。

　これらの反論の関心は、二つの主たる考え方を明らかにすることにあった。第一に、人はあたかもすでに良い社会に到達しているかのように行為することによって良い社会に近づいていくだろう、と仮定することはできない。もし、ハーバーマスによって示唆されたように、自由で合理的な議論は政治的・経済的支配が一切廃止された社会においてのみ可能になるのだとすれば、合理的な立論によってその廃止がもたらされうるなどということは決して自明なことではない。おそらくは、皮肉や雄弁やプロパガンダが必要になる——支配を終わらせるために強制力を用いることが自滅的だとするならば。第二に、〔支配が存在しないという意味で〕良好な社会においてさえ合理的な議論のプロセスは損なわれやすく、個人的あるいは集合的な自己欺瞞に対して脆弱であるだろう。それをゆるぎないものにするためには諸々の構造が——政治的制度が――必要になるのだが、それらは容易に支配という要素を再導入しかねない。政治は（もしそれが可能であるならば）集合的合理性の広い概念を体現するべきだ、という考えを受け入れつつも、われわれはなお、それがどの程度可能なのかを探究しなければならないのである。

第二章　本質的に副産物である状態

《1》はじめに

心的および社会的状態には、他の目的のために行われた行為の副産物としてのみ生じうるという特徴を持っているものがいくつかある。それらは理知的に、あるいは意図的に生じさせることが決してできないものである。というのも、そうしようと試みるというまさにそのことが、もたらそうとしている状態を排除してしまうからである。先に第一章第2節において、そのような「接近できない」状態の一つの例として、意識的でない、ということに言及した。私はそれらを「本質的に副産物である状態（states that are essentially by-products）」と呼ぶことにする。個人の行為の副産物として生起する状態にはもちろん多くのものがあるが、ここで私が焦点を当てるのは中でも、そのような形でのみ実現しうるような諸状態からなる部分集合である。それらの状態のうちいくつかは、有益であったり魅力的であったりするため、それらを生じさせようと試みたくなる誘惑がしばしばある――その試みが失敗することは確実であるとしても。これが副産物の精神的誤謬であある。さらにまた、そのような状態が現実に存在していることが確認されるときにはいつでも、それを生起させようと目論んでなされた行為の結果としてその状態を説明したくなる誘惑がある――〔その状態が現実に存在しているということは〕むしろそのような行為は何一つなされなかったというしるしであるとしても。これが副産物の知的誤謬である。本章ではこれらの誤謬の精査を行う。

はじめに私は、自分の手で生じさせようと試みたところでコントロールすることができない状態を生じさせようとする個人の試みの、中核的なケースについて議論する（第2節）。続いて、私は一つの重要な反論に向き合わなくてはならない――それらの状態を、生じさせるつもりだと意志が口にするままに生じさせることは不可能だと認めたとして、では間接的な手段を用いてそうした状態を生じさせることを可能にするような技術は存在しないのだろうか（第3節）？　その次に私は、そのような状態を他人の手によって生じさせるという、自滅的な試みについて議論する。そのような試みは、命令することによって（第4節）、あるいは言葉を用いず行動を通じて印象づける（impress）ことによって（第5節）なされる。続いてこれと同様の反論、意図した効果を〔間接的に〕誘発すると思われる非道具的な行動をとるふりをすることによって、当の意図する効果を生じさせることができるのではないかという反論に応じることを試みる（第6節）。とりわけ興味深いのは芸術家のケースであり、彼らは技巧の誇示（bravura）とナルシシズムという双子の罠に常に誘惑されている（第7節）。〔これら個人の非合理的な試みと〕同様に、非合理的な政治システムには、政府が意図的に行おうとすることは何であれくじかれてしまうという特徴や、政府が賞賛されるような結果は何であれ意図されなかったものであるという特徴があるかもしれない（第8節）。またもう一つ別の印象的な政治現象として、自尊心や階級意識などといった副産物でしかありえないような効果を、政治行為の目標に掲げる傾向が広く見られる（第9節）。最後に私は、これらのケース・スタディからいくつかの一般的結論を引き出し、あらゆる社会現象に意味を見出そうとすることの危険性について主張する（第10節）。

本章で私が依拠するいくつかの研究と伝統について、簡単に指摘しておきたい。心理学における一つの重要な出発点はレズリー・ファーバー（Leslie Farber）であり、彼の「意図することのできないことを意図する」という概念であった。もう一つはグレゴリー・ベイトソン（Gregory Bateson）とポール・ワズラウィック（Paul Watzlawick）、そして彼らの仲間たちによる、パラドクシカルな命令についての先駆的研究であった。哲学においては、おそらく仏教の禅宗が、私がここで言っているものに最も近接した思考形式を有している。私はこの思想流派についてほとんど何も知らないし、それどころか理論的な方法で知りうるものがそれほどたくさんあるのかどうかも確かなことはわからない。実際のところ、〔禅宗によれば〕知られうる教義が存在するという信念は、人がまだ何も理解していないことのしるしであるらしい。（しかしながらそのような誤解は、以下に論じるように、究極的な理解のためには避けられないのかもしれない。）私が仏教全般から、またとりわけ禅宗から吸収してきたものは何であれ、D・T・スズキ〔鈴木大拙〕、レイモンド・スマリヤン（Raymond Smullyan）、そしてセルジュ・コルムに由来している。より広範に検討されることになる、社会についての研究に関して、本章の議論はソヴィエト連邦についてのアレクサンドル・ジノヴィエフの研究、および古典古代についてのポール・ヴェーヌ（Paul Veyne）の研究から多大な恩義を受けている。前者からは、多くのことの中でも特に外的否定と内的否定の間の区別、すなわち意志の不在と不在への意志との間の区別について――そして人は意志の不在を意志することができるという付随的な誤謬の理解について――恩義を受けている。後者からは、気前の良さや顕示的消費によってよい印象を与えようとする試みの、その自滅的な本性をめぐる洞察について恩義を受けている。

《2》望みえないものを望む

この誤謬の典型的なケースは、スタンダールの日記から、ある程度まで詳しく示すことができる。その日記は一八〇一年から（彼が一八歳の時から）一八一七年まで書き続けられたものである。[1] 彼が常にとりつかれていた強迫観念は、あるがままになるという考えである。これは少なくとも、ある印象をもたらそうとしているという印象を相手に与えないようにすることを必要とする。「その作者に一切ウィットを求めていないように見えて、賞賛を与えなければならないと感じさせることなしにわれわれを笑わせてくれるような、そんなシャレほど愉快なものはない」[2]。それゆえに彼は、「頭に浮かんだものは何でも口に出す、一切の気取りなくシンプルに口に出す——会話に影響をもたらそうと努力してしまうことを避けるために」[3]という計画を立てた。彼はこれを簡単なことだと考えたわけではなかったが、次のように考えて自らを励ました。「もし無関心の示し方を身につけさえすれば、きっと私は成功するだろう」[4]。しかしこの考えは言葉の上で矛盾している。無関心を示そうという欲求に含まれている意図的な要素は、無関心を特徴づける意図の欠如と相容れないからである。これに関連する不整合性は次の所見の中にも現れているが、それは翻訳によって明快さを失ってしまうかもしれない（のでここではフランス語のまま引用する）。「愛想よくあるためには、私はそう見えないように欲しさえすればよかった」[5]。これは明らかに意図しえないものへの意図である。本当の言明は内的否定というよりもむしろ外的否定を含んでいたのだろう——「愛想よくあるためには、私はそう見えるようにと欲することのないようにしさえすればよかった」[★1]。スタンダールは彼が持っていない資質を偽ることによって他人にある印象を与えようとしたのではない、ということに注意してほしい。彼はある種の人物――他人にある印象を与えるということについてほとんど注意を払わない人物――であること、またはそうなることによって、他人に対し自分自身を印象づけようと欲しているのである。最終的には彼は、自分はこのような種類の人物には決してなれない、なぜならあるがままであろうという彼の試みは的を行きすぎるか的に届かないかのいずれかに陥るものであるからだ[*6]、ということを理解し、代わりに、彼の欲求を代理人に演じてもらう方法としてのフィクションへと進路を変えた。

睡眠もまた、本質的に副産物である状態のもう一つ別の典型である。まったく意志のみによって不眠症を克服しようという試みは、あるがままになろうという欲求と同様、非合理的な計画（第一章第2節）の典型であり、本章の主題を形成する。不眠症の現象学は入り組んでいるが、以下の諸段階は共通のパターンに相当するように思われる。第一に、頭の中を占めるあらゆる考えを消し去るために、心を空っぽにしようとする。この試みはもちろん矛盾しており、失敗する運命にある。それには精神の集中が要求されるが、もたらそうと試みているのはそれと両立しえない集中の欠如だからである。第二に、これがうまくいかないことを理解した後に、不眠に対する偽りの屈服を導入しようとする。つまり、本を手に取ったり、スナックや飲み物に手を付けたりするなど、まるで眠りは彼の手から逃れ去るであろうということを納得させられたかのように振る舞う。しかし心の裏側には常に、無視することによって不眠を騙すことができる、そして眠ることへの陽気な無関心が最終的には眠りをもたらす、という考えがある。けれども、続いて第三に、これもまたうまくいかないのだと理解することになる。その次には、夜は長くそして寒々としているという、ごまかしではなく本物の確信の上に、本物の屈服が生じる。そしてようやく、幸いなことに、眠りが訪れる。ゲームのすべてを知り尽くしているベテランの不眠症患者には、最後の段階は決して訪れない。そこに到達するには、屈服がもたらす利益を知りすぎてしまっているのだ。

不眠症は様々な方法で改善あるいは治癒しうる。ここでの文脈に特別の関連性を持っている、一つの治療上のテクニックがある。[*7] セラピストは不眠症の患者に次のように言う。次の晩には、めまい、頭痛、のどの渇きといった不眠症のあらゆる徴候を、五分ごとに、努めて注意深くノートに取りなさい、と。そして、あなたが不眠症を克服するための様々な知恵にたどり着けるようになるためには、これは必要不可欠なのだと述べる。患者は、純粋にかつ従順に、教えられた通りの行動を取り、そして直ちに眠りに落ちる。かくして睡眠はやって来た。ただし副産物として――そしてまたこの文脈では、それは本質的に副産物である。というのもその効果は、セラピストが患者にこの指示のポイントを教えてしまっていたならば、台無しになっていただろうからである。

二つのケースに共通の特徴は、欲求の対象が欠如状態――形成しようとしている印象に対する注意といった特定の形式の意識の欠如、あるいは意識全般の欠如――であるということである。さらにそれらは、この状態を生じさせるために選ばれた手段が著しくまずいものであるという特徴も共有している。というのも、その手段は、不在が欲求されているまさにその対象を設置しそして固定化してしまう傾向を持っているからである。もし私が犬の不在を欲求するとしても、私の欲求がそれ自体として犬を存在させることはないだろう。〔それに対して〕もし私がいくつかの特定の思考の欠如を、あるいは思考全般の欠如を欲求するなら、その欲求はそれ自体として、対象の存在を確実にするに十分である。この考えは保育園から哲学論文まで、様々な文脈でよく知られているものである。ほぼ間違いなく子どもたちを当惑させることができるトリックとして、次のようなものがある。ここに、どこでも望むところに運んでくれる魔法の絨毯があります――ただしそれを使うための条件が一つだけ、決して「フフン」という言葉のことを考えてはいけません。サルトルは同じ考えを、抑圧についての精神分析理論を論駁するために引き合いに出した――どうやったら人は、すでに表明されてもいなければ実際のところ意識の上に存在してもいない考えを抑圧することができるのか？[*8] より一般的に、アレクサンドル・ジノヴィエフは、多値論理学および弁証法についての彼の素養を活かして、外的否定と内的否定の間の区別を用いてソヴィエト社会の悲劇的で茶番的な側面のいくつかに光を当てた。[*9] たとえば反体制派の抵抗は迫害されることを積極的に欲求する。なぜなら迫害は――内的否定としての――認識の一形式でもあるからである。[*10] 退廃的な西洋絵画を激しく酷評する本は即座に売り切れる。そのような絵を再生産することなしに批判することはまずできないからである。[*11] 政府は苦境にある。反体制派を無視すれば彼らが正しいと認めているように見えてしまうし、彼らを厳しく処罰すればその意見に人々の注意を引きつけてしまうからである。[*12]

一般的な考え方として、フラッシュによって暗闇を作り出すことができないのと同様、外的否定の一種として特徴づけられる状態を内的否定によって生じさせることはできない。エミリー・ディキンソン（Emily Dickenson）の二つの詩を比較することで、一つの実り多い教訓が得られる。空っぽの心を求めることが内在的に不可能であるということの理解に、それらのうちの一方は失敗し、もう一方は成功している。

魂は自分の社会を選ぶ――
それから――扉を閉ざす――
お偉い多数派には――
もう姿を見せぬ――

動じない――馬車が来て――簡素な門の前で――
止まるのに気付いても――
動じない――皇帝が靴ぬぐいの上に
ひざまずいても――

わたしは知ってる――魂が大勢の中から――
ひとりを選び――
それから――石のように――
関心の弁を閉じるのを――*13

この詩は、自己憐憫、自己の誇張、そして不誠実さを含み持っており、魅力的なものではない。とりわけ第二連は滑稽だとさえ言えるものであり、「言い出しかねて」にある二行の句のことをわれわれに思い出させる。★2

J・P・モルガンが頭を下げたって、私はただ頷くだけ
『緑の牧場』は私に、神に祈ってほしいと言ってきた

第三連には、精神の留守といういとわしい目標を求めるという失敗が現れている。関心の弁というメタファーはミスリーディングである。というのも関心は——弁とは異なり——気の向くままに遮断することはできないからである。この洞察は、およそ二〇年ほど後に書かれた詩においては、まるで呼吸するようにやすやすと示されている。

あなたに忘れてもらえることは
あなた以外の誰かとの
思い出よりもずっといい
顔を背けているもののこと

じっくり考えこまない限り
心は忘れることができない
私は忘却の中から
浮上してそして見出された
何かが思い出される
ほんのひととき——
忘れ去るに値すること
それが私のほまれです[*14]

この詩は謙虚さの表現とするのが自然な読み方であるが、私はそこに復讐についての教訓の種もまた含まれていると考えている。欠落を意志することに伴うパラドックスについて書かれた別の詩をパラフレーズするならば、エミリー・ディキンソンはここで次のように言っているのだと思われる。「もしあなたたちが私を忘れようとするならば、気をつけて忘れなさい[*15]」と。健忘症という状態は、本質的に副産物である。精神の留守を意志することの不可能性は、仏教、とりわけ禅宗においても強調されている。禅宗の「無心（no-mind）」の教義は、主として否定的なものであり、無意識の状態を達成あるいは獲得しようと欲する人々を待ち受けている落とし穴を強調している。「無意識の中に覚醒していることは……決して、そうあるように励むことの結果としての獲得あるいは達成と見なされるべきではない[*16]」。重ねて言えば以下の通りである。

> 空（emptiness）は常にわれわれの手の届くところにある――それは常にわれわれとともにあり、われわれのあらゆる知識の、そしてあらゆる行為のための条件であり、われわれの人生そのものである。われわれがそれを手に取り、目の前にある何物かとして差し出そうとしたときにはじめて、それはわれわれの目を逃れ、われわれのあらゆる努力をくじき、霞のように消えてしまう。[*17]

この文章は禅宗のまた別の教えに従って読むこともできる。「知っているということを知らないことが最善である[*18]」。空と無意識はただ単に、世界に直接に関わっている状態、そうして関わっていることには関わることなしにそうしている状態を意味している。私はこれを、永続する自己は存在しないという意味での、ヒューム哲学の教義として理解する必要性はないと考えている（たとえこの解釈がきわめてありふれたものであるとしても）。これは道徳心理学として、つまり人生における良いものはそれについての自己意識によって損なわれてしまうという主張としてこそ、もっとずっと意味がある。すると、禅宗の目標は自己への無関心の状態を達成することにあるのだと考えたくなるが、しかしさらなる熟慮を重ねれば、この状態が本質的に副産物であることは明らかである（から、そのように考えることは基本的に誤っている）。それでも、その考えが完全に誤りだということはありえない。というのも、禅宗の師家は弟子を取り、彼らを訓練しているからである。次の節で私は、禅宗の「目標なき目標」を生じさせるために利用可能な間接的戦略について論じる。

ここまで私は、精神的な対象の不在を意志しようという自滅的な試みについて論じてきた。この現象は、密接に関連してはいるが明らかに異なる、他の二つのものから区別されるべきである。第一に、何らかの、精神に対して外的な対象（extra-mental object）の不在を意志することによって、それを人為的に生き残らせてしまうことがありうる。一般的に言って、誰かあるいは何ものかの物理的な不在を欲することは、否定的態度の対象としてそれを精神的に存在させることでもある。その対象の不在を欲することによって、その対象に存在を与えてしまうのである。このこと自体はパラドクシカルではない。というのも、作り出された存在は否定された存在とは形式において異なっているからである。しかしながら、その対象が、論駁されるものとして獲得する存在以外の仕方では存在しない場合には、われわれはパラドックスにいたる。ポール・ヴェーヌは、ローマ皇帝への礼賛は皇帝の神性に対する実際上の信頼に基づいてはいなかったと論じている。[19] 臣下たちは間違いなく、彼らの統治者は何らかの意味で優れていると考えることが励みになることを理解していた。というのも——トクヴィルの言葉を借りれば——「自分を抑圧するものに知的優越性を認めることほど人間にありがちなことはない」[20] からである。しかし実際に緊急事態に陥ったときには、彼らは自らを伝統的な神性に委ねた——小さな子どもが両親にクリスマスプレゼントの値段を尋ねる一方でサンタクロースを信じることができるのと同じように、彼らは皇帝を信じたのであった。皇帝への崇拝は、誰もそれを信じる人はいなかったのだが、しかし他方で、狂信的な非信奉者が存在していた——キリスト教徒である。皇帝の神性はそれを否定する者たちによってのみ真剣に取り扱われたのである。同様に、今日の東側諸国において、その反対勢力以外にいったい誰がマルクス・レーニン主義を真剣に取り扱っているだろうか？　教義や考え方は誰かの精神の中に何らかの形で存在している場合に限り生き延びることができるが、それはただ否定されるのみの存在としてであっても構わない。誰もわざわざそれに反論しようとはしなくなったときに初めて、確定的な死を迎えるのである。ジノヴィエフが論じるところによれば、ソヴィエト連邦において標準的な合理性と人間性はもはや、積極的な否定によって認識されることすらない。悪徳は凡庸なものに、善の内的否定ではなく外的否定になっている。[*21]

第二に、人は自分自身の存在について、何らかの対象あるいは誰かしらの人物を消去する必要性に依存しているのかもしれず、それゆえ計画が完成にいたった際には、依存してきた対象と一緒に自分自身までも壊してしまわないよう、手を引かなければならないということに気づくかもしれない。おそらくはこれが、ヘーゲルの『精神現象学』の最も永続的な洞察である――「この欲求とこれに満足している間にえられた自己確信とは、その対象により制限を受けている。というのも、この自己確信はこの他者を廃棄してえられたものであり、そういうふうに廃棄するためには、この他者は存在していなければならないからである」。[*22] またダンの一節には次のようにある。「もし私が、つまりあなたの征服せるものが、憎しみによって死んでしまったならば、あなたは征服者という身分を失うことになるだろう」。[*23] よく知られている例としては、狂信的な反共産主義者や、好戦的な無神論者が挙げられる。彼らの生活は、もし彼らの努力が勝利の栄冠を与えられたならば、その意味を失ってしまうだろう。これもまたヘーゲルによって言われたように、この種の信仰反対者（anti-believers）はしばしば元信仰者（ex-believers）である。[*24] 実際のところ、信仰反対者はその信念を生き残らせている最後の者であるかもしれず、〔当の信仰を持っていたという〕彼自身の過去に抗おうとする苦闘の中で自分自身のアイデンティティを肯定し続けているだけなのかもしれない。
これまでのところを要約しよう。あるものについての意識の不在は、意識の作用によってはもたらされえない。この否定的状態は本質的に副産物だからである。とはいえ、本質的に副産物である状態がみな否定的であるわけではない。肯定的に定義される状態の中にもまた同様に、そこに到達しようという精神をくじくものが存在する。レズリー・ファーバーによるリストを挙げよう。

意志することができるのは、知恵ではなく、知識である。眠ることではなく、ベッドに行くことである。飢えないことではなく、食べることである。謙虚さではなく、おとなしさである。徳ではなく、慎重さである。勇気ではなく、自己主張かあるいは虚勢である。愛ではなく、情欲である。信仰ではなく、宗教である。理解することではなく、読むことである。*25

情欲のケースがここに選ばれるのは、明らかに間違いである。性的経験を欲することほど、性的欲求にとって破滅的なものはないからである。先に述べた不眠症のケースを、性的不能の場合についてまったく同じように言い換えることができる。睡眠のケースについても、既に論じたのでパスしてよいだろう。残りのケースはすべて重要なものである。それらの多くは、手段的な有益さを持つが、その手段的な効用のゆえに選ばれることはありえない、というものである。このことは特に勇気について当てはまる。

手段的な考慮によって動機づけられたわけではない行動が、一般的利益および行為者自身の利益の双方を守るための手段になる、というのはありふれたことである。自分たちをただ死に対して猶予をもらったものと見なしていたプロイセンの兵士たちは、自分たち自身の利益のために尽くそうなどとは考えていなかったが、平均して、より自己犠牲的でなかった兵士たちに比べて死傷者となることが少なかった。[*26]

あなたは、まるで不眠症のように、無視することによって死をだますことができる——だますことが秘められた動機であってはならないということが条件だが。ここで、本質的に副産物である状態という概念を典型的に示した映画であるピーター・セラーズ（Peter Sellers）主演の『チャンス（Being There）[★3]』の、その終わりの部分を思い出してほしい。主人公が最高の地位へと登りつめていくのは、特に何かしらのことをすることによってではなく、まさにそこにいること（being there）によってなのである。彼の政治的な成功は彼が政治を得意としていることではなく、彼が政治について気に掛けていないことに由来している。最後のシーンにおいて彼は、夢遊病的な大胆さでもって、彼を安全に渡してくれる水面下の一本の畝を選び出し、ほんとうに水の上を歩いて行ってしまう。まるで兵士がまったくの無頓着さによって、地雷原の中に、もっと用心深くしていたならば見失っていたであろう道を見つけるように。皮肉なことに彼の成功は、新しい友人たちの抱く、自分たちを苛む自己への疑念というものを彼は乗り越えているのだという誤解によるものである。実際には彼は決してそれほど遠くまで来ているわけではない。彼はこちら側にいるのだが、友人たちは、彼は向こう側にいると信じているのだ。友人たちは彼が即自（en-soi）と対自（pour-soi）の望ましい統合を実現したのだと信じているが、実際には彼はまったく間の抜けた即自である。

勇気と同じように、信念も手段的な有益さを持つが、しかし手段的な合理性の手が届かないところにある。信念という概念には次のことが含まれる。すなわち、人は理由があって特定の信念を保持しているのであって、ただ単にその信念を保持することの効用のために保持しているのではない、ということが、何かを信じるということには含意されるのである。[*27] 信念はその祖先によって正当化されているのであり、子孫によって正当化されているのではない。[*28] 後の第四章でさらに詳しく論じるように、自分は多くのことを達成するだろうという間違った信念が、ほんの少しのことを達成するための必要条件になっている、ということはよくあるが、だからといってこのことは過度の自信を持つ理由として適切ではないだろう。自力引き上げ（bootstrap-pulling）は、その人が別の方向を見ているときにのみうまくいく。もし、信念それ自体が有益なのではなく、その信念を抱いているのだと他人が信じていることが有益なのだとすれば、ある信念を抱いているふりをすることはもちろん可能である。しかし同じ方法で自分自身を騙すことができるとは、私は思わない。

慎重さと徳との間の区別は、規則拘束型の倫理と規則超越型の倫理との間の区別に対応している。エインズリーは次のように記している。「神学者たちはずっと前から「慎重さ」、すなわち自分自身を規則によって完全に統制しようという試みの危険性を知っていた。……ロエヴィンガー（Loevinger）は自覚（「規則の内面化」）を彼女の自我発達の段階論において高位においたが、しかし「曖昧さへの寛容」によって特徴づけられる「自律的な」状態よりは下においた」[*29][★4]。親たちはよく知っていることだが、子どもにははじめに分配的正義の重要性を教えなければならず、それが寛大さと思いやりに比べればそれほど重要でないことを教えるのはその後のことである。最初の課題は本に頼ることができるため容易であるが、第二の課題は、問題となっている状態が本質的に副産物であるために、第一のものとは比べものにならないほど難しい。また、人は自律的になることを非自律的に決定することもできない。たとえば、両親がしていることと常に同じことをするのをやめるという試みは、大抵は、両親がしていることを常に回避するという形を取ってしまう。

　ファーバーの例の他のいくつかは、「一人称単数でそれに訴えればあざけりを伴わざるをえない状態」という概念を提示している。尊厳に訴えることは尊厳を喪失することだとしばしば言われる。同様のことが恋愛の皮肉、謙虚さあるいは純粋さといった状態に対しても本質的に当てはまる。これはスタンダールの作品における、彼の生涯を通しての主要なテーマである。「私はこれこれのように感じるのだ、と人々に言わせるときの、ヴォルテールの愚鈍さのなんとすばらしいことか。それは可能な限り最もすばらしい」[*30]と彼は書いた。同様に、次のように言うことは不信を引き起こす――私はこれこれのように感じたことを覚えている、と。「あなたの行為のうちの何が自然だったのかを、記憶をもとに記述することはとても難しい。何が意図的だったのか、あるいは何が〔外部から〕影響を受けていたのかを思い出すのはずっと簡単である。演技するために必要な努力もまた、記憶の中に刻み込まれているのだから」[*31]。自分自身の感覚を表に出すことへのスタンダールの全面的な反感に、[32] さらにここで付け加えられているのは、自分の人生における重要な感情はそれを明らかにするような足跡を何ひとつ残してゆくことはない、という教義である。[33]

《3》自己管理のための技術

ここまでの話で、読者はフラストレーションのために破裂しそうになっているかもしれない。何らかの間接的な手段あるいは間接的な技術を用いれば、意図するところの副産物状態をひとりでに生じさせることはもちろん可能である、と心の中でぶつぶつ言っているだろうか。人は眠りを意志することはできないが、睡眠薬を飲もうと意志することはできるし、それによって眠ることもできる（少し時間をおけば）。単一の精神的振る舞いによって宗教的な信仰を意志することはできないが、パスカルが言ったように、模倣が本物を生じさせることを期待して、まるで信じているかのように行為する身振りを取ることはできる。愛を意志することができないのは真実だが、しかし自らを愛へ向かわせること、つまり人が恋に落ちやすいような種類のシチュエーションに自分の身を置くことはできる。[34] もし幸福を意志することはできないとしても、少なくとも幸福になるための準備をしておくことはできる。[35] そしてもちろん、まるで自分はすでに有徳であるかのように行動することによって人は有徳になることができるというのが、一般的なアリストテレス的主張である。[36] 本質的に副産物であるとして先に論じられた諸状態は、反論されるところにしたがえば、ただ生じさせるのに少しばかり多くの時間と努力を要するだけのものなのである。

反論に答える前に、本質的に副産物である状態のより十全な特徴づけを与えてくれる、二つの概念的な主張をしておきたい。第一のポイントとして、ある意味では反論が明らかに正当であることを認めよう。本質的に副産物である状態がそれをもたらそうと企図された行為によって実現されることは時としてありうる。まぐれによって、すなわち非標準的な因果連鎖（第一章第2節）によって生じる場合である。この点はいくらか一般的な重要性を持つので、いくつかの例を簡単に考察しておきたい。そこには、自分自身のみならず他者によって副産物状況を生じさせようという試みが含まれる。

先日、私の八歳になる息子が、笑うようにと私に指示した。たとえばジョークを言うなどして、笑わせるという状態を他者に生じさせることが可能であるのは間違いない。しかし、笑わせられなさい、とその人に命令することによってそうすることはできない。指示の受け手が、笑わせられようと決意することはできないからである（このことは、人は自分自身をくすぐって笑わせることができないという事実と関係しているに違いない）。だから私は、その指示が滑稽なものであることに気づいて、笑ってしまった――実際のところ私は笑ってしまったため、息子は望んだ結果を達成したわけだが、それは非標準的に達成されたものである。同じように、自分に感嘆するようにと他人に命令する人物について思い描いてみたならば、こんなことを言う途方もないあつかましさのため、実際のところその人に感嘆してしまうかもしれない。

また別の例として、意志の不在を意志するという、仏教徒の計画的性格形成における極めてパラドクシカルな目標について考えてみよう。この目標の実現に着手したばかりの初心者は、概して失敗する運命にある。しかし彼の活動が強く抑制され、それゆえに、この目標を求めるまさにそのプロセスがまたこの目標を生じさせるならば、失敗は成功に転じうる。（これはパラドックスを克服する唯一の方法ではない。本節の後の方でまた別のテクニックについて議論する。）セルジュ・コルムは、労働者とその子どもたちについてのラ・フォンテーヌの寓話を用いて、印象的な形でこの方法に光を当てた。*37 子どもたちは（おそらく）父親が望むように田畑に出て働いて生計を立てていくには怠惰であったため、父親はその代わりに地面に宝が埋まっているのだという話をした。われさきにお金持ちになろうと、子どもたちは見込みのない宝探しのために土を掘り返し、そうする中で土地を豊かにしていったために実際にお金持ちになった——この目的のためになされた行為の非標準的な効果として。同様に禅宗の師家は、本質的に副産物である結果をがむしゃらに達成しようとする初心者たちの素朴な試みをうまく利用するようである。

心理療法にこれのアナロジーがある。われわれは次の事実に——むしろ印象といったほうがいいだろうか——どのように折り合いをつけるだろうか。(1)成功しているとてもたくさんの治療法がある。(2)成功のためには良い理論が不可欠だとセラピストたちは信じている。(3)治療上の成功には、セラピストがある理論を（別の理論ではなく）選択したことによって説明されるような相違はほとんどみられない。理論はしばしばセラピストに、心の健康という（寓話における富に対応する）最終目標のための不可欠の足がかりとして、（埋まった宝と類比されるような）何らかの媒介的な状態を生じさせるように教える。たとえば精神分析においては、洞察の媒介的な状態、すなわち「意識化 Bewusstwerden」が、最終目標たる「自我生成 Ich-werden」★5 の実現のために必要であると論じられる。治療において、最終目標は実際のところ媒介的な状態を手段的に用いて実現されているのではなく、そのような状態を生じさせようという試みの副産物として実現されているというのが、私の主張である。その上、もし真剣に追求されるならばこの結果を導きうるであろう、相異なる様々な仲介的状態が存在しうる。ざっくりと言えばこういうことである——セラピストは治療活動を取り組む価値あるものとみなすために何らかの理論を信じなければならず、そして彼が治療活動を取り組む価値あるものと考えていない限り治療は成功しないのだろう。セラピストと患者は、お互いに利益を与え合っている感応精神病（folie à deux）の共犯者なのである。

もっとずっと印象的な例が、〔人間の〕成長していく過程の中に見られる。青年期の若者たちは早く大人になりたいと思っている——実際のところ青年期とは、青年期を抜けだそうとする一つの引き延ばされた試みとして特徴づけられるかもしれない。この試みは、必然的に不成功に終わるものではあるものの、実り多く、そして実際のところ成人になるために不可欠のものである。時期尚早の試みは、成熟するための因果的条件のうちに含まれているのである。われわれはここで、ただ偶然的な現象としてではなく標準的な現象として、本質的に副産物である状態がそれをもたらそうとする努力によってもたらされるのを見る。というのもそのプロセスに対する一般的制約が、その目標のための奮闘の結果をその目標の実現と一致させるようなものになっているからである。異なる制約を伴う他のプロセスにおいては、成熟を獲得しようという時期尚早の試みについてのこのような幸福な傾向性は見られない。たとえば、後進国において、経済発展のいくつかの段階をスキップしようとする試みは、大抵の場合に災厄を引き起こす。*38

第二の概念的ポイントは、意図されるものと予見されるものとの間の区別に関連している。ある行為の結果が副産物であると述べるとき、私はそれが予測できないものに違いないということを含意してはいない。それは予見されるかもしれないし、非常に好ましいものであるかもしれないが、しかし、何か別の目的のためになされた行為の副産物でしかないのである。このことは、一般に受け入れられている次のような見解に反するように思われるだろう。すなわち、もしある行為のある効果が予見可能かつ好ましいものであるならば、それは意図されもするに違いない、と。*39 法律の文脈ではその区別は意味をなさない。行為者は意図した影響と予測された好ましい影響とに等しく責任を持つものと、必ず仮定されるからである。しかし日々の道徳的生活においては、この区別は極めて重要なものになると私は考えている。人が首尾一貫して、(1)感嘆されることを欲し、(2)目下いくつかの行為をなせばその結果として自分は感嘆されるだろうと信じて、(3)そのような行為を、感嘆を誘うためではなく何か他の目的のために遂行する、というのも実際のところ(4)感嘆を誘うことを目的としてなされた行為によって感嘆されることはありえないと知っている、ということはありうる。なぜその行為を遂行したのかと問われたなら、何か特定の目的、たとえば「正しく理解すること」や「敵を打ち負かすこと」を達成するためにそうしたのであって、感嘆されるためにしたのではない、と誠実に答えることができる。

これらの見解によって、本質的に副産物である状態の完全な特徴づけをなすことが可能になる。すなわち、それらは理知的かつ意図的に生じさせることのできない状態なのである。先の段落で説明されたように、自覚的かつ理知的に生じさせることは可能である。もし行為者が、自分の行為の結果として特定の方法で効果が現れるであろうことを知っているならばそうなる。また意図的かつ非理知的に生じさせることも可能である。もし行為者が、生じさせたいと思う状態を偶然に達成するならばそうなる。

ここで、先に〔本節の最初に〕述べられた反論に移ろう。いくつかの応答を提示してゆくが、おおまかに言って、後になるにつれてその説得力は強くなっていく。第一に、もし特定の状態を間接的な手段によって達成しうるとしても、だからといってそれを意のままに達成することができると考えることはやはり誤りでありうる。それどころか、人々がしばしば、よくても一歩かあるいはそれ以上離れたところからでなければ実現しえないものを、意のままに一足で達成しようと試みることは、ほとんど否定できない。間接的なテクニックが存在するかどうかとは別に、本章における道徳的・知的な視野狭窄の多くは、そういった過剰な熱意を伴った試みにも当てはまるものである。したがって、先の反論に対処する一つの方法は、シンプルに、意のままに〔自分の手を意のままに上げることができるというような意味で〕生じさせることを拒む状態のみを含むよう本質的な副産物という概念を再定義することだろう。しかしながら、これは一般性を減じてしまう点で望ましくないし、また間接的なテクニックにさえ抵抗する状態がいくつか存在すると私は考えている。〔この論点は第三の応答として後ほど論じる。〕

この見方についての議論を続ける前に、第二の応答を示しておきたい。問題となっている状態を間接的手段によって引き起こすことが技術的に実行可能であると仮定したとしてもなお、実際にそうすることを思いとどまらせるような費用便益問題が存在するかもしれない。技術的に可能なあらゆるものが経済的に合理的でもあるわけではない。問題となっている状態は望ましいのだが、しかしそれを引き起こすために複雑な因果的機構を組み立てようと思うほど望ましいわけではない、ということがありうる。さらには、そのような方法を計画することがそれ自体として当人の性格に望ましくない副次的効果をもたらしてしまうかもしれない。もし私が自己改善のための巧妙な手法を用いて勇気を獲得しようとするならば、価値あるものとみなしているおおらかな自発性をいくらか失ってしまうかもしれない。私はここで、衝動的であることを克服しようという試みは強迫的で硬直した行動を引き起こしてしまうかもしれない、というエインズリーの見解〔第一章第2節〕に再び言及したい――このような作用が生じることは避けたいと思うのが当然だろう。確かに、これらの回答は反論を取り除くものではない。ただ問題となっている状態のために努力することが合理的ではないかもしれないということを示しているだけであり、そのような状態が内在的な意味で、意図的な行為によっては手の届かないものである、ということを示しているわけではないからである。しかしこれらの回答によって、私の最初のテーゼと同様のテーゼが打ち立てられる。直接に引き起こすことが不可能でありかつ間接的に引き起こすことはあまりにコストがかかりすぎるがゆえに、合理的な人間であれば決して意図的に引き起こそうと試みることがないような、いくつかの状態がある。だがそれらは非常に望ましく、そしてもし彼がそれを引き起こそうと試みることをやめるなら、簡単に手が届くものであるかもしれない。

私の第三の応答は最も野心的であり、そしてまた私自身の確信の度合いが最も小さい。それを引き起こそうという直接的な試みだけでなく間接的な試みをも許さない状態が存在する、と私は論じたい。もう一度、意志の不在を意志するという概念について考えてみよう。セルジュ・コルムは、たとえその人をすっかり支配し導いてくれる師家を持たなかったとしても、意志を段階的に除去するために意志を用い、前のステップから残されている以上の意志を次の段階において要求することを決してしないよう気をつけるならば、意志の不在を意志することに成功しうる、と論じた。[*40] しかしながら、彼もまた理解していたように、もしそのプロセスが正確に収束していく性質を持たないならば、ここでも問題が生じる可能性がある。それは〔意志の不在ではなく〕何らかの有限で厳密に正であるような意志の総計に収束するかもしれないし、あるいはその収束に要する時間は人間の生存期間を超えるかもしれない。以前の研究の中で私は、賭けをめぐるパスカルの議論に生じうるある欠点に関して、同様の議論を行った。「信念の発展と理性の衰退の段階的プロセスにおいて、前者〔信念〕がいまだ宗教的な行動を支持するのに十分なほど強くはないが、後者〔理性〕はもはやそれをなすのに十分なほど強くない、という地点に至る可能性はないのだろうか？」[*41]。これと同様に、自然さを実現するための計画において、その計画を続行するには無意識的すぎるが、その計画をしっかり完了するには無意識さが足りない、という地点に至る可能性はないのだろうか？ 別な言い方をするならば、その人が既に持っているほんの少しの勇気を利用し再投資することによって勇気を強めていくことが可能であるとしても、そのような勇気の段階的な増殖過程は求める大きさには達しないかもしれない。これらの問題すべてに潜在する共通の困難は、次のような経験に照らして、ハンモック問題と呼ぶことができる。眠りにつこうとハンモックの中で体を静かに揺らしていた私は、まさに眠りが訪れようとしたその瞬間、自分の体があまりにリラックスしていて、もはやそれ以上、自分を睡眠に導いてくれるその規則的な動きを維持できないことに気づき、それゆえ、目を覚ますとともにすべてを最初からやり直さなければならなかったのだ。

ハンモック問題と密接に関連しているのが、自己消去問題である。いくつかのケースにおいては、〔目的を達成するために用いられる〕技術は、それが残しうるあらゆる痕跡を記憶から消し去る副次的技術を伴わない限り、効果的なものとならないだろう。たとえば信仰を持つという決断は、その人が自分自身で、自分の信仰は信仰を持つという決断の結果であるということを忘れてしまうことができないかぎり、ほとんど何の影響ももたらさない。このケースにおいては、ハンモック問題は正確に同期された自己消失プロセスを達成するという問題だと述べることができる。それゆえに、当の技術は仕事を果たすまでは消え去ることがないのである。忘れっぽさを手に入れようという計画は、間違いなく、この問題を鋭敏な形で述べるものであるし、そしてまた、〔先に論じた〕純真さを手に入れようという計画において経験せざるをえないあのねじれについて、思い浮かべてみるのもよいだろう。

内在的に――ただ経験的な理由のみならず概念的な理由によって――ハンモック問題や自己消失問題を引き起こす状態というものはあるだろうか？　私にはわからない。そのような困難は常に、様々な値を取りうる特定の個人的パラメータの値に依存することが明らかになる、というのはありそうなことであり、したがってある人々にとって手の届かない状態も、〔個人的パラメータの値が異なる〕他の人びとにとっては漸進的な方法によって接近可能であるだろう。また前者にとってさえ、パラメータの値に影響を与えることが、より高いレベルでの計画的性格形成によって、すなわち計画を可能にするようデザインされた計画によって可能となるかもしれない。しかしながら、ここでは先に示した第二の応答が決め手となるだろう。この議論の結論は、私の考えるところでは、あらゆる実際的な目的に際して私たちは少なくとも、ある所与の人物にとって本質的に副産物である状態について語ることができるということである。私はこれよりももっと強い結論が引き出されるかもしれないということを排除はしないが、しかしどのようにしたらそれができる〔強い結論を引き出せる〕のかは、私にはわからない。

しかしながら、別の一群のケースを見れば、われわれはこの反論に対してもっと明確な答えを与えることができるかもしれない。今しがた記述された諸状態は、もし到達可能だとしても、漸進的な変化によってのみ到達可能なものである。〔それに対して〕他の諸状態はこの〔漸進的な〕方法によってはほとんど到達不可能であり、唯一、劇的な転換によってのみ可能である。エミリー・ディキンソンはある手紙の中で、友人の一人について次のように驚きを示している。「そんなにも長い年月、サラがあれだけしか変わらなかったというのは――彼女がじっとしていたというのではなく、彼女があれほど穏やかな進歩をなしたというのは――驚くべきことではないでしょうか」[*42]。ここには間違いなく、精神の上昇は通常それほど穏やかではなく、むしろ「疑念と絶望」[*43]の谷間を進んでいくものだという主張が含意されている。これは否定の否定を通した発展というヘーゲル哲学の理論であり[*44]、それは平静さの条件としての――しかしもちろん、平静さを達成するために自覚的に選択された手段としてではない――自己疎外（self-estrangement）の理論である[*45]。ヘーゲルを引き合いに出すからといって、問題は不明瞭さの中に隠されているのだと言っているわけではない。最も明快な書き手であるトクヴィルも、まったく同様の方向に沿った信念形成について分析を行っている。

ある偉人が、「無知は知の始まりと終わりの両端にある」と述べている。深い確信は両端にしかなく、中間は懐疑であると言った方が、おそらくより正しかったであろう。実際、人知は、往々にして連続的だがはっきり区別される三つの段階に分けて考えることができる。人が固く信ずるのは深く考えずに決心するからである。異議が生ずると疑いだす。だが、ときにはあらゆる疑いを克服するに至り、あらためて信じることがある。今度は、真理を偶然、手探りに捉えるわけではなく、正面からこれを見据え、まっすぐにその光に向かって進むのである。……大多数の人はこの［最初の］二つの状態のどちらかに、いつまでも留まると考えられる。多くの人々はわけも分からずに何かを信ずるか、何を信ずべきかはっきり分からぬままであろう。知識に基づき、懐疑の波にさらされても揺るがぬ別種の信念、よく考えぬかれた、囚われない信念について言えば、限られた少数の人たちが努力を重ねたときにしか、そのような信念はついに得られないであろう。[*46]

ここで主張されているのは、二つ目の、成熟した形の信念は、学びそして経験することとの本質的な副産物だということである。人は再帰的な信念を獲得するための技術の一部分として自分自身の中に疑念を引き起こす、という見方を取ることはできないものと私はみなしている。というのも、そのように洗練された人物はそもそものはじめから素朴で独断的な信念など持たないだろうからである。もしこの解決が実行可能ならば、そもそも問題が存在していないのである。

同様に、絶望が手段的に有効なのはそれが本物である場合のみであり、そして絶望は自覚的に選ばれたり引き起こされたりした場合にはまず間違いなく本物ではありえない。絶望の独特な性質——それによって人の性格が形づくられるような性質――は、合理的な人生計画の一部分として選ばれるようなものではなく、どんなにコストがかかっても予防したり回避したりするべき、極度に不快な経験だということである。確かに、将来的な結果として感情的な成長とより充実した成熟を得たいがために、絶望が生じるような状況を希望し、それを準備しようと試みる人はいるかもしれない。絶望は、離れたところから静観した場合には、実際に経験される場合にくらべて、おじけづかせるところが少ない。実際のところ、最近のある種のサブカルチャーにおける感情的危機の意図的な養成は、この哲学に基づいているように思われる。私はそれがうまくいかないと述べるいかなる形式的根拠も持っていない。たとえば、ある人物が、貧困者たちの苦境に対して絶望するような状態に自らを陥らせ、そしてそれによって人間性に対する自らの義務を知的にのみならず感情的に理解することができるようになることを目的として、カルカッタに行くことを決める、ということはありうるのではないだろうか？　しかしながら、私は強い直観でもって、このように考えるほど十分にセルフコントロールのできている人物ならば、そのような経験のもたらす衝撃を回避することができるだろうと思う。この解決を追求することは、問題が解決不可能であることを示すことである。

《4》命令

ここまで私は主に、自分自身をある状態に誘導しようとするのだが、それが意図的な誘導を拒むようなものであることが判明する、というケースについて見てきた。ここからは、本質的に副産物であるようなある状態へと、他人を至らせようとするケースへと移る。本節では、最も単純なケース、すなわち、ただ自然に生起する以外ありえない状態を命令によって生じさせようとするケースを考察する。次節ではより複雑なケースとして、言葉を用いない手段によって、あるいは命令以外の言語的手段によって他者に影響を与えようとする、自滅的な試みを取り上げる。

特定の諸状態を命令によって引き起こすことの不可能性はしばしば、同じ諸状態を自分自身の中に意図的に作りあげることの不可能性に関連している。よく耳にする「意識しないようにしなさい！」という命令は、無意識的であろうと〔自ら〕試みることを矛盾に陥れてしまう（第一章第2節）のとまったく同じ理由によって、実践上、整合的なものにならない。[*47] その命令は実際のところ、それが向けられている人に対して、無意識的であろうと試みるべきだと忠告しているのである。子どもに次のように忠告する親のことも考えてみよう。「これはやってはいけないことなの。これについては考えたりするだけでもいけないことなんだって、ちゃんと覚えておきなさい」。この教えは整合的ではない。というのも、心に抱きながら実行する、ということができないような物事をなすこと、すなわち考えないようにするということを、子どもに命じているからである。先に言及した魔法の絨毯のケースでは、子どもは「フフン」について考えることを避けよという教えをすぐに理解するだろうが、目下のケースにおいては、子どもは親への尊敬と恐怖のゆえに義務を最大限に履行しようとし、そのプロセスにおいて莫大な罪悪感をつのらせてしまうかもしれない。

矛盾した命令のまた別のケースはもっと複雑である。というのもそれらは、先に見たのと同様の仕方で意図しえないことを意図するという例に縮減することのできないものだからである。これまた良く聞かれる「そんなに従順であってはいけません」という命令について考えてみよう。これが意識しないようにしなさいという命令と異なるのは、引き起こそうとする状態——従順的でないという状態——がそれを引き起こそうとする人への言及を不可欠な形で伴っているからである。この指示は、受け手に対して、熟慮に基づく方法によって実現することが内在的な意味で不可能な状態を引き起こすよう命じているわけではない。反対に、受け手は自ら、他人から下されたこの指示に従わないことを決めるかもしれない——しかし、従うなという命令に彼が首尾一貫した形で従うことは不可能である。もし、従うなという指示に従って、他者からその後に出された指示に彼が従わなかったとしたら、彼はその〔従うなというはじめの〕命令に実際には従っていないことになる——しかしまた、後に出された指示に服従したとしても、従順的でないということにはならないだろう。

これらの例は以下のような概念構造を提起する。はじめに、pせよという命令は受け手が意図的にpすることを含意している、ということについて見てみよう。pせよという命令によって、pするという意図がその命令を果たそうという意図に従属していることまでも含意されるかどうかは、すなわち、もしある人が意図的に pをするとしたらそれは命令に従っていると見なされるのか、それとも自分自身の楽しみのためにそうしていると見なされるのかは、そこまで明らかではない。四つのケースが区別されうる。(1)命令を果たすためにpするのであり、その命令なしにはpしなかっただろう。(2)何にせよpしたいがためにpするのだが、そのような欲求が一切なかったとしてもやはりそうしただろう。(3)何にしてもpしたい

がために p するのであり、もし仮にそのような欲求を持っていなかったならばそうしないだろう。(4) p したいがために p するのであり、その欲求は命令に起因するのだが、しかし命令に従うために p しているのではない。第一のケースは命令よって引き起こされる行動についての、一つの標準的な因果関係であり、最後のケースは一つの非標準的な因果関係である。三つ目のケースは標準的な自律的因果関係の一つであり、二つ目のものは因果的な過剰決定の一つである。以下の議論で私は、ケース(1)と(2)を命令に従う（following）こと、またケース(3)と(4)を命令を果たす（fulfilling）ことと呼ぶ。

つづいて、願望、拒絶、信念などと並ぶ命題的態度としての、命令および意図について論じていこう。p についてのある命題的態度は様々な理由によって矛盾したものとなりうる。(i)命題 p はそれ自体として矛盾したものでありうる。「すべての人が（その社会における）平均所得よりも多く稼いでいるような社会に暮らせたらいいなと願っている」は、矛盾した命題を含んでいるがゆえに矛盾した態度である。これと対照的に、「そのやってはいけないことについて、彼が考えさえしないでくれたらと願っている」や「彼があまり従順でないようにと願っている」は、（命題それ自体においては）いかなる意味においても矛盾した態度ではない。(ii)態度とそれを指示している命題との間に、実践上の矛盾が存在しているかもしれない。ここでは二つのケースのみ考慮することにしよう。(ii)-(a)意図的な態度は、本質的に副産物である状態とは両立しない。(ii)-(b)命令的態度は、もし単に果たされるのではなく従われなければならないということこそが命令の本質だと考えるならば、当人の中に自律的に生じてこなければならない状態とは両立しない。(iii)命題とその命題的態度によって前提される何らかの態度との間に、実践上の矛盾が存在しているかもしれない。これによってなぜ自発性を命令することが整合的でないのかが説明される——その命令は受け手に意図的な態度を前提するが、そのような態度は引き起こそうとしている当の状態と両立しないのである。したがって(iii)のタイプの不整合性は、より基礎的な(ii)-(a)のタイプに縮減される。

先に引用したレズリー・ファーバーの文章にあったように、時として愛が、本質的に副産物である状態の一つの例として取り上げられる。「私を愛してくれ！」という命令は、(iii)か(ii)-(a)のタイプの理由によって不整合的なものとなりうる——意図的に行うことが不可能であるようなことをなすよう他人に要求することはできないのである。しかしながら、たとえ言葉の上での類似性はあるとしても、恋に落ちることは眠りに落ちるようなものではないと論じることもまた可能だろう。恋には選択の瞬間が、すなわち、その態度が報いられることを期待しながら、他人と手を取り合っていこうと決断する瞬間が現れてくるのかもしれない。その瞬間はダンの次のような勧告に対応している。「本当の恐れも誤った恐れもわれわれをたじろがせる」——それは、これから先ためらってしまって当然であったとしても、決してためらいに振り回されてはならないという決断である。このことをふまえると、「私を愛してくれ！」という命令はもう少し意味のあるものになるだろうか？　その答えは命令に従うことと命令を果たすこととの間の区別に依存するかもしれない。サルトルによれば、恋人は——支離滅裂なことに——〔相手が〕その命令に他律的に従うことと同じくらいその命令が自律的に果たされることを欲する。

彼〔恋する人〕は、自由な任意の自己拘束というかかる高度の形の「自由」に満足することができないであろう。立てられた誓いに対する単なる忠誠として与えられるような愛に、誰が満足するであろうか？ してみると、次のようなことばを、誰が喜んで聞きいれるであろうか？「私はあなたを愛します。というのも、私はあなたを愛するべく自由に自己を拘束したからです。私は約束をひるがえしたくないからです。」かくして、恋する人は、誓いを要求しながら、誓いに腹を立てる。彼は、一つの自由によって愛されたいと思いながら、自由としてのこの自由がもはや自由であらぬことを要求する。[*48]

愛せよという命令に、それ自体のために従う、というのはどうだろうか？ 愛情抜きにある命令に従うことは可能だろうが、しかし愛それ自体を命令によって創りだすことはできないと私は考える。したがって、そうせよという命令に従わせることによって他人に誰かを愛させること、これを欲するのは非合理的である。ポール・ヴェーヌによれば、このような欲求はローマにおける邪悪な皇帝や専制君主に特徴的に見られるものであったという。

崇拝される君主と崇拝させる君主の区別から始めよう。これについて古代人はきわめて敏感であった。崇拝させる君主は僭主であり、命令でもって愛させようとする。セネカのとある悲劇において、僭主の取りまきの一人が僭主に尋ねる――「世評があなたに反対するのを恐れないか」。僭主は答える――「王権の最も心地よい特権は、支配者の行為を受けいれさせる、いやむしろ賛美するように人民に強制できることだ。本当に強い人物であるということは、称賛を送るよう命じることができるという事実によって認識される。国王が善行しかなしえないなら、真に王国の所有者ではない」[*49]。

軍隊生活においては、命令に従うことと命令を果たすこととの間の区別が、先に示したさらなる下位区分とともに、決定的である。いくつかのブラック・ユーモアの古典──『優等兵シュヴァイク』[★6]、『キャッチ＝22』[★7]、そして『恍惚の高み』[★8]──は、軍隊生活におけるこの側面の、潜在的な病理性を活き活きと描いている。ソヴィエト軍についてジノヴィエフは次のように述べている。

その愛国者は……彼らにこう話した。自分は前線に送られることを望んだために一〇日にわたって刑に処されたことがあるが、これには何の道理も見出せなかった、なぜなら五〇人の候補生がそうしたいという欲求をほんのかすかにさえ持たないまま、前線へ送られていたからだ、と。このことは社会の法（social laws）という鉄の道理をはっきり示していたのだと逸脱主義者は気がついた。というのもその法によれば、愛国者の運命は彼の上司の気まぐれに委ねられているのであって彼自身のコントロールの下には無いからだ。前線への配置換えを要求したことによって彼は、彼自身の運命を彼自身の意志によってコントロールしたいという願いを表明するという、社会の法への違反を働いたのだ[*50]。

実際のところ、この態度は軍隊のみならず、ソヴィエトにおける生活の全体に広がっている。ソヴィエト連邦において移住は、両義的な言い方になるが、罪であると同時に罰である。そうしたいという禁じられた欲求を抱かない限りにおいて、あなたはその国を離れるよう命令されるかもしれない――ある欲求は、もし仮に「社会の法という鉄の道理」に反しないならば、移住という手段によって処罰されるに値するものとなるだろう。

私は、一個の自由な人民としての意志の下に、私自身の自由意志を引き渡すことを、強制された。そこにあった違いは一つだけだ――結局のところ私は引き渡すことを自ら望んでいたのであり、これまで二年の間そうすることを拒まれてきたのは、人民の意志と願いを果たしたいという私の自発的な欲求がまさに私自身の意志であったからだった。一個の自由な人民がそれを許すことはありえなかった。彼らは私に関して、私自身の意志を無視して彼ら自身の意志を果たすことを、望んでいた。[*51]

そういうわけで、このような形でpせよと命じる命令は暗黙に、pしたいと欲してはならないという命令でもある。これは命令に従うことの変種(1)を要求することになる。それ自体が命令という概念の濫用である。命令というのは大抵、たとえその人がそうしたいと望んでいなかったとしてもそうすることを命じるものであり、その人がそうしたいと思っていてはならないという追加的かつ無意味な命令を伴ったりはしない。命令の要点は、もし必要ならば〔標準的な〕因果的効力によって支えられうる〔＝命令が原因となってそうさせることができる〕ということであり、因果的効力を通して機能しなければならない〔＝命令が原因とならなければならない〕ということではない。あらゆる場合において実際上の効力を要求することは、権力の行使をよりいっそう困難にするものであってより容易にするものではない。外的否定と内的否定をめぐる体系的な混乱の上に築かれた社会においては、命令という概念のさらなる降格が生じる。それを果たそうと欲してはならないという義務が、それを果たさないことを欲せよという義務へと高められるときがそうである。ソヴィエトでの生活についての、ジノヴィエフの激しく歪められると同時に不穏なほど正確な説明の中で、支配者は被治者たちの自発的な、あるいは無頓着な追従よりも、被治者たち自身の意志に背いての追従のほうをよりいっそう好む。彼らが被治者たちに特定の欲求を持ったり持たなかったりするよう命じることができないのは確かだが、しかし少なくとも、下しうる命令の内で被治者たちがそれを履行することに抵抗するものを選ぶことは可能である。

これらの現象はジョーゼフ・ヘラー（Joseph Heller）の『キャッチ＝22』と家族的類似性を有している。空戦任務に就きたいという欲求はあなたの気が狂っていることの証明となるから、もしあなたがそれを要求するならば、その欲求は〔空戦任務の〕免除に根拠を与えるだろう――しかし〔空戦任務の〕免除を要求することは、あなたが正気でありしたがって飛び立つのに適格であることを示すだろう。[★9] 免除への欲求を表明することは、兵役に就く上での十分条件であるだけであって、同時に必要条件でもあるわけではないから、ここでの病理はそれほど際立ったものではない。しかしその論理はひどくねじれていたため、多くの人は『キャッチ＝22』を途方もない誇張、実際の傾向についての大仰なイメージとしてさえ意味を持たないものとして退けてしまった。それゆえにこそ、次のような報告を読むことは関心をかきたてる。「国の交通費手当を求めるとある片足の男性は、判決者が彼の要求について決定を下すことになっている部屋まで、四階分もの階段をなんとかして登っていかねばならなかった。彼がたどり着いたとき、判決者は、彼は手当を受け取ることはできないという決定を下した。その理由は、彼はその階段を登ってくることができたのだから、というものであった」[*52]。

パロアルト学派によって議論されたパラドクシカルな命令の原型は、ディアギレフが言った「私を驚かせてごらん！（Etonne moi!）」である[★10]。実のところ、この命令を果たしたりこの命令に従ったりするいかなる方法があるだろうか？　いったいどうしたら、驚かされることを期待している人物を驚かせることができるだろうか？　レイモンド・スマリヤンは、ここに含まれている論理的問題を明らかにし、それがよく知られた「試験のパラドックス」の変形であることを示した[★11]。

一九二五年四月一日、私はインフルエンザか風邪か何かで具合がすぐれずベッドに横になっていた。朝、兄のエミール（一〇歳年上だ）が私の寝室に入ってきて言った。「なぁ、レイモンド、今日はエイプリルフールだな。そこで俺は、おまえがこれまで一度もされたことがないようなやり方でおまえを騙してやるぜ！」その日も遅く、夜になって、母が私に尋ねた。「どうして眠ろうしないの？」私は答えた。「エミールが僕を騙すのを待っているんだよ。」母はエミールの方を向いて言った。

「エミール、この子を騙してあげてもらえる?」するとエミールはこっちを向き、そして次のような会話になった。

エミール：じゃあ、おまえは俺が嘘をつくのを期待してたってわけだな?
レイモンド：そうだよ。
エミール：でも俺はそうしなかった。そうだな?
レイモンド：うん、しなかった。
エミール：でもおまえは俺がそうするのを期待してた、そうだよな?
レイモンド：うん。
エミール：ほら、俺はおまえを騙したのさ。そうだろ?*53

このストーリーを少しだけ変更し、小さい方の少年が兄に自分を騙してくれるよう頼んだのだと仮定してみよう。さらにまた、(一階の)嘘を回避したことは、エミールの側からすれば故意ではなかったと仮定しよう。その場合、(二階の)嘘は命令を果たしたことにはなるが、それに従ったことにはならない。同様に、もしディアギレフの話し相手(=「私を驚かせてごらん!」と命じられた人物)がただ単に歩いて部屋を出て行ったなら、そのうぬぼれの強いマエストロ(=ディアギレフ)はおそらく度肝を抜かれたことだろう——しかし彼はそれを、彼の命令に従ったものとは見なさないだろう。それはあたかも「自律的になりなさい!」と命令した人が「うるせぇ!(Fuck you!)」と返されたようなものである。ここでは命令の履行

(fulfillment)が、〔先に挙げた、命令に従うことの〕変種(4)となっている。というのもその命令は実際のところ、笑うようにと命令することによって私を笑わせたうちの息子のケースのように、その〔命令の〕履行をもたらす因果的な効果を有していただろうからである。

再びスマリヤンに戻れば、彼にはもう一つストーリーがある。「典型的禅事件」とされるそれは、この問題のもう一つの側面を明らかにしてくれる。

そのストーリーは一人の禅宗の師家についてのものである。彼は小屋の外で、何人かの禅宗の修行僧たちに一つの説教を与えていた。突然、彼は小屋の中に入り、戸に鍵を掛けると、小屋に火を放ち、そして叫んだ。「誰かが正しいことを言わない限り、私はここから出て行かぬ！」みんな死にものぐるいで正しいことを言おうとし、そしてもちろん、うまくいかなかった。後からやってきた一人の者が、一体何の騒ぎかと尋ねた。修行僧の一人が泡を食った様子で説明した。「師匠が中に閉じこもり、火を放ってしまって、誰かが正しいことを言わない限り出てくるつもりはないというのです！」それを聞いて後から来た彼は言った。「なんてことだ(Oh my God)。」師が小屋から出てきたのはそのときだった。[*54]

スマリヤンは続けてこのストーリーの教訓について語る。それによって、このストーリーが道具的な合理性が時として持つ自滅的な性質についてのものであることが明らかになる。

その師の求めていたものが、完全に無意識的な反応であったことは明らかである。外へ出てくるようにと師を説得するために「仕立てられた」反応は何であれ、そのこと自体によって失敗した。後から来た者が「なんてことだ！」と言ったとき、彼は正しいことを言おうとしてはいなかった。彼はその言葉が師匠を外へ連れ出すだろうなどとは露ほども考えずにそう口にした。彼はただ単にうろたえたのだ！　もし他の誰かが師匠を外に連れ出すという目的のために「なんてことだ」と言っていたならば、師はおそらくそれを感じ取り、出てくることはなかっただろう。

ここで「正しいことを言いなさい」という命令は――病的な軍隊のケースとはまったく反対に――果たされはするが従われることはない命令である。これは全体として見れば一貫していないように見えるかもしれない。それはまるで「私が望むとおりに行動せよ、ただし私があなたにそう命じたからというのではなしにそうせよ」と言うようなものである。しかしそのような命令は、先に分類された変種(4)の見地から理解することが可能である。ある命令を、非標準的な因果的方法によって実際にその命令を果たす行為を導くだろうという予測の下に発することはありうる。このストーリーはまさに典型的な禅であり、禅のやり方でラ・フォンテーヌの寓話の中の労働者〔本章第3節〕が用いているような間接的なテクニックを例示している。

特定のパラドクシカルな指令が、英知へつづく道にあるものとも見えるしまた狂気の沙汰にも見えるというのは、当惑させられると同時に知的にそそられることである。ダブルバインド理論においては、不可能で矛盾した諸要求を満たそうと試みることによって人は統合失調症に陥りうるとされる。そしてそのような諸要求のうちの重要な一クラスが、実践的に矛盾した諸命令である。禅の実践は同様の方法を用いるが、それは道具的な合理性への執着とあらゆるものを自分自身に結びつけてしまう習性とから、その人を解放するという目的のためである。意識しないようにしなさいという命令は、小言のうるさい連れ合いから発せられたときには、あなたを窮地に立たせるだろう――禅宗の師家から発せられたときには、あなたをあなた自身から解放してくれるだろう。

《5》印象づけようという試み

人は一般に命令を通して他人に何らかの精神状態を誘発することはできないということは、かなりのところ明らかである。目に見える行動は命令に応答するとしても、その背後にある意図はそうではない。ある精神状態を他人に引き起こすためには、大抵、非言語的な行動に、あるいは命令以外の言語的な行動に頼らなければならない。ここで私は、他の人々に対してある印象を与えようとする自滅的な欲求について見ていきたい。この領域における一般原則は、印象づけるために仕組まれた行動ほど印象の薄いものはないということである。「その下心が感じられると、いやな気になります（Man merkt die Absicht und wird verstimmt）」[★12]。しかしこの問題については言うべきことがもっとある。

ポール・ヴェーヌの例に倣えば、「ブルジョアたちを驚かせる（épater la bourgeoisie）」ことを求める芸術家の努力は、本質的に副産物である状態を他人に引き起こそうとする試みである。[*55]〔節度ある知識を身につけた〕ブルジョアたちは、ショックを受けないばかりでなく、彼らにショックを与えようという試みを肯定的に喜んでしまう。彼らはそういった不和の中に、自分たちが栄誉を認められていることを知るからである。彼らは次のことに気づいている。すなわち、意図的にブルジョアたちにショックを与えようとする人物は、ブルジョアたちの生活の仕方をまねようしている人々と同じくらい、ブルジョアたちと密接に結びついており、そしてまた様々な理由から、その人物は後者の人々と同じように間違いなく失敗するだろう、と。ブルジョアたちにとっての本当の脅威は、そのほとんどが彼らの階級から現れそしていずれはそこへ帰って行くような恐るべき子どもたち（enfants terribles）[★13]ではなく、自分たちのライフスタイルがブルジョアたちにどのように受け取められるかを一切考慮しないような人々によってもたらされるのだろう。

また別のいささか込み入ったケースもある。バーナード・クリック（Barnard Crick）によるA・J・P・テイラー（A. J. P. Thalor）[★14]についての次のような描写を見てみよう。「テイラーはみごとな書き手である——彼は、同僚の研究者たちが考えているかもしれないことについて目を配るために立ち止まったりしないばかりでなく、実際のところ同僚たちにショックを与えることを楽しんでいる」[*56]。一読した限りでは、これは整合的ではない。クリックは、はじめに非順応主義〔周囲の人々の行動に合わせようとしないこと〕を彼のヒーローに帰しておきながら、続けてその人物を反順応主義者〔常に人々の行動と反対のことをしようとする人物〕として描く。だが先に第一章第3節で論じたように、反順応主義者はただ単に流行への否定的な奴隷でしかなく、多数派と同調してしまわないために、多数派の選択を終始モニターしていなければならない。反順応主義者は、順応主義者に負けずおとらず、まわりに目を光らせて続けなくてはならないのだ。しかし、おそらくクリックが言いたかったことはただ、自分が少数派の見方をとっていることにテイラーが気づいたときには、彼はそれを楽しんでいるということだろう。あるいはここで再び、先に本章第3節で行った区別を持ち出して次のように論じることもできる。少数派に属しているという事実を期待したり歓迎したりする人はいるかもしれないが、しかしその人の行動が反順応主義の意図（あるいは衝動）によって導かれていることはない、と。いずれにせよ、人を喜ばせようとして書いたのでもなければ、驚かせようとして書いたのでも、また有名になろうとして書いたのでもなかったと嘘偽りなく言える人物のより良い例となるのは——クリックもまた伝記を書いているところの——ジョージ・オーウェル（George Orwell）だろうと私は考える。実際のところ、このこと〔オーウェルがそういった意図をもって書かなかったこと〕は驚きを持って捉えられた。テイラーの道化じみた行為がそう捉えられることはおそらくないだろうが。

「ブルジョアたちを驚かせる」という例をヴェーヌが用いたのは、おそらくは『パンと競技場』の主題である、次のような考え方を導入するためであった。すなわち、古典古代における市民的贈与あるいは「恵与（evergetism）」★15は、ただそれが印象づけようと仕組まれたものでないことのみを理由として、そしてその限りにおいて、印象的なものとなったのである。

表現の合理性と、表現が目的のために適用される方法との間には、何かしらパラドクシカルなものがある——合理的すぎれば効果を発揮できないのである。自分の偉大さにひとりで満足できる人物は、他の者たちへ与える印象は気にしないし、またそれを細かく計算することはないだろう。そしてこのことを他の者たちも知っている。すなわち、真の表現とは見物人のことを考慮しないしその効果を計ることもしないものなのだと知っている。行き過ぎの計算にふけるうぬぼれ屋は、それを見ている者たちが彼の背中で隠れて笑っていることに気づかない。計算された表現は見物者に信用されないが、それは、本当の偉大とはそれのみで満足を与えるものだからである。ある印象をもたらすことを求めないような表現のみが、そうすることに成功する。[*57]

古典古代の被治者たちが彼らの支配者を、神性、あるいは少なくとも準神性（quasi-devine）を有するものとして受け入れる用意があった（本章第2節）のは、支配者たちが他者に与える、神の真のしるし〔を持っている〕という印象について、ナルシスティックな無関心をもって行動していたことに理由がある。実際のところ、支配者たちはしばしばパンや、サーカスや、浴場や、記念碑や、あるいは水道設備といったものを贈り物として、都市に奉仕した。しかしそのような贈り物の背後にある動機を支配者たちの効用に求めるのは、通俗的であり説得力のない解釈だろう。彼らの贈り物における道具的合理性の欠如は、トラヤヌスの記念柱に縮約されている。[★16]その記念柱の詳細は、強力な双眼鏡を通してしか知ることができない。[*58]その壮大な彫刻は何らかの形での利用を意図したものではないし、さらには人々に対する美的な価値を意図したものでもない。神の目に入るようにと天高くそびえるゴシック建築の都市とは違うのだ。その非打算的な浪費は、被治者に、その施主への尊敬を引き起こす。この尊敬に有用な面が——おそらくはそれがなければ生じていたかもしれない人々の不安を防ぐというような——あることは疑いえないが、しかしそれはこの贈り物の背後にある動機ではなかった。同様のことは、水道設備のような、明確に功利主義的な効果を持つ贈り物についても当てはまる。*59 その構想と施工に見られる過度の壮麗さは、施主の非功利主義的な動機を証明している。もし彼らが——まさにそのことを理由として——被治者たちに〔有用な〕驚嘆をもたらしてもいたとしても、そのことは本質的に副産物でしかない。

私はここで、支配者や施主の行為は、合理性の失敗という意味で非合理的だったわけではない、ということをつけ加えるべきだろう。ソヴィエト連邦の歴史は、この意味での合理性の欠落はよい印象を与えることはないということを示している。ローマの皇帝たちは〔合理性において失敗していたのではなくただ〕合理性を有していなかった（non-rational）。というのもその行動は道具的というよりも感情的なものだったからである。彼らは、後代の人々と対話するために、その仕事の中で自分たち自身について熟考していたのであって、自分たちが民衆に与える印象についてはほとんど気に掛けていなかった。とにもかくにも以上がヴェーヌによって提起された説明である。私にそれを評価する能力はないが、真実らしく聞こえると言って良いと思う。いずれにせよ私は、浪費的な行動についての彼の説明は、これから論じていく標準的な社会学的説明よりも優れていると考えている。

ヴェーヌは適切にも、有閑階級についての通俗的な説明に関してソースティン・ヴェブレン（Thorstein Veblen）を批判している。*60 ヴェブレンは、有閑紳士には他者によい印象を与える必要性があるということを強調しすぎるあまり、あらゆる種類の込み入った動機を有閑紳士に帰してしまっている。それらの諸動機はただ、すぐに見て取れることだが、有閑階級を見ている人々が実際に印象づけられているという観察結果からの後ろ向きの帰納法の表現にすぎない。たとえばヴェブレンは次のように論じている。

有閑紳士の生活全体は、観衆の眼前――理想的な形で彼の生活を彩る、目を瞠るような名誉あふれる閑暇によって強い印象を受ける人々の前――で過ごされるわけではない。彼の生活は、どうしても大衆の目からある一定の時間引き離されざるをえないが、内密に過ごされるこの部分についても、有閑紳士は、彼の名声を維持するために、もっともらしい説明を与えることができなければならないのである。彼は、観衆の目に触れることなく過ごされる閑暇を証拠づける何らかの手段を見つけなければならない。*61

ヴェブレンは、裕福な人間は誰もがみなにわか成金（nouveaux riches）たちのように振る舞うと考えているようだ。〔周りの人々に〕よい印象を与えようとするにわか成金たちの試みが、彼らがあまりに熱心に試みるがゆえに失敗するということはよく知られている。私は有閑階級のライフスタイルについてはほとんど知らないが、彼らが生活のために働かなければならないような人々に印象を与えることに関心を持っていたとは到底信じられない。むしろ彼らは、そのような人々が存在していることを理解するのにさえ困難を感じるらしい――ケーキを食べさせればいいじゃない、と。いずれにせよ、富裕に関するヴェブレンの社会学は、ヴェーヌの指摘した重要なポイントを完全に見落としている。すなわち、富裕な人々の完全にナルシスティックな態度を。その態度は、印象を与えようという意図とも、また印象を与えることができるようになる条件とも——少なくとも、もしわれわれが「できる」という言葉を普段よりもいくぶんか広い意味で用いるならば——整合しない。*62

『有閑階級の理論』の現代ヴァージョンは、ピエール・ブルデュー（Pierre Bourdieu）の『ディスタンクシオン』である。この本はヴェブレンの研究と広い範囲で類似した強みと弱みを持っており、その現象学的考察のうねりには目を見張るものがあるが、その一方で理論構造にはひどい欠陥がある。*63 とはいえ、ブルデューはヴェブレンよりもいっそう洗練されている。たとえば彼は、多くの場合において手段的な計算の欠落が手段的に設定された成功のための条件であることを承知している。*64 彼はまた、富裕者をにわか成金と、また上流階級をプチブルジョアと区別する微妙な差異に極めて敏感である。どちらのケースにおいても、前者はよい印象を与えるが、後者はそれに挑戦して失敗する。プチブルジョアは「どうあがいてみても結局、こうした人々〔上品な振る舞い方の正統的な保有者〕のやりかたに恐る恐る同一化しすぎてしまうか、それとも否定的態度はとってみるがその反抗そのもののうちに自分の敗北を表してしまうかという、二者択一の状況に閉じ込められてしまう」*65。彼らは「無知の中での自信」*66 を持っていないため、文化的地雷原を安全に通り抜けることができない。彼らが「くつろぎの中にあっても一種の緊張を」*67 示すのに対して、より上層のブルジョアにとっては正反対のことが真実であるのは疑いえない。

しかしこれらの洞察や微妙な差異は整合的な形で考慮されているわけではない。私の見るところ、『ディスタンクシオン』では時としていくつかのアプローチがごちゃ混ぜになってしまっていて、その点において矛盾があり曖昧である。その議論の基本的な弱点は、様々な階級の文化的な行為が二回以上説明されていることにある——一度は（自覚しているか否かはともかく）差別化戦略の結果として、そして次には必要性への適応の結果として。第一のものは意図による説明と機能による説明との奇妙な混合物であり、第二のものは直接の因果的説明である。それぞれの内的な諸問題を脇に置いたとしても、それらがいかにして相互に両立しうるのか理解するのは難しい。さらには、どちらの説明も実のところ深刻な内的困難を抱えている。私はここでは第一のもののみを取り扱い、第二のものは後の議論（第三章第2節）に回そうと思う。ブルデューは、自覚的な差別化戦略が自滅的でありうるという事実にあまりに気を取られているので、それゆえヴェブレンを陥れたのと同じ罠にはまってしまうことはないのだが[*68]、しかし非自覚的な戦略を採用するということが何を意味するのかについて妥当な説明を与えることができていない。〔上流階級の人々による〕文法の違反は自称知識人を上流文化から排除するのに役立ちうると論じる文脈において、彼は次のようにつけ加える。

このような戦略は、まったく意識されないこともありうるし、それゆえにますます有効に作用するのだが、上昇志向をもつ志願者たちの過剰修正の戦略にたいして、最も不意打ちの反撃となる。そしていつもやり過ぎるか不十分かになってしまう彼ら上昇志願者たちは、こうして規則とその遵法についてこれで正しいのかと不安な問いかけをせずにはいられなくなり、ゆとりとは対極にあるこの自省の念にがんじがらめになって、もはやどうしたらよいのかわからなくなってしまうのだ[*69]。

言葉をもてあそびたがるという知識人の傾向が、文化とは規則に従うか否かの問題であると考える人々に対して、抑止力として働くということは大いにありうる。しかしこのことから結論として、抑止効果という観点からその傾向の説明を導くのは正当とは言えない。〔そのような説明をなすためには〕最低でもこの行動がそれらの非意図的かつ有益な帰結によって維持されていたことを示す因果的メカニズムが提出されなければならないだろう。[*70] 同様に、ブルジョアの生活スタイルは部外者が関係者をよそおってやり通すのは困難なものだというのは真実であり、またこの事実がブルジョアにとって有益でありうるということも等しく真実であるとしてもなお、このことをもってブルジョアたちが彼らしく振る舞うことの理由であると結論するとしたら、それは無批判的な、あるいは極端に疑い深い精神のなせるわざである。マックス・シェーラー（Max Scheler）は――ヴェブレンの著作とともに『ディスタンクシオン』の主要な源泉の一つである――著作『ルサンティマン』において、妬みは「ある財を獲得する能力がわれわれには実際のところ無いということが、われわれの欲求に対立する積極的な行為として誤って解釈される」[*71] 場合に生じるのだ、と述べている。ブルデューはこの作用の理論的なアナロジーに魅入られている。彼は、取り憑かれていると言ってもよいほどに、嘘つき、ペテン師、なりすまし者、そして成り上がり者が直面する障害に関心を払っている。しかしながら、それらの困難を、本質的に副産物である態度を意図的に選択することは不可能である、という内在的問題へと遡っていくことはしないで、彼はその生活スタイルが偽装され模倣される階級において採用されている非自覚的な戦略に、その説明を見出す。このやり方は、私の見る限り、本章の最初の段落で言及した知的誤謬に陥るものである。この誤謬については後の本章第10節でさらに論じる。

《6》ふりをする

よい印象を与えようと仕組まれた行為はよい印象を与えることに必ず失敗するという原則は、次のような反論に対しては明らかにその弱みをみせる。人は問題となっている当の非手段的な行為のふりをする（faking）ことによって、それに関連する状態を他人の内に引き起こすことができる、という反論である。確かにこれはしばしば見られることである。注意深く準備された無頓着、考え抜かれた無関心、精密に計算された寛大さ、あるいは綿密に計画された自然さによって大仕事をやり遂げることができるというのは珍しいことではないだろう。誘惑のために用いられる策略の多くはそのような戦略に頼るものであり、時にそれは人がなそうとしていることについての率直さの除去を伴う。ハムスンの小説『ミステリーズ』[17]において主人公ネーゲルは、はじめ、奇妙な口ぶりと行動によって貧しいダグニーの気を引き、その後に、全部きみの気を引くためだったんだよと彼女に伝えて話を結ぶ。確かに、意識していなかったわけではない〔わざとだったんだ〕と白状することは意識されたものではないに違いない！『危険な関係』[18]のヴァルモンは、トゥールヴェル法院長夫人への愛情にのめりこむふりをすることに成功する――一方でセシル・デ・ヴォランジュを誘惑するには、ほんの少し恐喝するだけで事は済んでしまう。ふりをするのに成功するもう一つの例は、アーネスト・ゲルナー（Ernest Gellner）が〔議論の中で〕与えてくれた、〔アフリカ北西部〕マグレブ地方の「大男」である。その男は、計算されていない自然さを適切な分だけ示しつつ訪問者を迎えることができるようにと、自分の家に近づく者が現われはしないかと目を光らせているのだという。

この種の例は数え切れないほど挙げることができる。しかしふりをすることが極めて困難であるか、おそらくは不可能でさえあり、さらにそれとともに自滅的でもあるようなケースもなお多く存在する。私はこの〔ふりをすることによって目下の問題を回避できるという〕反論に対するこれら三つの返答〔＝困難、不可能、自滅的〕を、この順番で論じていきたいと思う。読者には、既に本章第3節で扱ったより一般的ないくつかの返答についても心に留めておいてもらいたい。

いくつかの状況では、ふりをすることに成功することは極めて難しい。距離をおいた観察者はほとんど常に、考え抜かれた無関心と真正の無関心の間の違いを見抜くことができる。私たちは——おそらく進化的に望ましい理由のために——他の人の視線の動きに極めて敏感であり、そこに現われている態度について極めて微妙な差異をも感知することができる。室内にただ視線をさまよわせて、人から人へ目を滑らせる中で偶然とある人々に目を留めているような人と、意図的な無関心の下に鋭く視線を逸らすことによって、顔を合わせたくないと思っている人がその場所にいることをはっきりと悟っている人とは、簡単に区別できる。確かに、狙われた被害者がそのことに気づかないほど鈍感であれば〔恋愛〕詐欺は成功するかもしれないが、それはおそらく、恋人の無関心な様子があまりに苦痛なので、その無関心が故意によるものので、したがって実は注意をひくための振る舞いの一種なのであるということを理解することができないからである。（そして逆に言えば、情念によって誤解させられて、偶然自分に向けられた視線をまったくの意図的なものだと信じてしまうこともありうる。）しかし、情念がふりをすることに対して盲目であるとしても、それはふりをすることから情念を引き出すことができるということではない。

文学的な例として、リュシアン・ルーヴェンのシャストレール夫人への恋を考えてみよう——それは世界文学における最も感動的かつ愛情深い喜劇的恋模様の一つである。[★19] 二人の恋人たちはスタンダールの個人的な恋愛哲学を演じている。すなわち、「恋をする勇気を持てるのは、恋をしすぎないことによってのみ」であり、[*72]「卑しい魂は成功のチャンスを正確に計算することができる」一方で、優しい魂は「持ちうる限りのあらゆるウィットをもってしても、最もシンプルで最も確実に成功するであろうことを口にするにも決して安らいではいられない」。[*73] それゆえに彼らは二人とも、相手に手を伸ばすことができない。相手に自分の恋心を伝えることは、その卑しい特質のしるしとなってしまうだろうからである。リュシアンの内にある、シャストレール夫人の恋心を駆り立てているまさにその特質が、〔夫人から向けられる〕明白な恋のサインを読み取り利用することを彼に許さないのである。彼らの優しくそして喜劇的なバレエの最初のステージにおいて、彼女はリュシアンからの手紙に対してその身分にもかかわらず親切に返事をするのだが、その際に彼女は、傲慢かつ厳格なトーンを用いることによって、返事をすることは間違ったことではないのだと自分自身をごまかしている。リュシアンはその手紙をまったく額面通りに受け取り、彼女が実際に書いている内容よりも返事を書いたという事実のほうがはるかにずっと〔彼女の気持ちを〕明らかに示していることに気づくことができない。スタンダールは意地の悪い挿話の中で次のように評している。

〈しめた！　シャストレール夫人から返事が来た！〉ルーヴェンよりいくらか俗悪に育った青年なら、そう言ったかもしれない。〈あのお高い女がとうとうふんぎりをつけた。これで第一歩をふみだした。あとは形式の問題に過ぎぬ。おれの腕次第で、ひと月になるかふた月になるかするだけだ。それと、あの女が貞女の鑑としてどう身をまもるべきかを多少誇張して考える、その考えかたしだいで〉[74]。

二人の恋人たちはしばらくはこんな調子であり、お互いの恋心について伝えることにほとんど成功しているものの、それが完全なものとなることは決してない。あるときシャストレール夫人は彼の頻繁な来訪をとがめる。それは彼女の評判に傷をつけかねないものだからだ。

「それで！」とルーヴェンは息をつまらせて言った。このときまでシャストレール夫人の口調は、礼儀正しく、つつましく、冷やかだった。すくなくともルーヴェンの目にはそう映った。彼はそれでと言ったが、この声の響きは、おそらくどんな完璧なドン・ファンにも出せなかったろう。彼には手腕などてんでなかったから、これは本性の衝動であり、ありのままの気持だったのだ。ルーヴェンのこのひとことが局面を一変させた[75]。

これらの文書の中でスタンダールはリュシアンを、初めは否定的に、後には好意的に、プロフェッショナルな誘惑者たるヴァルモンの人物像と対比し、ヴァルモンはシャストレール夫人とはうまくゆかないだろうとほのめかしている。この段階ではリュシアンもそれほどうまくやっているわけではないが、彼の失敗の理由はまったく異なるものである。ふりをすることができないがゆえに愛される彼は、自分の駆り立てている恋心を利用する勇気を奮い起こすことができない。言うまでもなく、シャストレール夫人でさえ十分に巧妙な人物によってだまされることはあるだろう。こういった問題において、〔恋愛〕詐欺の成功は騙し手と被害者の相対的な洗練度にかかっている。しかしその逆もまた真である——どんなドン・ファンに対しても、彼の面倒をみる女性がいる。無条件で成功する〔恋愛〕詐欺などありえず、いつでも誰でも騙せるわけではない。

この最後の主張について考察を続けよう。フランスの一九八一年の大統領選挙において、フランソワ・ミッテラン（François Mitterand）は「静かな強さ（Force tranquille）」というスローガンの下に選挙キャンペーンを行った。彼は清廉で見識のある人物として自身をアピールし、「党派政治（politique politicienne）」から距離をおくことに成功した。彼は打算的でない強さを身につけているふりをしたのだろうか、それとも実際にそうだったのだろうか？ ここに彼のキャンペーンについてのリチャード・エーダー（Richard Eder）の二つのコメントがある。

ミッテラン氏の仲間たちはいつでも待っている——彼はいつだって遅刻してくるのだ。フランス中をめぐる行程において、彼は食事に手間取り、景色を味わうために立ち止まり、友人とのちょっとした長電話のために休憩を取る。説得と計算とを適度に等しく用いながら、彼は、政治は機械ではなく、能率的に機能すべきものでは決してないのだと自慢げに主張している。*76

彼の悲しげな顔立ち、ゆっくりとしたスピーチ、その身にまとう思慮深い空気は明らかに、ある種の真正性、小細工の拒否を示している。それはジスカール・デスタン（Giscard d'Estaing）★20氏のより機械的な興業的態度を目立たせるために用いられているのである。そのこと自体が小細工ではないだろうか？*77

投票者たちが真正性についての小細工を見抜き損ねたのは誤りであったと、われわれは結論すべきだろうか？　あるいは反対にエーダーは、人に会った際に正直者を見分けることができないという、記者たちの根深いシニシズムの犠牲になったのだろうか？　ミッテランは明らかに、この特殊な観察者〔＝エーダー〕によい印象を与えはしなかったし、彼〔＝エーダー〕が懐疑的になった理由には真実らしさがあることを私は認めなければならない。とりわけ政治は能率的に機能すべきものではないという〔ミッテランの〕主張は、もし正確に伝えられたものだとすれば、決定的に疑わしい。高潔さと清廉さを身につけた人々は、スムーズに機能する政治機構を築くのはあまり得意ではないかもしれない。たとえばピエール・マンデス＝フランス（Pierre Mendès-France）★21が頭に浮かぶ。しかし、そのような人々も、自分たちの能力のなさを真っ先に悔やんでいたのであって、長所として見せびらかしてはいなかっただろうと私は考える。このケースにおいては懐疑は正当化されないかもしれないが、しかし次のことは、一般的論点として間違いなく認められるだろう。すなわち、高潔なふりをすることはいつか誰かに見破られる大きな危険を冒すことになる、ということである。ミッテランの高潔さの疑わしさとのもう一つの対比として、ド・ゴール（de Gaulle）の疑いようのない高潔さを取り上げたい。★22 彼についてはポール・ヴェーヌの次の所見を当てはめるのが適切だろう。「何だかわけの分からないものが、いつも神々や信託や「守護神」の特権であったり、しるしであったりした」。*78 自分が他者に与える印象をきちんと計算することのできる人であれば、ド・ゴールがたびたびなしたような、理にかなっているとは言えないほど頑固な振る舞いをすることはまずないだろう。ド・ゴールが非常に成功したその理由の一つは、彼の対話の相手が、彼には理屈に耳を傾けるつもりがなく、それゆえ彼の主張を受け入れる以外ないのだと正しく理解したことにある。「チキン」ゲームにおいては——これは多くの交渉に見られるパラダイムである——非合理的であることが明らかな人物が、しばしば自分の主張を通すことになる。*79 リチャード・ニクソン（Richard Nixon）は、ロシアに危機的状況を引き起こすのを思いとどまらせるために、危機的状況において非合理的に行為しうるし行為しそうな人物としてのイメージを意図的に広めていたと言われている。おそらくは、ニクソンが迷走的で予測不可能なやり方を見せるのを彼のアドバイザーたちが気に留めず、それどころか推奨してさえいた、というのがよりいっそうありそうなことだろう。いずれにせよ、予測不可能なふりをすることは要求が高すぎる。それには時折のスタンドプレーだけでは足りず、数えきれないほどの小さな手段を意図的になすことが必要になるからである。

そしてあらゆる行為者には、自分自身〔の本心〕を看破してしまえるほど賢い、潜在的な観察者が存在する。キリスト教は、あらゆる行為者を看破してしまえるほど賢い一人の観察者が、すなわち神が存在するという考え方に基礎をおいている。したがって、パスカルの賭けの議論は、ふりをするのではうまくいきそうにないがゆえに、本物の信念を引き起こす必要性を考慮に含んでいるに違いない。さらに、すべてを見透かす神の目〔が存在する〕という事実は、なぜ救済そのものを目的としてなされた立派な仕事が救済をもたらしえないのか、ということを説明してくれる。恩寵を受けた状態は本質的に（あるいはもしありうるならば）行為の副産物である。この賭けの議論に対する一つの反論を提示させてもらいたい。一体どんな神が、真正のものではあるがあやしげな過去の歴史を伴う信念——すなわち、直接的に正当化されたわけではないとしても、結局のところ道具的な合理性によって引き起こされた信念——によって利用されるというのだろうか？　パスカルが『プロヴァンシアル』で示したイエズス会の決疑論（casuistry）に対する攻撃は、この反論を彼が受け入れていたことを示している。[★23] そこで彼は意図を方向づけるというイエズス会の教義に反論している。その教義は、ある意図に基づいてなされた際には非難されるべき行為も、別の意図に基づいてなされた場合にはそうではないかもしれず、したがって司祭は行為そのものよりもむしろその行為の背後にある意図に注意を向けるべきである、と考えるものである。[*80] 明らかな反論は、もし仮に——本章の一般的主張とは反対に——ある人が意図を変更することに成功しえたとしても、その新たな意図に基づいてなされた行為は、意図の変更の背後にある非難されうるべき意図によって汚されてしまうだろう、というものである。しかしながら同様の議論が、〔パスカルの〕賭けの背後にある推論に対しても当てはまるように思われる――いったいどうすれば、現時点での信念は世俗的な因果的起源に汚されずに済むのだろうか？

芸術家たちの型破り（disorder）は、練習して身に付けた無関心に近い。というのも、それを本物らしく見えるようにするのは困難だからである。映画や演劇を観るとき、次のような印象を受けることがある。舞台上の指示が「型破り」を〔演者に〕要求したのであって、ディレクターはそれを巧妙だったりそうでなかったりする試みによって、たとえばある因果的な配置の下に椅子やら新聞やらを準備することによって成し遂げようとしてきたのだ、と。もちろんこれは簡単に失敗する。なぜなら人間の意図が働いているときにはいつでもあるパターンが残されるものであり、それは原理上何らかの他の意図によって見破られうるものだからである。型を創り出すことは簡単であるが、型破りを創り出すことは不可能である。そして型破りの見せかけを創り出すことは、〔不可能ではないにせよ、〕観察者の洗練度と観察者をだますために用いられる手段の巧妙さに依存するため、多かれ少なかれ困難を含むだろう。フォン・ノイマン（von Neumann）はかつて次のように述べた。「当たり前のことだが、ランダムに数字を生み出す算術的方法について考える人は誰もみな罪を背負っている」[*81]。同様に、先の世代に風景建築家たちに愛されていた人工的な――ゼロから構築された――廃墟は、絵画的な荒廃について望み通りの印象を生み出すことに成功することはほとんどなかった。（次の節にあるゴシック・リバイバルについてのコメントも参照。）

ふりをすることが困難な物事は、大抵は容易に学ぶことのできないものでもある。この問題にはいくつかのアフォリズムがある。「ルイ十五世治下の最も有能な大臣の一人であったマショー氏は、政治的自由の観念に思いを致し、それを国王に提言した。しかしながら、このような計画は他人に勧めるようなものではない。構想を思いついた者だけが、それを実行する適任者だからである」[82]。また繰り返すなら、「最初にすぐ理解するのでなければついにいつまでも理解できないようなことというのがいくつもあるものです」[83]。そして最後に、文化の本質はそれを獲得することなしに所有することであるとするブルデューの見解がある[84]。これはしかし、上流階級の習慣を獲得し、模倣し、そのふりをするプチブルジョアの成功する見込みのない試みについての、ブルデューの一連の鋭いコメントのうちの一つにすぎない。それらの試みは、し足りないことを恐れ、常にやりすぎてしまうがゆえに、失敗するのである[85]。次のように付け加える人がいるかもしれない。彼らの破滅の原因は、ほんの少しだけやりすぎてしまう傾向性にある、というのも自分たちの不文律からの過度の逸脱は、まさに上流階級らしいものであるからだ、と。規則からの意図的な逸脱は、規則への意図的な固執に起因する意図しない逸脱、すなわちルールブックがあらゆる事例をカバーしているという誤った信念の下に「厳密に規則通りにやっていく」こととは、大抵の場合に区別可能である。（実直さについての本章第3節の議論も参照。）

そのふりをするには本当にそれを引き起こすために必要となるような性質が要求されるがゆえに、うまくふりをしおおせることがまったくもって不可能であるようなケースもまた存在しうるだろうか？　一つの明白な例は、芸術あるいは科学において独創性と創造性をよそおう試みだろう。そのような努力は公衆をだましおおせるかもしれないが、同じ芸術家や科学者がだまされることはないだろう。より重要なこととして、芸術において平凡さをよそおうことは、もしかすると不可能でさえあるかもしれない。才能のある作家がその才能を、ベストセラーを生み出す方へとうまく方向転換した、という例を私は一つも知らない。多くの人がそれを試みたが、しかし結果はいつだって、良すぎるか悪すぎるかのどちらかだった。真剣な書き手は、ちょうど適切に平凡である、ということができないだろうからである。（これはソヴィエト体制についてのジノヴィエフの分析における本質的なアイデアでもある――有能な人々は良い仕事をなすことについて罰せられるが、かといって彼らには下手な仕事をすることにおいて、能力のない人々と競争することはできない。）*86 私の試論的な主張は次のようなものである。そのようなケースにおいてふりをすることはただ心理学的に困難なのではなく、何らかの種類の概念的な不可能性を含んでいる。それがいかなる種類のものであるか、私にはわからない。ここで読者のみなさんに、ベストセラーを書こうと企てる想像力にあふれた作家の苦境について、自分のこととして思案してもらいたい。彼は自分の才能をただ切り捨てることはできず、自らの能力をたとえばストーリーの構築に用いながら、一方でキャラクター分析あるいは会話について手加減をする。彼はまったく異なるタイプの書き手へと自分を転換し、知覚を鈍らせ、文体をすさませ、二つの言葉で事足りるときにも三つの言葉を用いる。彼は他の人々を理解することができると仮定したとしても、そのことは彼が他の人々の本〔と同じレベルのもの〕を書くほどに彼らに近づくことができることを意味しない。

最後に、よそおう試みは自滅的なものであるかもしれない。もしその試みが、ふりをしているまさにその状態を引き起こすことに帰着するならば、そうである。アリストテレスは、有徳であるかのように行為することによって人はいずれそうなるだろうと論じた。私はかつてそうであったほどにはこの議論に惹かれない。というのも、規則に従うことが人を、必要な時には規則を乗り越えることのできる人物に変えるというのは、明らかなことではないからである。しかしながら、この反論を棚上げにすれば、当の議論はおそらく、有徳になるためにではなく他人に印象づけるために有徳であるふりをするようなケースにもまた当てはまるだろう。先の第一章第5節においては、共通利益に口先だけで同意することによって当人にもたらされる衝撃に関して、同様の議論が提起された。実際のところ、ふりをすることは計画的性格形成と比べて、意図的に引き起こすことのできない状態、たとえば誠実さ、公共心、信仰心あるいは徳といったものをもたらす上で、いっそう効果的でありうるだろうか？　もし神を信じているふりをすることが結果として神を信じることに帰着するならば、その結果というのはふりをすることの副産物であり、その主たる目的は他者を騙すことかあるいは他者によい印象を与えることである。このことは次のことを意味している。そうと気づくことなしに信仰へと、いわば滑り込んで行く人はいるかもしれないが、しかしパスカルによって擁護された信仰へのいっそうの熟慮による計画は、成功するためには自己消去問題〔本章第3節〕を解決しなければならない。だがしかしふりをすることは、言うまでもないことだが、この〔目指している状態を実際にもたらすという〕優位性ゆえに選ばれた場合には、まさにその優位性を失うことになるだろう。

《7》芸術における選択と意図

芸術作品を作るというのは意図的な行為である。すなわち、ある目的によって導かれた一連の選択である。非常に一般的に言えば、その目的とは、ある技術的な枠組みによって作られたディシプリンの中で、人間経験の何らかの特殊な側面を圧縮し伝達することである。この活動に携わり成功することは文句なく満足のいくことであり、そしてその結果は文句なしによい印象を与えるものでありうるが、しかしいずれのケースにおいてもただ単に、そして本質的に、副産物としてそうである。芸術家は、もし自己実現あるいは他者へのよい印象の付与といった偽の目的によって自身の本当の目的から注意を逸らされてしまうならば、失敗する。ナルシシズムと技巧の誇示（bravura）はどちらも等しく、芸術家の不変の目的であるべきもの、すなわち「正しく成す（get it right）」こととは両立しえない。これは、芸術家は観客のことを気にしながら仕事をしているのではない、ということではなく、その〔心中の〕観客は潜在的な批評者の一人であって賛美者の一人ではない、ということである。彼の公衆は同輩の芸術家たちであり、彼自身のプロフェッショナルな良心に内面化されているのである。より広範な観客をしばしば求めてしまうとしたら、むしろそれを失うのに有効な手段を取ってしまうことになる。*87

本節において私は、はじめに、芸術における選択についての一つの一般的説明を提示し、次にそれを本章の主たるテーマに関連づける。その説明が極めて不完全かつ試行的なものであることは、いくら強調してもしすぎることはない。私は美的な価値を理解することに関する問題がしばしば困難なものであることを理解しているし、それについての私の一般的アプローチについて確信を持つには程遠い。以下に示す見解はすべて、非常に形式的なレベルのものであり、おそらく、真に重要な問題を把握するにはまったく至っていない。

最初に、分析の二つの前提について、議論抜きに提示させてもらいたい。第一に、芸術作品の価値は創られたり公衆に発表されたりした時代に依存しないという意味において、芸術的あるいは美的な価値は時代にとらわれないものである。第二に、よい芸術作品とは何かについての最良の判定者は良い芸術家であり、また月並みの芸術家でさえ、他のほとんどの人々にくらべれば優れた判定者である。これらの仮定は次のことを示唆する。すなわち、何が美的価値を構成しているのかを突き止めるためには、芸術家の現実の実践を見るべきである、と。私は、芸術家は〔美的〕価値についての自覚的な基準に従って芸術に関する決定を下しているのだ、と述べているのではない。むしろそのような基準は（私はそういったものが存在すると仮定しているのだが）芸術家が何をしているのかを見ることによって最もよく再現することができる（それが最善のガイドであると私は考えている）、と述べているのである。

芸術的な創作活動は制約条件下での最大化を必要としており、そして良い芸術作品は、芸術家が最大化しようとするものが何であれ、その局所的な最大値である、と私は主張する。この最大化対象の本性について私は何も言うつもりはないし、それゆえ私の説明はまったく形式的なものであって、美学の実質については関連を持たない。芸術家たちが「正しく成す」ことによって最大化しようと試みている何ものかがそこにあり、そして彼らの行動はこの意味において合理的行為の一般的主題の下にある、ということを仮定してのみ、芸術家の実践は理解されうるのだ、と私は論じる。他のケースと同様に、合理性の形式的な特徴は、実質的な目標（これについて私は言うべきものを何も持たない）と広範囲において両立可能である。

いかなる媒体において仕事をするにしても、芸術家ははじめに、自らの作品の基礎構成単位、たとえば文字、言葉、音、画法などについての配置の無限の可能性に直面する。利用可能な選択肢の集合はただ大きいだけでなく、非常に大きな多様性をも有している——すなわち、膨大な次元のそれぞれにおいて膨大なのである。したがって可能な芸術作品の集合のサイズによって、選択には二ステップ戦略の必要性が課せられる。第一に、芸術家は利用可能な選択肢の集合を、追加的な制約を課すことによって、より取り扱いやすいサイズに切り詰めなければならない。第二に、彼は自らの創造的な才能を適切に働かせ、縮減された選択肢集合の中から基本構成単位の何らかの特殊な配置を選択し、それによって自らの目的関数の局所的最大値を表現しなければならない。利用可能な選択肢の完全な集合から直接に選ぶことは、検分すべき可能性があまりに多すぎるため、合理的ではないだろう。この考え方はエドナ・ミレイ（Edna St. Vincent Millay）によるメタ・ソネットの中に表現されている。★24

私は混沌を、一四本の線の上に横たえて、
そしてそこにとどめ、そして彼〔＝混沌〕が運に恵まれたならば、
その場所から逃れ去らせる。私は彼をのたうち回らせる、
そして猿を、洪水を、炎を、あるいは悪魔を——彼が抱く抜け目のない企ても、
この甘美な秩序の、厳密な制約の中では、
何かを損なってしまうことはないだろう。
その、敬虔な強姦の最中に、私は彼の本質を、その不定形の様相を掴むのだ、

彼が秩序と混ざり合い、一つになるまで。
過去とは数時間、数年にわたる私たちの監禁であり、
彼の傲慢さであり、私たちの恐ろしい奴隷状態である。
私は彼を手に入れている。彼はただ単に
理解されてこなかった何物かであり、それ以上でも以下でもない。
私はもう、彼に無理やりに懺悔させることから、
あるいは回答させることから手を引こう。私はただ彼を良きものと成そう。*88

厳密に言えば、選択可能な選択肢の集合の縮減は、必ずしも特定の制約をめぐる熟慮に基づく選択によって引き起こされたものではない。実際のところは、このような〔自覚的に制約を選ぶ〕ケースは通例というよりもむしろ例外だろう。芸術家が、表現の手段（押韻、拍子、音律、色彩図式）に対する厳密な制約によって、他から区別される一つの技術を採用するとき、この選択は代替的選択肢の間での意識的な選択である必要はない。大抵は、それほど多くの選択肢があるわけではない。良い芸術は伝統との断絶を、あるいはその意識的な容認を伴うものでなければならないと考える罠に陥ってはならない。ラシーヌ、モーツァルト、そしてジェイン・オースティンらは、彼ら以前に完成されていた枠組みの内側にあって幸福を感じていた、最高度に創造的な芸術家の例である。道を切り開いてきた芸術家は、そのやり方ではそれほど進んで行くことができなかった。というのも彼らは、利用可能な選択肢の集合の中から選び取ることに関す

る自分たちの特別な才能にとって、伝統的な制約が十分な領域を許しているとは感じなかったからである（独創性に対する見当違いの欲求からそうしていた人については別である）。私の考えるところでは、特定の形式的制約によって限界づけられる一つの伝統の実践が、その内側で述べられうるものに対する実質的な制約を創り出すことになり、それゆえに選択の自由はもうほとんど残されていない、ということがしばしば生じるのである。

制約の源泉は伝統だけではない。加えて技術的、物理的、あるいは管理運営上の限界もあり、利用可能な選択肢の集合を取り扱いのできるサイズまで切り詰める（意図せざる）効果を持つ。サウンド・トラックの登場以前、無声映画には一つの次元（＝映像）しかなかったが、そのことはそれほど気にならなかった。同様のことが、カラー写真が導入される以前の、モノクロでの映画撮影についても当てはまる。ジャズ・レコードの偉大な時代は、私の意見では、長時間再生のレコードの発明によって終わりを迎えた。質の高いレベルでジャズの即興演奏（improvisation）を継続することはとても難しく、それゆえ三分間の再生時間を持つ「七八回転」レコード〔SPレコード〕はまさに最適であった。それが二〇年代の〔ルイ・〕アームストロング、三〇年代のレスター・ヤング、そして四〇年代のチャーリー・パーカーの信じがたいほどの完全性を可能にしたのだ。より長い録音時間によってより大きな自由がもたらされたが、それは実際のところ、同様の強度で集中を持続させるには長すぎた。（その劣化は明らかに、「構造」を犠牲にして「性格」へと向かう、より一般的な傾向性の一部分でもある。）同様に、建築者によって建築家に課せられる金銭的あるいはイデオロギー的な制約は、彼の創造的な想像力を、束縛するよりもむしろ自由にするものでありうる。もちろん、仕事が始まる前に定められるのであって、道半ばで追加されるのでない限りの話ではあるが。

そして最後に、自ら課した、そして自由に選択された、自由の限定もある。たとえばウディ・アレンの『マンハッタン』における、技術的にも金銭的にもカラー写真が利用可能であった中でのモノクロ写真の使用がそうである。他の例について思いつくままに挙げれば、伝統的な形式があるにもかかわらずその外側で細密画（miniature painting）や俳句を選択すること、バッハの、自らの名声をかけてフーガという芸術を作りあげるという決心、あるいは、極端な例を取り上げるならば、ジョルジュ・ペレックが「e」という文字をどこにも用いることなく小説を書いたことが挙げられる。もしわれわれが一つの行為を非常に一般的に、制約下での選択の結果と捉えるならば[*89]、典型的には選択が自由の要素を表し、制約が必然性の要素を表すだろう。しかしながら、もし制約がそれ自体として自由に選ばれたものであるならば、必然性の要素はある程度まで目的のためにコントロールされ利用される。人間はあまりに大きな自由には耐えることができないのであり、それゆえ制約がなければならない。しかし制約をまとめて一挙に、自由に選ぶことはできるし、そのときにもまだ、それらの中から選択するという自由は残されている。

ここから先は、所与の制約あるいは選ばれた制約の中からの選択において、その指針となる諸原理に移っていこう。芸術家は局所的な最大値を達成しようと試みているのだ、と私は論じるつもりである。この概念には明確化が必要だろう。そのために、ダーウィンの進化論の基礎をなす原理のいくつかをボート作りに適用した一九世紀ノルウェーの社会学者、エイラート・スント（Eilert Sundt）[★25]による先駆的な洞察を引くことにしよう。

ボート作り職人は熟練の技術を持っているかもしれないが、しかしもし彼がそうしようと力をふるったとしても、二つのボートをまったく同じように作ることは決してできないだろう。このような形で生じてくる変化は偶然のものと呼ばれるかもしれない。しかし、どんな些細な違いであっても、航海に出てしまえば大抵は目に付くのであり、それゆえ改善されておりよりいっそう自分らの目的にとって便利なものになっている方のボートを船乗りたちが見分けること、そして彼らが模倣されるべきものとしてこれが選ばれることを推奨するであろうということは、偶然ではない。……それぞれのボートはそれぞれのやり方で完成している、と考えることができるかもしれない。というのもそれらは、ある特定の方向への偏った発展によって完全性に到達しているからである。それぞれの種類の発展は、さらなる発展が優位を相殺して余りあるほど欠陥を内包することになるであろうポイントまで進んだのだ。……そのプロセスは以下のようになると私は考える。新しくかつ改良された形についてのアイデアが最初に喚起され、つづいて長く一続きの賢明な実験が、そのそれぞれは非常に小さな変化であるとしても、幸福な帰結を、すなわちボート造り職人の仕事小屋から誰もが欲しがるようなボートが登場してくるという帰結を、導くだろう。*90

この文章から取り出しておくべきなのは、局所的な最大値と小さな変動という二つの考え方である。小さな変化を加えながら実験していくことで、ボート作り職人はあらゆる特徴がお互いに最適な形で釣り合っている一つの型を見つけ出したのであり、それゆえさらなる変化はいかなるものであっても全体としてのパフォーマンスの低下につながるだろう。また別の講義においてスントは、ノルウェー北部での研究の中で発見したこの進化的メカニズムと、ノルウェー西部のボートの形の中に発見した非連続的な変化との比較を行った。こちらの方では、非漸進主義的な変化によって、職人は所与の初期類型からの小さな段階的改良を通じては到達しえなかったであろう、より上位の局所的最大値へ到達することができたのであった。

芸術的な創作を局所的最大化のプロセスとして捉えるべきだとする第一の論拠は、しばしば引き合いに出される次のようなクリシェである。すなわち、すばらしい芸術作品には、その美的価値を損なうことなしには「何かを付け加えることも取り去ることもできない」。二つ目の、いくらかより説得的な考察は次のようなものである。そのプロセスをこのように見ることによって、われわれは「二流の傑作」という概念を理解することができる――それは低い水準の局所的最大値なのである。同様にわれわれは、時として引かれる「良い駄作（good bad art）」と「拙い秀作（bad good art）」の間の区別の意味も了解することができる――前者は低い水準の局所的最大値であり、後者は高い水準の〈局所的〉最大値への不完全な接近である、と。しかしながら、私が依拠する中心的論拠は、芸術的プロセスにおける草稿やスケッチといったものの決定的な重要性からくるものである。詩人は一般に、小さな変化をいじくりまわし、一つの言葉を試してみては、それを消し、別のものと取り替える。それは最終的に、自分は正しく成したのだ、と心を決めるまで続く。画家のスケッチブックは同様のアプローチについて十分な証拠を提供する。そのような実践は少なくとも、「より良い」という概念が芸術家にとって重要な意味を持つものであることを示している。そのこと自体は、芸術家が「最も良い」ものを成し遂げようとしているということを意味しない。彼はもしかしたら最大化よりもむしろ充足化（satisficing）のプロセスに取り組んでいるのかもしれないからである。この点に関してはおそらく芸術家の間で違いがあるだろう。ある人々は非常に綿密な手法の変化を用いるが、それは微調整された最適化へ関心を持っていることの証拠であるに違いない。いくつかの明白な理由から、彼らはまた相当に強い形式的制約の下で仕事をしようとする傾向も持っている。自らに課す制約をより弱いものにする〔ことを好む〕芸術家たちもいるが、彼らはその分だけ、制約下での完成というものに執着していない。〔芸術家の〕気質が繊細か粗野かという問題はあるけれども、それは私がここで打ち立てようとしている広範な一般化を壊すものではない。目的を持った選択は常に制約について、また制約の中で、なされる。

この問題の背景として、私は次の問いについて考察したい。コンセプチュアル・アートの何が間違っていたのだろうか？[★26] なぜ、リュクサックや鉄道貨車を持ってきて並べて見せたところで、芸術家は何らの価値も実現できないのだろうか？ あるいはむしろ、そういったパフォーマンスが有している価値がなんであれ、それが美学的なものではありえないのはなぜなのだろうか？ コンセプチュアル・アートは自然の気まぐれがなしうるのと同じような、あるいはジョンソン博士に従って説教を行う女性がなしうるのと同じように、よい印象をもたらすかもしれない。しかし驚きというものは、リニア・アートの重要な一部分であるかもしれないが、[*91] しかしそれが芸術のすべてではありえない。

コンセプチュアル・アートは間違いなく、芸術作品の美的な価値はそれが公衆に提示された時代に依存したものであるべきではない、という原理を侵害している。かつてアンディ・ウォーホル（Andy Warhol）は彼のスープ缶〔を描いた作品〕を公開したが、[27]誰も、公衆には知られることがなかったものの自分だって同じことをずっと前にやっていたのだと証明したところで、彼のお株を奪うことはできない。コンセプチュアル・アートは常に、創作のフロンティアであると今現在見なされているものを越えていかなければならない。さらにまた、コンセプチュアル・アートは小さな変化を試していくという特別な芸術的才能について、〔それが収束しうるための〕領域をなんら示していない。実際のところ、コンセプチュアル・アーティストは均衡点のないゲームに参加している。というのも、他の人々より一枚上手を行き、いっそうの驚愕を与える効果について考えることは常に可能だからである。この点において、それはまるでハイパーインフレーションのようなものであり（第一章第2節）、ルール無用なのである。同様に、これと密接に関連するミニマル・アートについても、それが小さな変化についていかなる領域を示しているのか、理解するのは容易ではない。[28]というのも形やサイズの異なるいくつものまっさらなキャンバスの間での、あるいは持続時間の異なるいくつもの沈黙の間での選択が、芸術的な選択や創造についてほとんど何の領域も示さないことは確かだからである。コンセプチュアル・アーティストもミニマル・アーティストも、驚きを通じてよい印象を与えようと企てているのだが、しかしこれは持続するようなよい印象を生み出すことと両立しうるものではない。

リチャード・ウォルハイム（Richard Wollheim）は、次のように主張することで、コンセプチュアル・アートおよびミニマル・アートに意味を見出そうと試みた。すなわち、それらの芸術の重要性は、通常であれば他の要素と切り離しえないほど結びついた形でしか見出しえない、芸術的プロセスのその構成諸要素を相互に分離した純粋な形で露わにすることの内に存している、と。*[92] 創造のあらゆるプロセスにおいて、仕事は終わったと決断しなければならない瞬間がやってくる。ウォルハイムによれば、コンセプチュアル・アートはこの決断を分離し、いわば表象する。というのもそれは事実上の内容を、外部から与えられたものとして取り扱うからである。（これに対して、目下の説明においては、その決断は局所的最大値を発見することの結果として起こる。）同様にすべての芸術は、慣習的な認識を破壊するという要素を、代替的なヴィジョンを生み出すといういっそう建設的な課題へのプレリュードとして、含み持っている。ミニマル・アートはこの否定的かつ破壊的な局面を分離し取り出すのだとウォルハイムは論じるのである。（しかしながら私の見立てでは、この局面は、実際の選択に先んじての、利用可能な選択肢の集合の形成に対応するものである。）コンセプチュアル・アートおよびミニマル・アートに対する私の反論は、ウォルハイムの擁護によって揺るがされるものではない。というのも、彼の記述するこの作用が複数のやり方で実行されうるというのは、いったいどのようにしてであろうか？　異なる解の間での、そのうちの一つが近接した代替的選択肢よりも、より良いものとして現れてくるような選択に際して、コンセプチュアル・アートおよびミニマル・アートに差し出される領域とはいかなるものなのであろうか？　コンセプチュアル・アートは望みなしの破れかぶれの突進（fuite en avant）か、あるいは本質的な点においてそれ以前にもなされえた言明となるか、そのいずれかであるように思われる。そしていずれにしても芸術家に対して、意味ある比較と選択を可能にするような、取り扱いうるサイズの選択肢集合を提供することはない。

コンセプチュアル・アートおよびミニマル・アートは、ディアギレフの「私を驚かせてごらん！」（本章第4節）によって表現されている欲求を主たる欲求としているような公衆に迎合するものである。ある意味で、時としてそのような命令に従うことがうまくいくのは間違いない。コンセプチュアル・アートによって展開された効果のうちのいくつかは実際に驚愕させられるものである。しかし、生み出された驚きに対してうんざりしている人々もいることを私は述べておきたい。そのことは、驚きが——本物であり、「初めの日と同じような（wie am ersten Tag）」世界の認識であるならば[★29]——本質的に副産物であることを示している。この意味で驚きは、エミリー・ディキンソンが「不意の期待（a sudden expectation）」あるいは「空を飛ぶような気持ち（a flying attitud）」[*93]と述べたものを伴っていなければならない。この意味で、芸術家が他人を驚かすことができるとしたらそれは自分自身をも驚かせることができる場合のみである。そしてこの驚きが消え去った時、不可避にそうならざるをえないのだが、何かが残るのである——われわれのレパートリーに新しい知覚の層が付け加えられるがゆえに。しかしながらコンセプチュアル・アートにおける新しい感覚の出現に際しては、かつての極点という形でその先ずっと維持されるようなものは何もない。

ヴィクトリア朝の美意識についての簡単な余談が、いくつか例証を付け加えてくれるかもしれない。[*94]ヴィクトリア朝の人々は絵画的で直接的な視覚効果に取り憑かれており、そして驚くには値しないが、理論家たちによる学校を設立して視覚効果をうまく組み立てる秘訣を提供していた。大抵の場合、そこには視覚効果が邪魔にならないようにするためのアドバイスが含まれていた。オーウェン・ジョーンズ（Owen

Jones）の言葉を借りれば、「それらの比率は、目で捉えることが最も困難な場合に最も美しいものとなるだろう[*95]」。そうして彼は読者に対して、見てすぐにわかる3：6や4：8ではなく、3：7や5：8の比率を用いるようアドバイスした。おそらく次の世代は、その頃にはジョーンズ的洗練によって染められていただろうから、よりいっそう微妙な数字、たとえば7：15あるいは9：16を求めただろう。すでに論じたように、作品それ自体よりもその効果に焦点を当てることは、一歩先んじること、そして破れかぶれの突進に至る。また別の例として、クリストファー・ドレッサー（Christopher Dresser）による次の議論を考えてみよう[★30]。

> 曲線は、その性質において繊細であるほどに、より美しいものと見なされるであろう。⑴弧は曲線の中で最も美しからざるものである。一つの中心から線を引いたものであってその原点を見出すのはたやすく、そして精神は、一本の線が喜ばしい観照をもたらすとすればそれは知識に先んじて存在し、探究心に活力を吹き込むものでなければならないと、そう要求するからである。⑵楕円の境界線の一部分は、曲線として弧よりもいっそう美しい。なぜならその原点ははっきりしたものではないし、二つの中心から線を引いたものだからである。⑶卵型に境界を引く曲線は楕円曲線よりもいっそう美しい。なぜなら三つの中心から線を引いたものだからである。⑷心臓形（cardioid）に境界を引く曲線はさらにいっそう美しい[★31]。四つの中心から線を引いたものだからだ[*96]。

このような馬鹿げた衒学趣味を批判しようと苦闘したのが、オーガスティン・ウェルビー・ピュージン（Augustin Welby Pugin）★32やジョン・ラスキン（John Ruskin）★33であった。ピュージンはその最初の著作『コントラスト』において、適切な弧の代わりに四点からなる不恰好な曲線を用いることを厳しく批判した。＊97これに続いて、彼は次の著作『キリスト教徒の真の原理、あるいは適切な建築』において、建築における意図と効果についてのいくつかの一般的見解を提示した。

現代建築は、規則性という欠陥を避けようとして、しばしば非規則性という点において同じくらいひどい欠陥へと落ち込んでいる。ある建築物が絵画的にデザインされていると述べるときに私が意味しているのは、可能な限りたくさんのものを内に外に、隅から隅まで貼り付けているということである。古代の建築物の持つ絵画的効果は、かつての建築家たちが地域的で構造的な困難を乗り越えるために用いた精巧な方法によって、もたらされたものである。絵画的に見えることを主たる目的として計画された建造物は、人工的な滝や出来合いの岩のようなものであるに違いない。それは一般的に言って、あまりに不自然に自然的であるがゆえ滑稽に見えるのである。＊98

ラスキンは、ゴシック建築についてのこの一般的評価を完全に支持していた。彼はまた次のように付け加えた。すなわち、絵画性は、建築において主眼に置かれる効果としては受け入れられないが、予見される望ましい副次的効果としてなら受け入れられる、と。

また、外面的な対称性や整合性といった考えにふけって自分たちがなしたことの真実の用途と価値を損なうことが決してなかったことは、ゴシック建築家たちの主たる徳目のうちの一つである。もし窓を一つ欲したなら、彼らは一つこしらえた。部屋を一つ欲したならば、一つ付け加えたし、壁を一つ欲したならば、一つ構えた。外面の見え方に関して築き上げられたいかなる慣例ともまったく無関係に、彼らは次のことを知っていた（そして実際のところそれは常に生じた）。すなわち、整然とした計画をそのようにあえて中断することは、その対称性を損なうよりもむしろそこに興趣を付け加えるものであるだろう、ということを。*99

この最後の見解は、先に本章第3節で取り上げた論点にうまく適合する。すなわち、ある行為は、その結果として本質的に副産物であるような状態が生じるだろうと行為者が予期しているということによっては無効にはならない（それが行為の主たる目的を変更させない限りはそうである）ということに。しかし私は、ラスキンの言葉の選び方についてわずかながら気にかかるところがある。というのもそこには、芸術家が自分の用いている標準規格を緩めうるのは、欠陥あるいは不完全性はいかなるものであれ仕上がった作品に魅力を付すのみであろうという理由からだ、ということが示唆されているからである。あらゆる計画変更が作品全体に興趣を付与するわけではない。公衆はしばしば不完全性にスノビッシュな注意を向けるが、それは不完全性が芸術作品の古さ、そしてそれゆえの珍しさの証拠となっているからである。もし芸術家自身がこの態度に取り憑かれてしまったならば、気取りと放縦に終わることは目に見えている。

《8》権力の無能力

私はここまで、ある個人が、彼自身あるいは他の誰かの内に、本質的に副産物であるような精神状態を作り出そうとする、というケースに注目してきた。ここからは次のようなケースに移ろう。すなわち、同様の理由のために、ある支配体制（régime）にとって、特定の社会的・政治的状態をもたらすことは不可能であることが証明されるというケースである。自然の成り行きによって、あるいは偶然によって生じることは十分にありうるが、しかしそれを意図的に生じさせようというようないかなる試みも拒むような、そんな社会状態が存在する。そのようなケースにおける不可能性は、行為者が実現しようと試みている状態よりも、むしろ行為者に由来している傾向がある。理知的かつ意図的な行為によっては引き起こされえない状態を近寄りがたいものと呼び、計画的かつ意図的にそこから離れることのできない状態を逃れがたいものと呼ぼう。[*100] もしある行為者が、内在的な意味で近寄ることのできない目標のみを自ら設定したならば、彼の置かれる状況は逃れがたいものとなる。しかしまた、自ら設定した目標は何であれ自身にとって近寄りがたいものであるような、そんな行為者も存在する。そういう人たちは自身の置かれた状況を逃れることができないタイプの行為者なのだ、というのがその理由である。その手に触れるものはすべてが鉛へと変わり、そのあらゆる一歩がつまずきとなる。[★34] シーシュポスの役割を務めているとは見なせないとすれば、彼らはタンタロスの役割に従事しているのだ。これこそアレキサンダー・ジノヴィエフがソヴィエト支配体制に見て取ったものであり、その理由はすぐに説明するつもりである。それに比べればあまりドラマティクではないが、偶然によってならば生じるかもしれない状況を引き起こすことができない、そんな政治的行為者もいる。それは彼らの置かれた状況が逃れがたいものであるからでも、あるいはその状況が内在的な意味で近寄りがたいものであるからでもなく、単純に当の支配体制の本性に鑑みて彼らがそれを生じさせる正統性を欠いているからである。

ジノヴィエフによれば、ソヴィエト支配体制は全能であると同時に無能である。行為を破壊し妨げる力においては全能であり、構築し創造する力を持たないがゆえに無能である。[*101]（ここには不整合性があるかもしれない。というのも、いくつかの――以下で議論される――要因の説明するところでは、構築することができないということは同時に破壊的な効率性を縮減することの役に立つからである。）この支配体制の根本原理は次のようなものである。「変化を起こそうと欲する人々は何も変えることができず、そうしようという意図をまったく持たない人々によってのみ変化はもたらされる」。[*102]この定式は、少なくとも翻訳された文章においては、ミスリーディングであるしいくぶん曖昧である。ミスリーディングであるというのは、ジノヴィエフが他の場所で書いたものからすれば、変化を起こそうと欲する人々が実際に変化を引き起こすことを彼が排除していないことは明らかだからである。彼が排除しているのはただ、そのような人々が、意図した変化を引き起こすことに成功する、ということだけである。彼の記念碑的な一説にあるように、ソヴィエトの制度は問題に対する解答を体現しているのではない。それは解答の探求の帰結なのである。[*103]そして、ある問題への解答として実際に登場してきた制度は非標準的な仕方によってのみそれをなしえたのだ、と付け加えることは完全に彼の真意に沿うだろう（本章第3節）。上に引用した定式が曖昧であるというのは、「そうしようという意図を持たない」は、もしかすると「そうしないようにしようという意図を持つ」と読むべきなのかもしれないが、そこのところが明確でないからである。論理学者としてのジノヴィエフの仕事も風刺家としての彼の仕事もこの〔外的否定と内的否定の〕区別に依存しているがゆえに、彼がこの点について注意を払わずに書いているということはほとんどありそうにない。彼の他の仕事においては、第二の読み方のほうが彼の意図に一致しているようである。すなわち、社会の基本構造を保持しようと欲する人々が、実際のところは変革の主体である、と。正確に言えば、社会を保持しようという試みは「第三の農奴制」への退行を導くだろう、とジノヴィエフは論じている。[*104]

ジノヴィエフはさらに、このことは否定の否定という原理のアイロニックな描写を与えてくれているのだと述べる――われわれがここで否定を外的な意味で、すなわち繰り返された場合には単純にキャンセルされるような意味で理解しているならば。もし否定が内的な意味で捉えられたならば、繰り返しがわれわれを出発点に送り返すことはないだろう。〔そしてその場合には、〕たとえ農奴制から共産主義への歩みは意図的なものであったと仮定したとしても、農奴制へと立ち戻る反動はただ自然の成り行きによって、あるいは偶然によってのみ生じうる。Xに反対する革命に反対する革命は、決してわれわれをXへと立ち返らせはしない。[*105] その言葉の上での対称性にもかかわらず、反革命は先行する革命の反対方向への操作ではない。もし仮にそうであったならば反革命が最終的に行き着くところでは新たな革命が可能となるが、しかし反革命論者たちの目標はそれを不可能にすることなのである。革命前の状態というものは本質的に副産物である。より一般的には、それ以前の状態を取り戻そうとする、あるいは模倣しようとするあらゆる試みに対して同じことが言える。それ以前の状態は、そこから何が生じてくるかについて気づいていないということを不可欠の要素としているからである。革命前のフランスとは、単に革命以前のフランスではなく、革命というまさにその概念が存在しないフランスだったのだ。[*106] 同様に、ソヴィエトの支配者たちはほんの小さな一歩で国家を革命前の状態へと移行させることができるとしても、そのプロセスがかなり先に進むまでは誰も、国家がそのような状態にあることを認識することはないであろう。

ソヴィエトの支配者たちが目標を達成できないその最も根本的な理由は、信頼の置ける情報の欠落に見出される。この点において専制政治が持つ全能性を備えた無能力(omnipotence-cum-impotence)は、古くはトクヴィルによって把握されている。「主権者はどんな過失も見つけ次第罰することができるが、罰すべき過失をすべて見つけているとは自慢できない」[*107]。ソヴィエト連邦においては、信頼の置ける情報は存在していないか、あるいは存在していたとしても信頼できない情報から信頼の置けるやり方で区別することができない。このシステムの欠点はすべての行為が直接の政治的重要性を持つ傾向にあるということである。それは情報が通知へと劣化し、それゆえ目標を計画する上で無益なものになるということを意味する。もしくは、自らの上司が聞きたがっていると通知者が考えている情報が差し出される。たとえ上司たちが、自らがそうあって欲しいと思っている世界ではなく、むしろ実際にそうである世界を反映している情報を要求しているとしてもそうなってしまう。そのような要求が真剣に受け取られるにはあまりに、悪いニュースをもたらした者に罰を与えるか、あるいは少なくとも報償を与えないという伝統が深く染み込んでしまっている。ＫＧＢと国家計画委員会（Gosplan）のいずれもがそれによって苦しんでいる。また別のソヴィエト型社会を取り上げれば、西欧諸国の新聞における彼らの自己賞賛の全面広告によって、北朝鮮の支配者たちがいかに正真正銘の愚か者として登場させられているかを、在外外交員が支配者たちに伝えているなどと考えることはできないのである。

理知的で意図的な行為に対するその他の障害のうち、ジノヴィエフは、あらゆる重要な問題は同時に困難な問題であるに違いないと信じる傾向性について言及している。[*108] 問題というものは官僚政治にとって権力の源泉であり、ただ最小限の撤去作業によって通過すべきハードルなのではない。さらには、政治的に実行可能な解答にフィットするよう問題を形づくる――その反対ではなく――という傾向性も広く見られる。もし目標が犯罪発生率を減少させることであり、これが操作上、発生した犯罪の数に対する解決された犯罪の割合の最大化として定義されるならば、可能な限り多くの潔白な人々を逮捕し、架空の罪について彼らに有罪を言い渡すことが、権威にとっての利益になる。というのもそのような人々それぞれが、ここで最大化しようとしているものを増加させるだろうからである。[*109] もし目標が特定の商品の闇市場での売買を減少させることならば、最も簡単な解決はその商品の生産をやめることである。[*110] 最後に、最悪を想定するという普遍的な傾向性、すなわち一般化されたマキシミン行動も存在するのであり、それはさほど正当化されないような場合においては被害妄想と呼ばれるだろう。

ジノヴィエフの仕事は明らかに、グロテスクに誇張された側面を持っている。いかなる国も、人々の思い上がりをくじくにあたって希望的観測、および麻痺をもよおす不信（paralusing distrust）に完全に依拠していることはありえない。しかしこれを理由に、すなわち彼の構築する世界はあまりに整合的すぎて彼の想像による虚構でしかありえないという理由で、ジノヴィエフの仕事を退けてしまうのは誤りであろう。それは確かにソヴィエトシステムの歪んだイメージであるが、しかし一片のゴムを引きちぎってしまうことなく引き伸ばしたように、基礎的な位相における特徴を保持したイメージである。とりわけ、手に入れうる因果的な証拠は——それ以外の証拠はほとんど手に入らない——ソヴィエトの支配者たちもまた被治者たちと同じくらいにそのシステムの囚人であることを立証していると、私は考えている。ある程度まで、ソヴィエト・ロシアに対して、非効率性に彩られた独裁体制としてのツァーリズムの古典的特徴づけを当てはめることができる。しかし、彼の議論の多くを受け入れつつも、被治者もまた支配者と同じくらいにそのシステムに対して——道徳的に・因果的に——責任があるというジノヴィエフの主張については、なお懐疑的なままである人もいるかもしれない。彼の見方によれば、ソヴィエト人（Soviet Man）の創出——合理性と人間性の、積極的ではなくむしろ受動的な否定——はこれまでのところ非常に成功してきており、したがってそのシステムは、凡庸の海原において改革のあらゆる火花を消し去るその能力によって、ほとんど無限に持ちこたえることができる。*111 これに反論して私は次のように主張したい。社会システムはそれを作りあげた諸個人よりもいっそう可塑的であり、ひとたびその覆いが取り払われたなら大きな変化が生じるだろう、と。おそらく人は、自由に向かって漂流していくことさえ望むだろう。

近代民主主義社会において、われわれはまた、非常に多くの理由によるものであるのだが、能力のある人々の一時的な無能力を見ることがある。そのメカニズムを同定するために、兵役義務に関するトクヴィルの見解から始めよう。「民主主義政府は全員に同時に命令する限り、その意志をほぼ実現することができる。人民を政府に反抗させるのは通常、負担の不平等であり、負担そのものではない」[*112]。別の言葉で言えば、民主主義社会においてわれわれは「最大のことができる人は最小のこともできる（Qui peut le plus peut le moins.）」という公理が破綻するのを見る。というのも政府は、市民の特定の一部分に対して困難を課す力を持っていなくとも、すべての国民に対してそうすることはできるかもしれないからである[*113]。抵抗は、市民たちが自分たちが置かれたものとして理解している状況によってではなく、その状態が生じるに至った因果的プロセスによって引き起こされる、というのがその〔トクヴィルの〕考え方である。市場の力という非人格的な作用から帰結する社会的および経済的不平等は、政府の差別待遇に由来することが明らかな不平等よりもずっと受け入れられうる。課された困難は、少数によって引き受けられるのではなく、全員によって分かち合われるならば、我慢できるものとなるのである――その困難を少数より多くが引き受けたところで何の意味もない場合でさえそうである。民主主義政府にとって賃金および物価の凍結は、より効率的かつより差別的な諸施策よりも、ずっと簡単にやりおおすことが可能である。馬鹿げたことだが、福祉の利得は時として、すべての人に提供されることなくある人にだけ提供されるということが不可能だという理由から希釈される。再分配は経済成長の時期に最もその実現可能性が高まる。その時期には賃金上昇の格差が、すべての人がいくぶんかの上昇を受け取るという事実によって、ある程度まで打ち負かされるからである。それゆえ政府は、第一の効果はすべての人に平等に届くが、総体としての効果は適切に不平等に分配されるような、そんな政策を案出することに熟達するようになる。この模範的なケースは、インフレ経済における、累進課税を伴いながらの、平等な名目賃金上昇を通しての所得再分配である。[★35]原因が不透明であり続ける限り、その変化は運命に帰せられうる。もし古代社会において支配者たちが公然の差別的待遇をやりおおせていたとしたら、それはただ彼らがその支配権のもとに上位権力を有していたからというだけでなく、彼らの行動がその正しさと合理性においてハリケーンに期待できるのと大して変わらないと考えられており、それゆえ被治者たちの間に憤慨を引き起こすことがなかったからでもあっただろう。[*114]

まとめれば次のようになる。権力を持つ人やグループが何らかの望ましい社会状態を引き起こそうと試みる時、その努力はいくつかの種類の障害によって阻止されるかもしれない。それらの障壁のうちのいくつかは問題となっているその状態に関連しており、他のいくつか——私がここで関心を持っているもの——はその状態を引き起こそうという試みに関連している。被治者は生じてくる状態については抵抗しない、あるいはその状態が生じてくるかどうかを気にかけさえしないかもしれないが、しかしその状態を意図的にもたらそうという試みに対しては抵抗するかもしれない。あるいは、その状態をもたらそうという努力が被治者たちの間に逆方向の障害を作り出したり、またその試みに対する彼らの反応をその試みにとって邪魔になるような方向に向けたりするかもしれない。後者のケースについては、当局がそのような反応を見越しておいて目的にかなうように制御することはできなかったのだろうか、と疑問に思われるかもしれない。もし政府が官吏および人民に対して、目的は状態xを生じさせることである、と告げるなら、そのときにはこの告知の衝撃によって実際には $f(x)$ が生じるだろう、と仮定しよう。さて、$f(x^*)=x^*$ と

なるような x^*、すなわち、まぐれ当たりによって、意図的ではあるが理知的ではない形で引き起こされうる状態が存在することはありそうである。しかし仮定によって、その反応関数（reaction function）は恒等写像（identity function）ではないだろう。われわれが次に問うのは、ある所与の x' に対して $f(x'')=x'$ となるような x'' が存在するかどうかである。これも大いにありうるだろうが、しかしもし、反応関数を恒等写像とは異なるものにしているのは信頼できる情報の欠落であるとするなら、なおさら政府は、反応関数の形状を確証するのに必要な情報を集めることができないであろう。[★36] 他の文脈よりもここで用いるほうがいくぶんか適切だと思われる、ある使い古されたアナロジーを用いるならば次のように言える。社会状態についての告知の衝撃を修正することによっては乗り越えられないような、真の不確定性原理が作用しているのである、と。

《9》自滅的な政治理論

本節で私は、政治に関するある特定の見方、すなわち、政治システムの主たる利益と本当の目的は、そこに参加する人々に対する教育的あるいはそれ以外の有益な効果のうちに見出されうるとする見方について、議論しそして批判するつもりである。あらかじめ示しておくべきだろうが、私は政治参加が参加者にとって良いものであるという見方を共有している。少なくとも適切な制度デザインが選ばれているならばそうである（第一章第5節）。私が反論するのは、そういった利益こそが当のシステムの主たる論点である、あるいは唯一の論点でさえあるという考え方である。これは政治の主たる目的を副産物でしかありないものへと変えてしまうことになるだろう。政治活動に参加することが非常に満足度の高いものでありうることは確かだが、それは活動がこの満足の達成を超えた真剣な目的によって定義されているという条件の下でのみ成り立つことである。もしこの条件が満たされない場合には、われわれに残されているのはナルシスト的な政治理論である。実際のところ、自尊感覚や自己実現の達成を超える目的をほとんどあるいはまったく有していない、様々な種類の意識改革的な活動に過去数十年を通して参加してきた多くの人々は、〔私の見解に〕強く抗議するだろう。彼らは次のように主張するかもしれない。その公然の目標を達成することに関して成功する見込みのまったくない活動でさえ、参加者を変えることにはなお成功しうるのだ、と。これに対して私は二つの回答を持っており、それぞれ異なる状況において適切なものとなるだろう。〔第一の回答として、〕何人かの人々は実際に変わったかもしれないが、しかしいっそう悪い方へ変わったのかもしれない。〔第二の回答として、〕また別の人々は政治的な成熟を、それ以外のいかなる目標によって導かれたのでもないプロセスを通じて達成したかもしれないが、しかしそれはただ偶然によって──意図的かつ非理知的な形で──のことかもしれない。自力引き上げ（bootstrap-pulling）が起こりうることを私は否定しない。私はただ、それが生じることを合理的に見込むことができるということを否定するのである。

いずれにせよ、私は政治活動家よりも政治理論家にいっそうの関心がある。私は政治機構や政治制度に関する特定の議論について、それらは問題となっている当の計画を本質的に副産物であるような効果によって正当化しているがゆえに、自滅的である、と論じるつもりである。ここで最初の重要な区別を、ある〔政治〕機構を事前に正当化するという課題とそれを事後的に評価するという課題の間に引かなければならない。後〔三つ先の段落〕で私は、アメリカの民主主義システムを評価する際にトクヴィルが、本質的に副産物であるような効果のゆえにそれを賞賛していたことを示す。事実に関する分析的態度としても、またある程度距離を置いて見ても、これは完全に道理にかなっている。その困難は、同様の議論を事前に、公共的討議の中から引き出そうとする際に生じる。当の機構の設立者はそのような副次的効果を心の中にこっそりと抱いているかもしれないが、それらを公然と首尾一貫した形で引き出すことはできないのである。

かつてカントは公権の超越論的定式を提示した。すなわち、「他の人間の権利に影響を及ぼすすべての行為は、もしその〔行為の〕格率が、公共的になされた諸行為のあり方と両立しないならば、不正である」[*115]。カントによるこの原理の描写は曖昧なので、代わりにジョン・ロールズに助言を求めよう。ロールズは集団が原初状態において選ぶことができるものについての制約として、公示性（publicity）に関する同様の条件を課している。「当事者たちは、正義の公共的な構想を支持する原理を自分たちが選択するものと見なしていなければならない」[*116]。正義の原理はすべての人に適用されなければならないというだけではない。すべての人に適用されるということがすべての人に知られていなければならないのだ。ロールズはさらに続けて、この制約条件は功利主義者たちの正義の構想よりも彼自身の正義の構想の方を——他の条件が等しければ——支持する傾向を持つ、と論じる[*117]。もし功利主義の正義原理が広く採用されたなら、自尊心のいくらかの損失を伴うことになるだろう。なぜなら人々は自分たちが完全にそれ自体を目的として取り扱われてはいないと感じるだろうからである。自尊心の損失はまた、他の条件が等しければ、平均効用の損失でもある。それゆえに、ロールズの正義の二原理を公共的に採用することは、功利主義を公示的に採用することよりもいっそう高い平均効用をもたらすだろうと考えられる。それは上意下達で運営される秘密の功利主義機構におけるよりは小さな平均であるかもしれない。とはいえその可能性は、公示性の制約によって除外されている。このとき功利主義者には、功利主義の土台の上にロールズの二原理を擁護することはできないだろう——その土台の上に賞賛することならうまくやれるかもしれないが。二原理が効用を最大化するという事実は本質的に副産物であり、そしてもしそれが効用を最大化するということを根拠に選ばれたならば、もはや効用を最大化するものとならない。功利主義は、カントの意味で、自滅的であろう。すなわち、その行為の格率は、公示的になされた際のその行為のあり方と両立不可能なのだ。

デレク・パーフィットは行為帰結主義に対して同様の反論を提起し、そしてそれに対処しようと試みた。

これはすべての人に共通の目的を与える——すなわち、可能な最善の結果である。もしわれわれがこの目的を達成しようと試みるならば、しばしばそれに失敗するだろう。われわれが成功する場合であれ、試みるよう促されたという事実が結果を悪化させるかもしれない。したがって、行為帰結主義は間接的に自滅的なものであるのかもしれない。このことは何を意味しているだろうか？　帰結主義者はこう言うかもしれない。「それは行為帰結主義がわれわれの道徳理論の一部分であるに留まるべきだということを意味している。それは成功する行為をカバーする一部分であるに留まるべきなのだ。成功すると確信している時には、可能な最善の結果を目指すべきである。われわれのより広い理論は次のようであるべきである。すなわち、われわれは、それを持つことが結果を最善のものにするだろうと思われるような、そんな目的や性向を持つべきである、と。このより広い理論は自滅的なものではないだろう。こうして反論は対処された。*118」

終わりから三つ目の文章にある「べき」という言葉には曖昧さがある。それは、もしわれわれが特定の目的や性向を持っていたならばより好ましかっただろうという示唆なのだろうか、それとも、それらを持つことを目指すべきだという提案なのだろうか？　もし後者ならば、われわれは、特定の目的や性向を持つということ——つまり特定の種類の人間であるということ——は本質的に副産物であるという問題にぶつかることになる。道具的な合理性が自滅的である場合、われわれは道具主義的な根拠に基づいてそこから離れることを選ぶことはできない。眠ろうと試みたりはしないぞ、という決心によっては眠ることができないのと同じである。もし、常に最善の結果を選ぶことが、人間関係に関して破壊的であるような打算的態度を生み出すならば、最善の結果を選ばないことが真の最善であろう。しかしこの理想を認めることは、それを達成することと同じではない。私は非道具的な態度を獲得するための道具的な計画を立てることとはまったく不可能であるとまで言うつもりはないが、しかし本章第3節で述べた反論が有効であることは間違いない。功利主義に対するロールズの批判とのアナロジーは明らかである——行為帰結主義者は、非道具的な態度を賞賛することならうまくやれるかもしれないが、擁護しようとするならばそれは自滅的だろう。

トクヴィルは『アメリカのデモクラシー』において、アメリカの諸制度の社会的帰結の評価に関心を持っていた。彼の研究から次のような方法論的原理を引き出すことができる。(i)問題としている制度が周辺的に用いられた場合に生じる帰結ではなく、広範に用いられた場合に生じる帰結を見なければならない。貴族社会における時折の恋愛結婚が悲劇に終わるということは何の驚きももたらさないだろうが、だからといってそのような結婚を推奨するだろうから民主主義には反対だという議論までも含意されはしない。*[119] (ii)あらゆる所与の制度は多くの帰結をもたらすのであり、そのうちのいくつかは、それらの帰結の〔全体としての〕傾向性に反するものであろう。それゆえ、それらの帰結の総体としての効果を見ることが不可避である。民主的な社会では他のどの社会よりも多くの火災があるかもしれないが、しかしまたいっそう素早く消火されもする。*[120] (iii)所与の制度あるいは〔政治〕機構をその一瞬一瞬における効率性に従って評価するべきではない。長期の帰結を見るべきである。民主主義はいっそう重く課税するが、しかしまた課税可能ないっそう多くの所得を生み出しもする。*[121] (iv)ある制度を導入する際の移行過程での影響と、その制度を有することとの定常的な影響とを混同してはならない。革命の当初の影響は道徳の弛緩であるかもしれないが、しかしその定常的な影響はいっそう厳格な道徳を課すものであるかもしれない。*[122] (v)ここに示してきた四つの原理は事後において、すなわち一定期間効力を有していたシステムの帰結を突き止めるためにのみ適用されうるものである。*[123] 社会的因果関係についてのわれわれの知識はほんのわずかであり、いまのところまだ試みられていないシステムの効果について信頼の置ける予測を許すものではない。*[124] (vi)われわれはしばしば事後的に次のことを理解する。すなわち、その機構の主たる優位性は、その機構の公式の目的である効果や、その機構が参加者たちに説明する効果とは、別の効果に見出されるのだ、と。

最後の主張は、次のような議論にその第一の適用例を見出す。トクヴィルの述べるところによれば、一見してパラドックスに見えることとして、民主主義は貴族政治よりも長期の計画を取り扱うことに向いていないが、しかし長期的には後者よりも優れている。このパラドクスは次のことをひとたび理解すれば解決する。すなわち、一つ目の言明が行為者レベルでの時間を含意しているのに対して、二つ目の言明は彼らの行動についての、観察者から見た時間的帰結に関わるものである。一方では、「大事業の細部を調整し、計画を見失わず、障害を押して断乎としてその実現を図るということになると、民主政治はこれを容易にはなしえまい。秘密の措置を案出し、その結果を忍耐強く待つことは民主政治にはなかなかできない」[*125]。他方で、「民主主義の政府は、長い間には社会の真の力を増すに違いない。だが、社会の諸力をある与えられた時に一地点に結集することは、貴族制の政府のようにはできまい」[*126]。後者の見方は「アメリカ社会が民主政治から引き出す真の利益は何か」と題された章〔第二部第六章〕の中の一節でさらに掘り下げられている。

この絶えず沸き起こる喧騒は民主政治がまず政治の世界に導入したものであるが、やがてそれは市民社会にも及ぶ。民主制の最大の利点は結局この点にあるのではないだろうか。私が民主制を称賛するのは、政府の業績以上に、この政府の下で市民がなすものを考えるからである。疑いもなく、人民による公共の問題の処理はしばしばきわめて拙劣である。だが公共の問題に関わることで、人民の思考範囲は間違いなく拡がり、精神は確実に日常の経験の外に出る。……民主政治は国民にもっとも有能な政府を提供するものではない。だがそれは、もっとも有能な政府がしばしばつくり出しえぬものをもたらす。社会全体に倦むことのない活動力、溢れるばかりの力とエネルギーを行き渡らせるのである。こうした活力は民主政治なしに決して存在せず、それこそが、少しでも環境に恵まれれば、驚くべき成果を産む可能性をもっている。この点にこそ民主主義の真の利点がある。*127

別の言い方をすれば、民主主義の優位性は主として、本質的に副産物である。民主主義の公然の目的は良き統治システムであるべきだが、しかしトクヴィルは、それは純粋に意思決定装置として見れば貴族政治に劣ると述べる。だが民主主義的な統治のまさにその営みは、副産物として特定のエネルギーと不断の変化を有し、企業に利益を与えるとともに繁栄を生み出すのである。この見解が確かであると仮定するならば、果たしてそれは、まだ民主主義を獲得していない国に民主主義を導入することの正当化として用いうるものだろうか？　この疑問は、ここまで私が述べてきたことから納得できるだろう範囲を幾分か超えて、より入り組んだものである。というのも、道具的な有効性は〔政治〕機構の選択に関して論じられる唯一の論点ではないからである。正義についての考察もまた決定的に重要であるだろう。とはいえ、次のような結論は不可避であるように思われる。すなわち、もしそのシステムが正義あるいは効率性の意味での内在的な優位性を何一つ有していないならば、結果として生じるであろう副次的効果を理由にして、その導入を首尾一貫した形でかつ公的に擁護することは、できない。〔副次的効果ではなく〕デモクラシーそれ自体の内に要点があることは間違いない。もし人々がそのような内在的な優位性によって、そのシステムに飛び込むよう動機づけられるならば、その他の利益もそれに続いて生じるだろう――しかし後者〔その他の利益〕がそれ自体として動機づけの力を持つことはありえない。もし民主主義的なやり方が、ただその経済的繁栄に対する副次的効果のみを理由として導入されたならば、そして誰もそれ以外のいかなる根拠においてもそれを信じていないならば、当の副次的効果は生み出されないだろう。

トクヴィルは陪審制度に関して同様の議論を提示している。「陪審制が訴訟の当事者のためになるかどうか、私には分からないが、訴訟を裁く者のためにはたいへん役に立つと信ずる。私はそれを、人民の教育のために社会が利用しうるもっとも効果的な手段の一つとみなす[*128]」。ここで再び、その制度の正当化は副次的効果の中に見出されている。その副次的効果はおそらくこのシステムの創設者たちが主たる目的としていたものではないだろうし、いずれにせよ参加者たちの主たる目的ではありえない。陪審員たちに対する教育的効果、トクヴィルはそれをもって陪審制度を推奨したわけだが、これを陪審制度が有するための必要条件は、自分たち自身の個人的発展を超えた何か重要で価値のあることを行っているのだという、陪審員たちの信念である。彼らの心は、自分たちの決定の結果として誰かが絞首刑に処されるかもしれないという認識によって驚くほど集中させられる。しかしこの効果は、もし陪審員たちが、自分たちの市民精神に対するこの効果こそが当の手続きの主たる目的であると考えた場合には、損なわれてしまうだろう。

トクヴィルは、民主主義の偉大な達成のすべては「それ〔=民主主義〕なしに、そしてその外で[*129]」、しかしまさにそれがあることによって実現された、という見解に満足している。我々はこのケースと次の――マルクスあるいはジノヴィエフの意図により近い――ケース、すなわち、ある制度が、それに反していてかつそれを理由として達成されるものを根拠に正当化されるケースとを区別する必要がある。子供たちを育成する上での権威主義的な方法の正当化として、考えられるがそれほど妥当とは言えない、次のようなものがありうる。すなわち、そのような〔権威主義的な教育〕方法は、それが押さえつけようと試みるまさにその独立心を発達させる傾向がある〔がゆえに望ましい〕、と。次のような見解についても考えてみてほしい。「立憲君主制は民主主義の敵となる傾向を持っており、それゆえに、立憲君主性は民主主義を促進するのである」[*130]——この見解は、反体制的な抵抗は迫害によって強化されるというジノヴィエフのコメントに類似している。これは何人かの人の目には立憲君主制の正当化と映るかもしれないが、しかし君主に対してその仕事に取り掛かるよう勧めるものだということはまずありえない。そのようなケースにおいては、公式の目的と社会学的な正当化との間のギャップは非常に印象的なものとなるだろう。というのも、その制度の実際の帰結が、意図された帰結に直接に対立しているからである。〔これと異なり〕トクヴィルのケースがより難解であるのは、民主主義プロセスの副産物が大いに歓迎されるであろうものだからである。そういった副産物を承認することが、それ自体として、副産物をまさに副産物として生み出す当の行為を遂行するモチベーションを取り除いてしまう、ということはないだろう（本章第3節）。しかし、もし同時に、その制度が公式の目的を非常にまずいやり方で実施すると〔人々に〕考えられている場合には、動機の欠如が生じるだろう。当の副産物は、制度は非常にうまく作動していると参加者が信じている場合に限って生じるものだからである。

ジョン・スチュアート・ミルもまた——そしてこの効果について彼を引用しているキャロル・ペイトマ

ン（Carole Pateman）も――政治システムの主たる効果は参加者を教育することであり、「人間事象の単なる実務的部分」[*131]は二次的な重要性しか持たないと論じている。そしてペイトマンは、ミルをさらに見栄えよく繕って次のように付け加えている。「政府のこの二つの側面は相互に関係している。なぜなら、第一の、すなわち実務的な意味で良い政府であるための必要条件は、適切な種類の個人的特質の促進だからである」[*132]。私はこの逆のつながり、すなわち、ただ単に実務的な目的が市民の性格の発展に対して持つ重要性について強調したい。政治はその教育的な性質をその実務的な目的から引き出す――決定がよりいっそう重要なものとなればなるほど、また人がそれをよりいっそう真剣に受け止めれば受け止めるほど、よりいっそう多くのことをそこから学ぶことができるのである。

同様のコメントは、ハンナ・アーレントの『革命について』における（いくぶんか曖昧なものではあるが）次の文章にも当てはまる。

アメリカ人は、公的自由は公務に参加することにあり、この公務と結びついている活動は決して重荷になるのではなく、それを公的な場で遂行する人々に他では味わえない幸福感を与えるということを知っていた。のちになって代表たちが有名な代議会議に出かけてゆくことになるように、人びとが町の集会に出かけて行くのは、義務のためでなく、ましてや、自分自身の利害に奉仕するためでもなく、もっぱら討論や審議や決議を楽しむためであったということは、アメリカ人たちには非常によく知られていたし、ジョン・アダムズはそのことを大胆にもたびたび定式化したほどである。[*133]

これは非常に当たり前のことであるかもしれないが、しかし同時にナルシスティックな政治理論の言明として読むこともできる。その市議会は、複数の邪悪さの間での妥協、トレードオフ、そして選択からなる競技場というよりも、むしろプラトンの『饗宴』のように見える。実際のところ、政治の意思決定の側面は言及されてはいるものの、それが有していてしかるべき重要な中核的役割に置かれてはいない。政治的な議論と熟慮は深い愉悦と満足を与えるものであるかもしれないが、それは決定を下す必要性によって導かれている場合のみ、また導かれていることを理由としてのみのことである。議論は意思決定に付随しているのであって、アーレントの言葉遣いが示すように意思決定と同水準にあるのではない。ギリシャの民主主義について論じる中で、彼女は「政治はけっして生命のためではない」*[134]とはっきり述べている――これは、アテネの人々は「政治的権利の道具的な役割を認識していたが、結局のところは実質的な決定によりいっそうの関心を抱いていた」*[135]というモーゼス・フィンリー（Moses Finley）の見解とは反対である。彼女がギリシャの民主主義についての理論家たちに言及しているのか、それとも――フィンリーがしているように――それが実際に機能していたあり方に言及しているのか、そこのところがどうにも曖昧であるが、しかしこのことは私が指摘しようとしているポイントとは関係がない。というのも、いずれにせよ彼女は政治の非道具的な概念を受け入れているからである。そうする上で彼女は、政治を教育プロセスではなくすでに教育を受けたエリートの遊び道具とみなす見方に、危険なほど接近してしまっている。

政治についてのこの自滅的な見方の最後の例として、ここ数十年にわたってなされてきた核軍縮のための様々なキャンペーンの、その基礎をなすイデオロギーを取り上げたい。言うまでもないことだが、私のコメントはそこに含まれている実際的な問題についていささかの含意も有するものではない。私が最近参加した、スタンレイ・ベン（Stanley Benn）が発起人となったシンポジウムを話の取っ掛かりにしよう。彼は最初に次のような難題を提起した。なぜ人はわざわざ投票したり、またそれとは別の形で政治に参加したりすべきなのか、というのも一人の個人が結果に影響を与える見込みは現代の民主主義においては実質的にゼロであるのに対して、参加のコストは少なくとも無視できないものではないか、と。[*136] この問題に答えて彼は次のように述べた。

政治的活動は、道徳的な自己表現という形式を取るかもしれない。それ自体を超えた何らかの目的を達成するために必要だからではなく（というのもその目標は失われてしまっているかもしれないから）、また自分が正しい方の側にいたことを他のすべての人に知らしめたのだと自覚することの満足のためにでもなく、模範的なケースにおいてそれに最もふさわしい行為によってその態度を表現することなしには、自分自身に対してさえ、正しい側にいるのだと真剣に主張することはできないという理由のために。[*137]

ベンの論文に対するコメントの中でブライアン・バリー（Brian Barry）は、ハンナ・アーレントに関して先に提起されたのと同様の議論を展開した。

政治は真剣な実務である。十分に発達した行政能力を有するあらゆる国家において、政治は、その活動あるいは怠慢によって、食料、住居、医療サービスおよび教育サービス等々の分配を、そしてさらに（他の国家との交流の中で）破壊兵器を解き放つべきかどうかを、決定する。私の見るところでは、ベンもまたそのように考えており、そして真剣なやり方で自分の持分を行使することが合理的であると示したがっている。しかし不幸なことに、彼の提示した、自己表現に依拠した正当化の形式は、軽率さへの特別免許証である。それは優雅な富裕層――ボストン・ワシントン地域およびロンドン・オックスブリッジ三角地帯のラディカルでシックな人々――による政治に対して援助と安心を提供するものである。……典礼主義的な営みは政治の中にも確かに存在し、そこに参加している人々に対してたくさんの、筋の通らない自己満足を提供する。核軍縮キャンペーンの最後の数年が、その一つの完璧な描写を与えてくれている。*138

私はこの特徴づけに賛成だが、さらにここに付け加えたいのは、自尊に端を発して行為することと、自尊を達成するための手段として政治的行為を用いることとの間の区別が必要だということである。私はベンのように、前者は正当な先取りであると考えているし、また（もし私が彼のことを正しく理解しているならば）バリーのように、後者は荷車を馬の前に置くことを意味していると考えている。そしてまたバリーのように、核軍縮キャンペーンは、この形式での「中産階級急進主義（middle class radicalism）」*139を非常にうまく描写してきたのだと考えている。一九八二年のキャンペーンは多くの点において例外であった。というのも世論や政策に確かにインパクトを与えたからである。しかしこのキャンペーンのリーダーたちの一人は、私がこれまで議論してきた、政治的行動に関する自滅的な見方について、最も優れた言説を提供してくれている。あるインタヴューの中で、E・P・トンプソンは次のような質問を受けた。「もし仮にトラファルガー広場に集まることによっては何も成し遂げられないとしたら、どう思われますか？」トンプソンの回答は、もしそれが厳密かつ完全に報じられた通りのものだとすればだが、非常に奇妙なものである。

その点はまったく重要ではありませんね。そうでしょう？　重要な点は、民主主義が生きているということを示すことにあります。人々は政治家が命ずるものをただ受け入れるだけではないのです。あのような野外大会はわれわれに自尊心を与えてくれます。チャーティスト運動は、その運動家たちにとってものすごく良いものだったわけですよ。★37 彼らは憲章を手にすることは決してなかったわけですが、それでもね。*140

その含意はただ次のようなものでしかありえない。すなわち、もし仮に、憲章を獲得するためのあらゆる努力が自分たちを本当にどこかへとたどり着かせると考えているのか、と尋ねられたなら、チャーティスト運動家たちは「その点はまったく重要ではありませんね。そうでしょう？」と答えただろう、と。しかしこれは馬鹿げた見解である。自尊心は、自己表現や自己実現、およびそれらに付随する物事と同様に、本質的に副産物である。共通の目標のための奮闘に参加するといったような別の活動が副次的効果として自尊心をもたらすことはありうるかもしれないが、われわれが「フランス語を学ぶ」という活動について語りうるのと同じ意味で「自尊心を獲得する」ような活動あるいは運動は、一切存在しない[*141]。

われわれはここで、その最終結果ではなくそこに至る過程こそが本当の芸術作品である、と芸術家が主張する際に生じるのと同様の混乱を取り扱っている。あるいはエドゥアルト・ベルンシュタイン（Eduard Bernstein）[*142]が、彼の見方においては社会主義の目標など存在しない、運動それ自体がすべてだと断言した際に、またチェスのプレイヤーが、勝つために指しているのではなく、そのゲームの純然たる優雅さのために指しているのだと断言する際に生じるのと同様の混乱を。〔最後の例について言えば、〕存在するのは勝利に至るための優雅な方法か、そのための優雅でない方法だけであり、敗北に至る優雅な方法などというものは存在しない[*143]。もし紳士とは遊ぶために遊ぶ人々のことだとするならば、そして選手とは勝つために遊ぶ人々であるとするならば、選手の息子が紳士に転じる時、その先に衰退が訪れることに驚くべきところはない。それは一九世紀後半のイギリスの経済発展に関する最近の一解釈と同様である[*144]。E・P・トンプソンは、おそらく、紳士なのである。

《10》意味の強迫的探求

「この衣類のあらゆる汚れと傷は意図的なものでありデザインの一部です」。数年前にサンフランシスコで購入したデニムジャケットのこのラベルは、本章で議論してきた知的誤謬と精神的誤謬とを要約している。そこにはあらゆる現象に意味を探し求める広範な傾向性が――意味を発見する試みか、もしくは意味を創出する努力かのいずれかによってそれ自体を表現しようとする傾向性が――体現されている。もし何らかの行為あるいは行為パターンが良い帰結をもたらすならば、それらの帰結は一つの意味を提供しており、それゆえその行動についての一つの説明を提供しているのだ、とみなしたくなる誘惑がある。それらの利益を得るためにその行為に着手する意図を形成する人だっているかもしれない。しかしながら、もしその当の帰結が本質的に副産物であるならば、その説明は大抵誤っており、その意図は自滅的であることが判明する。私は最初に説明に関する問題について詳しく論じ、その後により簡単な形で、精神的な〔つまりそれを意図することをめぐる〕問題について論じようと思う。というのも後者についてはすでにある程度詳細に探求したところだからである。

説明に関するこの問題は、より一般的な問題の特殊ケースである。ある現象をその帰結によって説明することが正当であるのは、どんな場合だろうか？　この意味での帰結的説明は非常に広範に見られるが、しかし十分に基礎づけられていることは滅多にない。はじめにそのような説明の理論以前の形、すなわち日々の生活や認識の中でそのような説明を体現している形について論じたい。その後、私は帰結的説明のいくつかの理論的擁護を見た上で、より特殊な問題、すなわち本質的に副産物であるような帰結による説明の問題に進む。

日々の生活において――政治において、家庭において、あるいは職場において――人は常に次のような暗黙の仮定に遭遇する。すなわち、あらゆる社会的あるいは心理学的な現象は、それを説明するような意味あるいは重要性を有しているに違いない――その現象が誰かにとって、あるいは何かにとって有益であることを示す、何らかの意味あるいは何らかの観点が存在していて、そしてそれらの利益が当の現象の存在を説明してもいるに違いない、と。この考え方は、社会生活にはから騒ぎのようなものが、すなわちまったく何の意味も持たず誰の意図によるのでもない偶然の出来事がありうるのだという思考とは、全面的に相容れない。そこでは、たとえ当の物語が愚か者によって語られたものに思われるとしても、もし発見されたなら、その解読を可能にするようなコードが常に存在する、と仮定されている。この態度はまた、他と比べて思慮の浅い形をとる機能主義的な社会学の間に広く行き渡っており、そのいくつかの実例は以下の通りである。〔第一に、〕私が思うに、この態度は精神分析の概念の広範な流布によって促進された。「潜在的機能（latent function）」が行動の意味を与えてくれないような時にはいつでも、「無意識の意図（unconscious intention）」がその代役を果たすだろう。そしてもしこのどちらも成功しないならば、いつでも陰謀説に訴えることが可能である。〔第二に、〕嫉妬についてのシェーラーのコメントにはすでに言及したが〔本章第5節〕、嫉妬が生じるのは、あるものを手に入れることの事実上の不可能性が、私たちの欲求に抵抗する何らかの積極的な行為の結果として説明される場合のことである。この態度の実践的な重要性を示すもう一つの〔第三の〕例が、「客観的共犯」というスターリン主義の概念である。それは最も新しいところでは中国における文化大革命の間、紅衛兵たちによって例証された。*145

この態度は思想史の中に二つの主たるルーツを持っている。（それは個人心理学にもまた深いルーツを有している。次の第三章で議論されるメカニズムのうちのいくつかが大いに関連性を持つだろう。）第一のものは神学的伝統および悪の問題である。[*146] キリスト教神学においては、悪、苦痛、そして罪を正当化する主たるやり方として二つのものが登場した――宇宙の全体としての最善性のために欠くことのできない因果的条件としてそれらを捉えるか、あるいはひとまとまりの最善の解決パッケージに付随する不可避の副産物として捉えるかである。最初のものはライプニッツによるものであり、彼は、極悪人には通常の人々の美しさに気づかせる作用があると主張した。二つ目のものはマルブランシュによるものであり、彼は、神は極悪人が生まれてくるという欠陥を「助産師の利益のために（pour le bénéfce des sages-femmes）」作り出したのだという考え方に嘲笑を向け、それに代えて、不慮の事故や不幸な出来事は単純で一般的な自然法を選ぶために神が支払わなければならなかったコストなのだと論じた。いずれも、現実世界が可能なあらゆる世界の中で最善であり、そこにあるあらゆる特徴はその最善性から切り離せないものである、ということを示そうとする議論であった。論理的に言って、神義論〔明らかな悪が存在するにもかかわらずなお神が全能であり善であることを示そうとする議論〕は社会義論（sociodicy）〔明らかな欠陥が存在するにもかかわらず社会の正しさを示そうとする議論〕の演繹的基礎にはなりえない[★38]――あらゆる可能な世界の中で最も良い世界が、あらゆる可能な社会の中で最善の社会を含んでもいるだろうとみなす根拠はまったくない。神義論の肝心な点は、部分的な準最善性は全体としての最善性のための条件でありうるのであり、そしてこのことは問題となる〔＝最善性を達成していない〕部分が、宇宙の中でも人類の歴史が始まったまさにその場所であるという場合でさえなお当てはまりうるということにある。もし怪物が受け取り手たる助産師たちへの啓発効果のゆえに正当化されうるとするならば、人類全体の悲嘆もまた別の世界あるいは天球にいる生き物たちへの同様の効果を有することはありえないだろうか？　しかし神義論は社会義論の前提にはなりえないとしても、一つのアナロジーとして神義論を用いることは可能である。これはいくぶん及び腰であったとはいえライプニッツがしたことである。たとえば彼は、贅沢は繁栄にともなう、遺憾ではあるが避けがたい副産物として正当化されうると論じた。そして後に、雇用に対する影響を通じて贅沢は実際に繁栄に資するのだとよりはっきりと論じたのはバーナード・マンデヴィルであった。神学的伝統の遺産は、私的な悪徳が公共の利益であるという大胆な推定であったのだ。

第二に、意味の探求は現代の生物学に由来する。[*147]　ダーウィニズム以前の生物学もまた生体現象の中にあまねく意味を見出したが、しかしこれは創造主たる神から引き出された意味であり、社会学への独立したインスピレーションとなるものではなかった。ダーウィンが生物学的適応を因果分析の中にしっかりと根付かせたとき、彼は神学的伝統を破壊したのみならず、その代替物を提供した。それ以前には、生命義論（biodicy）〔明らかな欠陥が存在するにもかかわらず生命およびその器官に意味があることを示そうとする議論〕は神義論から直接引き出された社会義論と同様のものでしかなかったが、ダーウィン以降、社会義論は独立した生命義論を引き合いに出すことができるようになった。繰り返しになるが、生命義論は――社会ダーウィニズムおよび近年の社会生物学の思想を例外として――社会学の演繹的基礎になりうるようなものではなかったが、しかしアナロジーとしては成立した。時に粗雑な形で、また時に繊細な形で、社会科学者は社会についてまるで適応とホメオスタシスの前提が自然界におけるのと同様に妥当するかのように研究した。いまや後者においてさえ、それらの原理は決して普遍的な妥当性を持つものではない。というのも、たとえば適応的特徴の多面発現の副産物は、それ自体として適応的である必要はないからである。★39 社会的領域においては、これらの原理は完全に瓦解することになる。そこには社会的適応および社会的安定性を保証するような、自然選択に比べうるほど一般的で強力なメカニズムは一つも存在しない。しかしこの反論にもかかわらず、生体とのアナロジーは、社会的行為者たちを、またその研究に従事する社会科学者たちを強く掌握したままである。

以上のような歴史的理由のために、帰結的説明と社会義論の間には密接な関連が存在してきた。すなわち、社会の欠陥が、それが安定、統合あるいは繁栄に対して持つ総体的に見て有益な帰結によって説明されてきた、という意味において。このような形で説明され正当化されてきた現象には、経済的不平等、*148 社会的対立、*149 あるいは政治的無関心*150 がある。とはいえこの関連は不可避のものではない。というのもその説明は、フーコーの『監獄の誕生』から引いた以下の文章にあるように、総体的に見て否定的な帰結を引き合いに出すこともできるからである。

だが多分、この問題を裏返しにして、いったい監獄の失敗はどんな役に立っているかと問う必要があるにちがいない。監獄批判の立場から終始告発される各種の現象、たとえば非行の温存、再犯の誘発、一時的法律違反者の常習的非行者への転化、非行をはぐくむ閉鎖的な環境の設定などは、どんな役に立っているのか、と。しかも刑罰制度は受刑者にその刑罰を終了させたのちでも一連の注視・表示作業（以前には権利として存在していた、しかも今日では事実として存在する監視、あるいは昔は徒刑囚の通行許可書、今では犯罪記録）でもって彼らを追跡しつづけ、また法律違反者として処罰の服役を終わった者を《非行者》として追い求めている以上、こうした刑罰制度の目立った図図しさの背後に何が隠されているかを、多分やはり探求する必要があるにちがいない。われわれはそこに〔刑罰制度の〕一つの矛盾をよりも一つの結果を見ることはできないか。だとすれば次のように想定する必要があろう、監獄は、しかも一般的には多分、懲罰というものは法律違反を除去する役目ではなく、むしろそれらを区別し配分し活用する役目を与えられていると。しかも法律に違反するおそれのある者を従順にすることをそれほど目標にするわけではなく、服従強制の一般的な戦術のなかに法律への違反を計画的に配置しようと企てているのだと。だとすれば刑罰制度とは、違法行為を管理し、不法行為の黙許の限界を示し、ある者には自由な行動の余地を与え、他の者には圧力をかけ、一部の人間を排除し、他の人間を役立たせ、ある人々を無力にし、別の人々から利益を引出す、そうした方法だといえるだろう。*[151]

この長い引用は、この〔帰結的な〕形態の説明に特有の、以下の諸特徴を明らかにするのに非常に役に立つ。(i)帰結的説明は明示的にそう述べられている以上に持ち出されている。フーコーは修辞疑問文のテクニックを用いており、またブルデューは、「すべてはあたかも（tout se passé comme si）」文化的行動が部外者を締め出す上でそれが有する有効性によって説明できるかのようだ、という言い方を用いている。*[152] (ii)この説明は一連の動詞の中に、対応する主語なしに、いかなる個人に帰することもできない浮動した意図に対応して、持ち出されている。(iii)「何の役に立つのか?」という疑問は、探究を有益な形でガイドする多くのもののうちの一つであるのみならず、いくぶんか特権的な一つである、という推定がある。(iv)より厳密な分析にこの説明が持ち出された場合、それはまったくのファンタジーとして現れる——わずかながらの雄弁さと巧妙さとをそなえた者であれば誰であっても考えつくような、恣意的でありかつ摩擦のない説明として。ライプニッツはぞんざいな言い方で、新儒学(neo-Confucian)の哲学者について次のように述べている。「同時に賢者を認めることなしに賢明さを認めるという、そのような無益な繊細さを彼らが本当に持っているのかどうか、私は強く疑念を持っている」*[153]。フーコー、ブルデュー、そして彼らの同類たちは間違いなく、それをなそうとする残忍な計画者のいない邪悪な計画を仮定することの繊細さにひるむことはないのだ。

しかしながら、帰結的説明は、このような不十分な種類のものばかりではない。この説明を正当化するより洗練された方法には、次のようなものがある。*[154] (i)行動は、その帰結が行為者によって意図されたものである場合には、その帰結によって説明されうる。*[155] (ii)帰結が意図されていない場合でさえ、もしそこに次のような誰か他の行為者がいるならば、帰結は行動を説明しうる。(a)その行動から利益を受け、(b)自分がそこから利益を受けることを理解しており、かつ(c)その利益を得るために〔当の行動を〕維持したり促進したりすることができる。*[155] (iii)その行動は意図されたものではないが有益な帰結を有しており、そして当の行動を促進する傾向性を持っている、ということを行為者自身が理解している場合には、同様の説明が引き出されうる。*[156] (iv)その帰結を生み出す行為者がその帰結を意図しておらず、またその帰結から利益を得る行為者がその帰結を認識していない場合であっても、もしわれわれがその帰結から行動へのフィードバック・メカニズムを特定することができるなら、帰結は行動を説明しうる。このようなメカニズムのうち顕著な重要性を持っているものの一例が自然選択である。*157 (v)もし上記のいずれの条件も満たされなかったとしても、もしわれわれが何らかのフィードバック・メカニズムの存在を保証する一般的知識を有しているならば、それを特定することはいかなる場合にも不可能であるとしてもなお、帰結から説明力を引き出せることがありうる。*158 (vi)あるいは、そのような説明は意図も認識もフィードバック〔・メカニズム〕も一切なしで、それらの代わりに十分に確立された帰結の法則（consequence law）に基づいているかもしれない。*159

私はここで機能的説明の様々な種類について論じることはできない。述べたいことはただ、(i)から(iv)は社会科学において広範な応用性を持っているが、それに比して(v)と(vi)の地位は怪しいということのみである。*160 ここではむしろ、説明対象の本質的な副産物である帰結を用いてなされる説明にまつわる問題に、直接に取り組むことにしたい。ピエール・ブルデューの研究はこの問題を最も鋭い形で提起している。というのも彼の研究はそのまさしく核となる部分において、そのような説明を用いているからである。もしわれわれが偶発的な過失については目をつぶるならば、彼は次のことについて非常によく理解している。すなわち、他者によい印象を与えかつ名を上げる能力は、それをなそうという意図とは両立しえないということを。たとえば、プチブルジョアのシンボリックな行動は、他者によい印象を与えようとするその自滅的な意図によって説明される。*161 とはいえ『ディスタンクシオン』全体のテーマは、他者によい印象を与えることに成功するような行動は同時にその成功によって、すなわち、この〔成功という〕目標へと結びつけられた客観的あるいは無意識的な戦略として説明されうるというものである。しかしながらなお不明確であるのは、客観的な戦略という言葉が何を意味しているのかである。ただ単に偶然によって行為者の利益に資する行動——というのもブルデューは間違いなくそのようなケースが存在することに賛成するだろうから[★40]——と、行為者の利益に資するという事実によって説明されうる行動との間にいかにして区別を設けるのか、これについてわれわれは何も説明してもらえない。

それゆえに、ブルデューに対する私の反論は、本質的に副産物である帰結を説明的に用いていることに対してではなく、ただ、彼がメカニズムに対する関心を欠いていることに対してのみ向けられる。本質的に副産物である一定の帰結を理由としてある行動が出現したり存続したりする、という事態を生じさせるような、そんな非意図的なメカニズムがおそらく存在するだろう。ここで再び、「恵与（evergetism）」についてのヴェーヌの分析を見てみよう。もし打算でない高尚さが人々の好意を勝ち取るための条件であるならば、そして人々の好意を勝ち取ることが権力を手にしたり維持したりするための条件であるならば、計算づくの高尚さや慎ましさが権力の座にいる人に見出されることはないだろう。このことは特定の行動パターン——権力ある人々の高尚さ——を本質的に副産物である帰結によって、すなわち先述の(ii)のタイプのメカニズムを通じて説明することを可能にする。ヴェーヌに従えば、この説明は二つ目の前提（＝人々の好意が権力の条件である）が誤っているがゆえに正しくないことになるだろう。気前の良さは権力にとって、少なくともその初期においては、不可欠のものではなかったし、そしてそれが不可欠のものとなったときでさえ、それが計算づくでないということは必須ではなかった[*162]。しかしこの反論は、私の目的にとってはそれほど重要ではない。より重要なのは、そうして持ち出された説明においては少なくとも一つのメカニズムが素描されているという事実である。それゆえに、尊重されるべき経験的基礎の上に、この反論は失敗する。私の主たる批判は、何らのメカニズムも、またメカニズムを不要にする何らの議論をも提起することなく、単純に、もし寛大な行動がそういった傑出して望ましい結果をもたらす場合には、このことがその寛大さを間違いなく説明するに違いない、という考えなしの仮定の上に進んでいくような説明に対して向けられている。この説明になっていない説明は見当違いな意味の探求に端を発しており、それゆえに、恥ずべき失敗を犯しているのである。

先に言及した仮説的説明は、非意図的な帰結がその原因を説明することをふさわしいものにするようなメカニズムとして、人為的な選別を引き合いに出していた〔本章注155〕。もう一つ別のありうるメカニズムとして、個人の内部での〔行為の〕促進、すなわち先述の(iii)のケースがありうるだろう。第一章第2節で論じたように、人々はしばしば報酬を伴う活動に、報酬があるがゆえに〔=それを理由として〕参加するが、このことはその報酬を獲得するために〔=それを目的として〕そうしているということとは異なる。その報酬が本質的に副産物である状態に帰属している場合、この区別は決定的なものとなる。たとえば、満足や自己実現の感覚は本質的に副産物であり、それゆえ行為の動機であることはありえないとしても、それらの感覚は、それらを副産物としてもたらす活動に着手する動機を促進するかもしれない。このことがおそらく、なぜ芸術家が芸術家であり、科学者が科学者であるか、等々の理由である。彼らは芸術あるいは科学に、興奮を得るためではなく、「正しく成す（get it right）」ために没頭するのだが、しかし彼らがそれを正しく成す際に手にする興奮は、この種の仕事に対する彼らの動機を強めるのである。ここでわれわれは、その活動に〔意図による〕説明を与える、その〔行為者の〕動機を〔因果によって〕説明するために、本質的に副産物である状態に訴えている。[★41] これはその〔本質的に副産物である〕状態が〔行為者の抱いている〕目的であり、当の行動を説明してくれるものである、と述べることとは大きく異なる。

それゆえ、この文脈で生じる説明上の誤謬には二つの種類があり、それぞれがヴェブレンとブルデューの名前に結びつけられるだろう〔本章第5節も参照〕。第一に、本質的に副産物である状態を生じさせることを意図によって説明しようという試みがあり、第二には、そのような状態を、何らのメカニズムも示すことなしにただその有益性を指摘することによって説明することができる、という考え方がある。すなわち、繰り返しになるが、人は以下のいずれかにかによって〔問題となっている当の行動の説明に〕失敗してしまうのである——不適切なメカニズムを指摘しているがゆえに、あるいは、何らのメカニズムも提示しないがゆえに。

これら二つの知的誤謬のうち第一のものは、私が副産物の精神的誤謬と呼んでいるもの——すなわち道具的合理性の見当違いな、あるいは自滅的な形態——とも密接に関連している。それは、手が届くかというところでさらに向こうに遠のいていってしまうものを探しもとめ、手に入れようとし、そして奮闘するという誤謬である。多くのケースにおいて、それは何のためにもならないものを得るために、ある性格を獲得するために、あるいは「仕事に対する無慈悲の没頭」によるのとは別のやり方で「ある人格」になるために、[*163] 努力するという形を取る。また別のケースにおいては自分勝手さを伴うこともあり、その場合、人は自分の仕事における誤りや不完全さを、それらが時として有益であったり想像力の源であったりすることがあると知っているがゆえに、許容するように仕向けられる。とりわけ、自身の研究の偏りについて、科学においては想像力の源としての意見の不一致が必要なのだと言い訳するタイプの科学者に、多くの人は出くわしたことがあるだろう。[*164] そして何にも増してこの態度は、私がここまで関心を持って明らかにしてきたような、破滅的な影響を有する形での自己監視を伴う。

人生におけるあらゆる良い物事は捕まえることができない（free）、というのはしばしば言われることである。より一般的な言い方をすれば、人生における良い物事はおしなべて本質的に副産物であるのかもしれない。アルバート・ハーシュマン（Albert Hirschman）の最近の研究にあるように、このことは、何よりまずわれわれは副産物に関しては一切の期待を持たないのであり、それゆえ副産物は何らの「失望の潜在的可能性」も有していないという事実によって、説明されうるかもしれない。[*165] われわれはまた、副産物が有する魅力をより肯定的な言い方で、すなわち、われわれが自由や自発性、そして驚きに対して与えている価値を指摘することによって、説明することもできる。最も中心的なことは、副産物が、われわれが努力したり奮闘したりすることで達成できる物事とは対照的な、われわれがあるということのゆえにわれわれに降りかかる物事と結びついている、ということである。

第三章　酸っぱい葡萄

ガスコーニュ生まれのあるきつね、ノルマンディーの出ともいわれた。
ほとんど飢え死にしそうになったとき、ぶどう棚のてっぺんに
　はっきりとよく熟れて
　皮も真紅《まっか》な房を見た。
抜け目のないこのきつね、こいつはうまい食事と思った。
　が、手が届かないので、こうすて台詞。
「あいつは青すぎる、下郎手合いにちょうどいいもの」
　この言葉、愚痴よりはましではないか？

（ラ・フォンテーヌ『寓話』巻の三、十一）★1

神はわれわれに、変えられないものを受け入れるための静穏と、変えられるものを変えるための勇気と、その違いを見極める知恵とを授けてくださる。

（アルコホーリクス・アノニマスの祈りの言葉）＊1★2

「この葡萄は青すぎる」という寓話は、もしその結果が対象についての幻想のゆえに得られたのではなく、反対に欲求をめぐる幻想を非難するのであれば、好ましい仏教の教えである。

（S・C・コルム）[*2]

《1》はじめに

本章における私の目的は、究極的には、功利主義理論の基礎の中に生じる一つの問題に光を当てることにある。それは次のような問題である。なぜ個人の欲求充足は、個人の欲求それ自体が選択に先立つプロセスによって形づくられているかもしれない場合であっても、正義や社会選択の基準となるべきなのか？　とりわけ、もし人々には自身の渇望をその実現可能性に応じて調整する傾向があるとするなら、なぜ実行可能な選択肢の間での選択は、個人の選好のみを考慮に含めるべきだということになるのか？　功利主義者にとっては、もしキツネが葡萄を食べることができないとしても、そこには一切、厚生の損失などないことになるだろう。どのみちキツネはその葡萄は酸っぱいと考えていたのだから。しかしもちろん、彼がその葡萄を酸っぱいとみなすことになった原因は、自分はそれを食べることができないという彼の確信にあるのであり、したがって彼の選好に訴えてそのような〔財の〕配分を正当化することは難しい。

酸っぱい葡萄にみられる現象を、私は適応的選好形成（adaptive preference formation）、あるいは場合によっては適応的選好変化と呼ぶことにしたい。そしてこのプロセスによって形成された選好を適応的選好と呼ぼう。[*3] 私はこの適応的選好という概念を明確化するところから話を始めることにしたい。それゆえまず最初に、これと密接に関連する、あるいはこれと容易に混同されうる他のいくつかの概念との比較を行う（第2節）。続いて、自由の意味をめぐる長年の論争に照らしてその意味を読み取っていく（第3節）。その次に私は、この分析から得られるものを背景として、適応的選好形成が功利主義、倫理学、そして正義に対して持つ実質的および方法論的な含意を見ていく（第4節）。酸っぱい葡萄という着想は、社会正義の枠組みの評価のために重要であるのとまったく同様に、個人の行動の理解のためにも重要なものであるように私には思われる。したがって、本章第2節と第3節における概念分析は、それ自体で興味深いものとなるように意図されており、決して第4節において扱われる倫理的問題のための下準備に留まるものではない。

酸っぱい葡萄を、認知的不協和をやわらげる方法の一つとみなすこともできる。[★3] それゆえ、以下の議論においてはレオン・フェスティンガー（Leon Festinger）の影響が、ポール・ヴェーヌ（Paul Veyne）の研究を通して直接・間接に確認できるだろう――ヴェーヌの研究はフェスティンガーに非常に多くを負っているが、同時にいくつかの重要な点においてフェスティンガーを超え出ている。[*4] とりわけヴェーヌは、実現可能な物事への「過剰適応（over-adaptation）」という重要な着想を導入した。それは、人々は選択において行きすぎてしまい、その状況によって必要とされるよりも極端に走ってしまう傾向があるという彼の一般的な考えにもまた関連したものである。しかしフェスティンガーの研究は、重要ではあるものの、適応的選好をその唯一あるいは主要なテーマとしているわけではない。酸っぱい葡萄は不協和の緩和のためのメカニズムのうちの一つにすぎない。実際のところ私は、この概念について何らかの体系的な議論がこれまでなされてきたとは思わない。この見解はおおむね間違っていないだろうと私は考える。というのも、選好の実現可能性への適応のうち、因果的に生じたものと意図的に作られたものとの間の決定的な区別は、いまだなされていないからである。運命愛（*Amor fati*）★4、「避けられないならしっかり向き合う」、さらには同様のいくつもの言葉が、両方の解釈に開かれている。そしてどちらの解釈を念頭に置いているかをはっきりさせない限り、興味深いことは何も言うことができないのである。*5

《2》概念の地図を描く

私たちの心は私たちにあらゆる種類のトリックを仕掛けてくるし、私たちもまた自分の心に同じことをする。「酸っぱい葡萄」と呼ばれる特定のトリックについて理解するには、それを心の地図の上に一層詳細に位置づける必要がある。はじめに適応的選好を、ある意味でその正反対のものである一つのメカニズムと比較してみよう。そしてその次に、類似した原因を持つかもしくは類似した結果をもたらすいくつかのメカニズムと比較することにしよう。

(a) **反適応的選好**（Counteradaptive preferences）

酸っぱい葡萄の反対の現象は、「禁じられた果実は甘い」というものである。私はこれを反適応的選好形成と呼ぶことにしたい。もし私が、パリに住んでいるときにはパリに暮らすことよりもロンドンに暮らすことを好み、しかしロンドンにいるときにはロンドンよりもパリを好むなら、私の欲求は適応的選好形成の場合と同様に、実行可能な選択肢に応じて、しかし完全に反対のやり方で形成されている。このひねくれた欲求形成のメカニズムは、欲求と衝動との間の区別が——他の多くのケースでは曖昧にしか区別できないものであるが——現実に存在していることを示している。第一章第5節において私は、欲求と衝動の間の相違に基づいて順応主義と順応性との間の区別を行ったが、しかし現実の事例においてそれを見抜くことが困難なのは明らかである。同様に、私は以下で、メタ欲求による、選好の実現可能性に応じての意図的な選好の調節と、衝動によるその因果的な調節との間で、実践的な区別が可能であると論じるが、現実の事例はそれほどはっきりしたものではないから、このような区別の現実性について懐疑的な人を説得することは難しいかもしれない。しかしながら、一階の欲求の充足を挫きたいというメタ欲求によって反適応的選好が形成されることはほとんどない。以下で私は、欲求不満（frustration）が幸福の要素になりうること、そしてその限りでは計画的な選好形成の目標となりうることを論じるが、それが幸福のすべてであるということはありえない。実際のところ、反適応的選好の副次的利益を指摘することは可能であろう。それは目標が移行することによって生じるインセンティヴ効果と結びついたものである。純然たる満たされなさから人は富や経験、さらには知識、そして安らぎに至る力をさえ、獲得するかもしれない。しかしこれらの利益は本質的に副産物であり、したがって合理的な計画的性格形成（character planning）を通じて達成されるようなものではありえない。

反適応的選好は社会選択理論について、適応的選好によって生み出されるのと同様の問題を引き起こすだろうか？　すなわち、このメカニズムによって形成された欲求は、割り引いて考えるべきなのだろうか？　もしある人物が禁じられた果実を、ただ単にそれが禁じられているという理由で食べたがっているとするなら、われわれは彼の欲求が満たされないことを厚生の損失としてカウントすべきなのだろうか？　そしてまた彼にその〔禁じられた果実への〕アクセスを与えることは――もしそのことが彼にその果物への嗜好を失わせるとしたら――厚生の獲得になるのだろうか？　序数的功利主義の社会選択理論はこれらの疑問について何の解答も与えない。★5　このような不確定性それ自体が、その理論の不適切さを示している。ただしわれわれは本章第4節において、反適応的選好は適応的選好に比べれば――自律と厚生との間で類似のコンフリクトを生じさせることがないゆえに――倫理学にとってそれほど問題含みのものではないことをみるだろう。

(b)学習を通じた選好変化（Preference change through learning）

「改めて言うまでもなく、選択は嗜好に、そして嗜好は過去の選択に依存している」。＊6　一組の選択肢の中でそれまでほとんど経験したことのないある選択を選好するとき、私はその挑戦を通じて心境を変化させ、その選択肢を当初は排除されたいくつかの代替案よりも低くランクづけるかもしれない。われわれはいかにして、そのような学習や経験を通じての選好変化を、適応的な選好変化から区別すればいいのだろうか？　仕事についての選好のケースを考えてみよう。地域流動性が不完全な場合、二重労働市場が生じうる。たとえば、農業部門における収入が工業部門における収入よりも系統的に低いといったようなものである。そのような収入のギャップは農業部門の労働者が持つ、自分の思うようにできるということに対する選好や、田舎にいると都会にいるよりも安く手に入れることができる特定の財に対する選好を反映しているのかもしれない。労働者たちは、たとえ農業部門の商品に対する需要が小さいために工業労働者と同じだけの現金収入を得ることが不可能になっているとしても、都会に引っ越すより田舎にとどまることを好んでいるのかもしれない。このような事態は厚生に対してどのような含意を持っているだろうか？　標準的な答えは、この労働者が都会へと転居すれば厚生の損失を伴うだろう、そして他の事情が同じであるならば社会にとってもそうであろうというものである。しかしながら、アマルティア・セン（Amartya Sen）によって提示された次の議論を考えてみてほしい。

生き方や居住地についての選好は典型的にはその人の過去の経験の結果であり、居を移すことに対する当初の拒否は永続的な反感を意味するものではない。この区別は雇用政策の厚生面にいくらかの関係性を有している。というのも、人が労働者の選好の反映としての賃金ギャップにどれだけの重要性を与えたいと考えるかは、〔労働者の〕移動それ自体の帰結として嗜好がどの程度変わると予測されるかに依存する傾向にあるだろうからである。*7

この一節を素直に読めば、次のようなことが含意されているように思われる。すなわち〔少なくともいくつかのケースにおいては）、もしシティ・ライフについての事後的な評価が、事前にはより高い価値を与えられていた田舎の生活よりもそれを好ましいとみなすならば、〔都会への〕転居は正当化される、と。[8] しかしながら、次にわれわれは、そうしてもたらされた選好変化のその綿密な本性を問う必要に迫られることになる。一つの可能性は、転居によって学習と経験がもたらされたのだというものであり、もう一つの可能性は、その変化は慣れとあきらめに（つまり適応的選好に）帰せられるというものである。最初の仮説では、その〔選好変化の〕プロセスは、単に田舎に戻ったところで逆転するわけではないという意味で、不可逆である。（都会での生活についてもっとずっとよく学ぶことによって、あるいは何らかのまったく異なるメカニズムによって逆転するということならばありうるだろうが。）二つ目の仮説では、逆転は単に当初の実行可能な選択肢の集合に立ち返るだけで生じるだろう。

　学習に帰せられるような選好変化は、拡張された功利主義の枠組みの中にうまくフィットする。拡張された功利主義では、単に所与の選好によってではなく情報に基づく選好によって状況が評価される。選択肢のうちせいぜい一つだけを経験したことのある人の選好よりも、問題の両面を知っている人の選好に大きなウェイトが与えられるべきである。そうした情報に基づく選好は、もちろん、当の状況に関係する個人のものであって、何らかの超越的な存在のものではない。そのような選好は、実際の経験に根拠づけられているという意味で情報に基づいているのであり、個人のメタ選好に根拠づけられているという意味でそうなのではない。情報に基づく選好が所与の選好と区別されるのはただその安定性と不可逆性においてのみである（あるいはそれらの点でさえ区別されないかもしれない）[9]。情報に基づく選好は、社会選択においては、新しいいくつかの選択肢についてそのうちの特定の選択肢へ限定的にコミットさせることなしに学ぶ機会を諸個人に与えるような、体系的な試行手続きによって実行されるかもしれない。このことは諸個人に、より多くの情報を与えるが、しかしまたよりわずかな性格づけしか与えないだろう。[*10] 二年ごとに都会と田舎で交互に育てられた個人は、よりいっそう情報に基づく選択を行うことができるだろうが、しかし人格としての実質にはいっそう欠けているだろう。

いずれにせよ次のことは明らかであるように思われる。すなわち、慣れとあきらめを通じた選好変化はこの拡張された功利主義にさえフィットしえないということである。もし選好が可逆的な形で諸状況へとリンクしているのだとすれば、一連の状況の間での選好には大きく異なった光が当てられることになる。もしシティ・ライフを好む当初の選好が田舎へのさらなる埋没によって逆転することがありえて、またその逆も然りであるならば、「情報に基づく」選好と見えるものによって、あらゆる現状が正当化できてしまう。しかしこれは功利主義の拡張ではなく、その破綻であろう。少なくとも序数的功利主義についてはそうである。基数的功利主義は、その古典的なヴァージョンでは、この問題に完全に対処することができる。田舎における選好の下での田舎生活における欲求充足の総量を、都会における選好の下でのシティ・ライフにおける欲求充足の総量と比較すればよい。しかし、以下に論じるように、基数的功利主義はまた別の、よりいっそう深刻な問題に直面せざるをえない。

(c) 事前制約 (Precommitment)

適応的選好の下では、実行可能な選択肢の集合の中で私が選好する選択肢が、考えうる選択肢からなるより大きな集合においても同様に私が選好するものとなる。これと同様の帰結が、事前制約、すなわち特定の実現可能な選択を排除することを目的として、実行可能な選択肢の集合を熟慮に基づいて形づくることによっても、もたらされうる。[*11] これを理由として結婚する人たちがいる――彼らは、お互いに気まぐれによって相手に見切りをつけてしまうことを防ぐための防壁を作りたいのである。また別の人々は、自分たちがお互いに対して抱く愛は〔あるいは相手に見切りをつけようという気持ちを持たずにいることは〕適応的選好形成によるものではないと確信したいがゆえに、結婚することを差し控えている。〔しかし、〕人々は正しい理由によって一緒にいるのだとか、間違った理由により離れていったりはしないのだとか、そういったことを保証することができるとは思えない。実行可能な選択肢の集合を意図的に制限すれば、次のような危険を冒すことにもなる。すなわち、もしそのように制限されていなかったならば選好は異なるものであっただろうという意味で、当初はその制限を根拠づけていた選好が、究極的にはその制限によって形づくられることになるという危険である。ジョージ・エインズリーがいささか異なった文脈で議論したことだが、衝動性に対抗するための仕掛けは監獄へと行き着くかもしれないのである。[*12]

この〔適応的選好と事前制約との間の〕区別の必要性を示すもう一つの例が、権威に服従しようという欲求である。ポール・ヴェーヌによって詳細に議論されたように、酸っぱい葡萄のメカニズムは容易に被治者による支配者の賛美につながりうるが、しかしこれは実際の服従の後に、実際の服従によってもたらされるイデオロギーであり、服従を引き起こそうというマゾヒスティックな欲求ではない。[*13] ここで再び、実行可能な選択肢の集合を制限する原因である選好と、その〔制限された〕集合の結果である選好とを区別する必要がある。抑圧されている人々は、無意識のうちに彼らが被る抑圧を正当化するイデオロギーを作り出すかもしれないが、そのことは彼らが当の抑圧それ自体を作り出したということではない。イデオロギーとヘゲモニーについてのヴェーヌの説明は、一見したところ犠牲者を非難しているように見えるかもしれないが、しかしよく考えてみるならば、イデオロギーを教化や操作といった言葉で説明することはただ被治者を喜ばせることにすぎないという彼の言葉には、賛同が得られるに違いない。[*14] そして実際のところ、これから私が続けて議論するように、後者の〔教化や操作といった観点からの〕考え方は内在的にももっともらしくないものである。

(d) 操作 (Manipulation)

酸っぱい葡萄は、人々を、ほんの少しを手に入れるだけで満足するようにさせる。それがしばしば他の人々の、すなわち搾取や抑圧をよりいっそう簡単にやってのけることのできる人々の利益になることに疑いの余地はない。しかしこのことによって、断念は一般にそこから利益を得る人々によってもたらされたものである、と決めつけるべきではない。次の文章を考えてみよう。

AはBが行いたくないことを行わせることによって、Bに対して権力を行使することができるだろう。しかし同様に、AはBの欲望そのものに影響を与えたり、それを形成したり、決定したりすることを通して、Bに対して権力を行使するはずである。実際、誰かにもたせたいと思う欲望をもたせること、つまりその思考や欲求の制御を通して服従せしめること、それこそが至高の権力行使というものであろう。このことを理解するのに、『すばらしい新世界』やB・F・スキナーの世界について語るまでもあるまい。すなわち思考の支配は、情報の制御を通じて、マス・メディアを通じて、そして社会化の諸過程を通じて、全体主義的というよりももっと日常のありふれた形をとるのである。*15

この一節には曖昧さがある。果たしてこれは欲求について、目的に基づく説明を提供しているのだろうか、それとも機能に基づく説明を提供しているのだろうか？　支配者は実際に、意図的に自らの被治者たちに特定の信念や欲求を抱かせるような、そんな力を持っているのだろうか？　あるいはこの文章はただ単に、特定の精神状態は支配者にとって好ましい帰結をもたらすと言っているだけなのか？　もしそうであるならば、そのような帰結はなおその原因を説明しうるだろうか？　第二章で説明したように、問題となっている当の状態が本質的に副産物である以上、目的に基づく説明は妥当ではないし、また帰結による非意図的な説明も、何らかのフィードバックメカニズムが特定されない限りはうまくいかないだろう〔第二章第10節〕。いずれにせよ、酸っぱい葡萄の概念は厳密に内発的な因果関係を含んでおり、他者への利益に言及するそのような外因的な説明とは対照的である。支配者にとっては被治者たちが自らの置かれた状況に諦めて身をまかせるのが好ましいが、そのような〔被治者の〕諦念を引き起こしているのは——もしわれわれが酸っぱい葡萄について論じているとするならば——そのような諦念が〔支配者ではなく〕被治者にとって好ましいという事実なのである。

支配者の行動は被治者の中に生み出される信念や欲求に対して無関係である、と言っているわけではない。反対に、計算よりもむしろ熱情を持って行為するとき、支配者階級は被治者の精神に触れて、それを形づくることに成功し、そして彼らの支配に資するような帰結を得ることができる。イギリスの産業革命期における、メソジスト派信仰の重要性を考えてみよう。それは「産業ブルジョアジーの宗教であると同時に……プロレタリアートの大部分の宗教としての[16]」役割を、すなわち「搾取者と被搾取者双方の宗教」としての役割を担っていた。[17]メソジスト派信仰は、カルヴァン派の要素を伴うあらゆる教義と同様に合理的な経済活動に対して伝導力があったという、ウェーバーによって記述された意味においても、[18]また労働者たちを変容させ自分たち自身の奴隷監督者にし、それによって監督と強制の必要性を減じたという意味においても、[19]搾取者の宗教であった。（ここで、メソジスト派信仰によってもたらされたこれらの帰結がいずれも、なぜブルジョアジーがそれを信じていたのかについていかなる説明も提供していないことに注意せよ。この点は後の第四章第2節において簡潔に取り上げる。）それはまた、被搾取者の宗教でもあった。そのことはE・P・トンプソンによって述べられた三つの根拠によって説明される。[20]第一に、日曜学校およびその他の「宗教的テロリズム」の組織を通しての直接の教化があった。第二に、メソジスト派信仰はある種のコミュニティを提供し、崩壊しつつあった古いコミュニティに置き換わった。第三に、多くの労働大衆が慰めとしての宗教に関心を向けるようになっていった。しかしながら、教化が成功をおさめた理由は、ただ、宗教テロリストたちが自分たちの教え広めているものを信じていたということにある。他人に抱いていてほしいと思う欲求を抱かせるという意味での「至高の権力行使」としてこれに言及するのは曖昧な言い方である。私はあなたに特定の欲求を抱いてほしいと考えているとき、その理由は、その欲求によってあなたが私の利益になるような形で行動してくれるからかもしれないし、あるいはその欲求が救済という形であなた自身にとって利益となるからかもしれない。たしかに、ブルジョアジーは労働者階級のメソジスト派信仰から得られる利益に気づいてもいなければ理解してもいなかった、と仮定するのはあまりに素朴すぎるであろうが、しかしこれこそが彼らの布教への熱意を育んだ当のものであると考えるのも同じくらい素朴にすぎる（もしくは過度のこじつけである）。副次的効果はよく知られており歓迎されるものでありうるが、しかし一切の説明能力を持たない――というのもそれらは、事実問題として行動を動機づけるほど強くないか、あるいは目下の事例においては本質的に副産物であるようなものだからである。

(e) 計画的性格形成（Character planning）

適応の概念は致命的に曖昧なものであり、意図による解釈と同様に因果による解釈にも結びついている。酸っぱい葡萄は純粋に因果的な適応のプロセスであり、当事者の「背後で」生じるものである。これと著しく異なるのが、ストア派、仏教徒、あるいはスピノザ派の哲学者によって、[*21] また自己統制の心理学理論[*22] あるいは「利己的経済学（egonomics）」[*23] の経済理論によって擁護されるような、欲求の意図的な形成である。いずれのケースも、その〔選好変化の〕プロセスはあなたができることとあなたがしたいと思うこととの間の緊張状態とともに始まる。もしこの緊張からの脱出が、〔認知的〕不協和を縮減する何らかの因果的メカニズムによって生じるならば、それは酸っぱい葡萄の問題となる。もしそれが意識的な「解放戦略」[*24]によって作り出されるならば、計画的性格形成の問題となる。そこには、衝動によって形成された選好とメタ選好によって形成された選好の間の違いがある。

　酸っぱい葡萄と計画的性格形成は、道徳的にも現象論的にも、多くの点で異なっている。ニーチェは、ルサンチマン——酸っぱい葡萄と密接に関連した現象である——を奴隷にお似合いの精神状態として語った。[*25]それとは対照的に、彼は、自覚的な態度としての運命愛は「人間の偉大さのための定式」であると論じた。[*26]われわれはこの貴族的な見方を拒否してよいだろうが、しかし、不可避の事態に適応するのは非自覚的な断念によってよりも選択を通してのほうがより良い、ということについては賛同してもよいだろう。このことはまた、私がこれから記述するいくつかの重要な現象学的相違に関連している。

　第一に、適応的選好には行きすぎる傾向が、より一般的に言えば、何らかの仕方によって的を外してしまう傾向が存在する。

なぜなら権力と威光は服従の直接の原因ではないからである。中間的な心理操作、正当化の行為が存在し、それらが実現可能性との間で調和を生じさせる。それゆえに現実的社会関係は権力関係と正確には一致しない。この心理操作のために、社会的関係は権力関係にわずかに及ばないか、あるいはそれを幾分か超えてしまい、時に権利回復要求に至ったりまたある時にはかえって服従が強調されたりする。この過剰さが、身分社会の基礎となっている。[*27]

計画的性格形成によって人は、少なくとも原則としては、自身の欲求を自身の実現可能性に正確に一致するように——あるいはその差異が可能な限り小さくなるように——形づくることができる。これに対して、適応的選好はそのような微調整の役には立たない。できることとできないこととの間の「違いを知る知恵」なしには、やりすぎるかやり損ねるかしてしまうだろう。ヴェーヌは過剰な謙虚さをその反対よりも、行きすぎることを適応不足よりも強調する。私はこれを適切だと考える。というのも、その基礎をなすメカニズムは、極端に走るという人間の精神の一般的な傾向性だからである。この傾向性はさらに、「曖昧さに対する寛容の欠如」[*28]によって、あるいはステレオタイプな思考によって、[*29]あるいは（外的否定と内的否定との間の区別に失敗することによって）すべてのものが可能というわけではない場合に可能なものは何もないと決め込んでしまう「素朴な精神性」によって（第一章第2節）、説明されうる。トクヴィルは次のようなことをフランス人に特有のものと考えていた。「彼は自分に命令されたこと以上のことを行うことに喜びを覚える——彼は隷属の精神の下に入るやいなやそこを超え出てゆくのである」。[*30]しかしながら、これを普遍的な現象として——人生のチャンスの連続的な分布から非連続な階級が生じるということとして——みなしたヴェーヌが正しいと私は思う。[*31]この見解はおおむね私の側の憶測でしかなく、たしかに因果的な証拠以外のものにはほとんど依拠していない。しかし、選好の適応は行きすぎる傾向があるという仮説は間違いなく経験的にテスト可能であるだろう。たとえば純粋な時間選好、純収入そして不確実性がもたらす効果が収入と相関関係を持つかどうかを尋ねてみればよい。貧困状態にある人々は、彼らの貧困の結果として、彼らにとって合理的となる程度を超えて現在時点を過大評価しているかもしれない。

第二に、適応的選好が典型的には、獲得しえない選択肢の格下げという形を取るのに対して、熟慮による計画的性格形成は手の届く選択肢を格上げする傾向がある。不協和が、拒否された選択肢に対する肯定的態度および（または）選び出された選択肢に対する否定的態度によって作り出されるとするならば、不協和の縮減は、選ばれなかった選択肢に対する否定的態度または選び出された選択肢に対する肯定的態度を強調することによって引き起こされよう。[*32] 完璧とは言えない結婚生活の中で私は、かつて私の求婚を断った才色兼備な女性についてその欠点を強調することによって、あるいは最終的に私の求婚を受け入れてくれた女性の良い点に気を向けることによって、適応するかもしれない。後者の適応は、もし私がそれをやり遂げたならば、基数的な欲求の充足という点からして明らかにより良いものとなる。さらにその上、酸っぱい葡萄にしばしば結びつく道徳的な自家中毒――それはたやすく、さらに進んで羨望や怨恨や敵意などといったものに変わっていく――を回避させてくれもするだろう。[*33]

第三に、計画的性格形成と適応的選好形成は、以下でいっそう詳細に議論するつもりであるが、自由に関して大きく異なった帰結をもたらす。自由な人間とは、完全なる諦めによってその欲求が消失点まで収縮した人物である、と述べることは困難である。しかしながら、避けられない物事を受け入れそれに応じることができる、という点から自由を説明する教義があり、これは真剣な考慮に値するし、また私の考えるところでは正当な根拠を有するものである。

(f)属性ウェイトの事前変化（Prior change of attribute weights）

適応的選好は、選択肢の属性に付されたウェイトの遡求的な変化を含む。「ひとたび選択がなされるか、あるいは受け入れられるかしたならば、その選択が満足させることになる利益は、それに釣り合うよりも大きな〔その利益の大きさからして順当に付される以上の〕重要性を帯びる」。[*34] 選択がなされる段階では接戦であったものも、事後には、実際に――おそらくはただ偶然によって――選ばれた選択肢の明白な優位性へと形を変える。恣意的に選ばれたにすぎない道を、それが実際に他のものに対する優位性を持っていると信じるようになることとなしに進んでいくには、デカルト的な精神の明晰性が必要である。[*35] このことは、選択肢の間での接戦に伴う不愉快な精神状態が回避されるよう、属性ウェイトの変化が――あるいは新しい属性の形成でさえあるかもしれないが[*36]――選択の前に生じるようなケースとは区別されなければならない。そのようなケースにおいては、人はある一つの選択肢（どれでもよい）が他の選択肢に対して明らかなアドヴァンテージを持っているような〔評価の〕枠組みを無意識に探し求めており、そしてそのような枠組みを見つけ出した後にはさしあたりそれに適応し、その枠組みが奨励する選択肢を選ぶのだ、と言われてきた。[*37] このメカニズムに対して適切な寓話は狐と葡萄のそれではなく、ビュリダンのロバと二束の干草のそれである。[★6] もし、仮説とは反対に、一方の束が他方よりも望ましいとみなされる何らかの観点があったならば、ロバは餓死してしまわずに済んだだろう。

ほとんど互角の意思決定にともなう精神状態は、なぜ不快なのだろうか？　一つの明白な答えは、賛否のウェイトづけにともなう険しい重圧である。ビュリダンのロバのケースではこれで完全な解答になるだろう。しかし他のケースにおいては、緊張は予期された後悔に、たとえばフェスティンガーによって仮定された、遡求的なウェイトの変化を引き起こすような種類の不協和の予期に、由来している。もしある選択肢の当初のアドヴァンテージがかなり大きかったならば〔選択が互角でなかったならば〕、そうでなかったなら選好を逆転させたり後悔を引き起こしたりしていたであろう新しい情報に対して、人はいっそう鈍感になるだろう。[*38]

(g) **嗜癖**（Addiction）

特定の財の虜になってしまい否応なしに消費せざるをえないという理由で、選好の変化が内発的に生じることもありうる。嗜癖についての満足のいくモデルには、以下の要素が組み込まれていなければならないだろう。第一に、嗜癖は学習と区別されるべきである。音楽に対する「有益な嗜癖」を育んだ人々について語ることは〔嗜癖について考える上では〕役に立たないだろう。私が見る限りこれはむしろ学習プロセスに近い。[*39] 第二に、嗜癖は、必ずしもそうだというわけではないが、ある部分は嗜癖に抵抗してあがきながらある一部分は嗜癖にふけるというように、分裂した自己を伴うことがありうる。[*40]（しかし、酸っぱい葡萄は決してこの種の内的なコンフリクトを伴うことはないということに注意してほしい。）嗜癖に伴うのは良心の時折の苦悶あるいは後悔に違いない、と考えるのは明らかに誤りである。第三に、嗜癖は禁断症状の過酷さにおいて酸っぱい葡萄と異なる。私は先に適応的選好変化は逆転しうると論じたが、だからといって私は逆転が瞬間的に生じると考えているわけではない。人がかつての実行可能な選択肢の集合に完全に再適応する前に、後悔の時間があるだろうと考えるのはもっともなことである。だが、嗜癖の対象を実行可能な選択肢の集合から排除することが引き起こすのは、後悔ではなく苛烈な肉体的反応である。実際のところ、嗜癖は酸っぱい葡萄よりもいっそう特殊なものである。それは何であれ利用可能な選択肢に対して適応するという人間精神の側の傾向性よりも、嗜癖の対象物の性質によって一層うまく説明される。第四に、嗜癖の時間的変化というものが存在する。というのも、嗜癖の対象物に対する渇望は段々と強くなっていくからである。*41 そういうわけで、たとえば愛は、嗜癖の性質を持つものではない。それはひとたび満たされたならば自ずと擦り切れ失われていく、あるいは少なくとも強迫的形式を取らなくなっていくものだからである。実際のところ愛は、他のほとんどの欲求とは異なり、満たされていないときに限って強迫的で自ずと強まっていくものとなる。*42 嗜癖的な選好は、適応的選好のように、選択状況から独立にではなく、選択状況によって引き起こされるものである。が、しかし、両者の類似点はあくまでそこまでである。

(h) 事実的状況依存性を持つ選好（State-dependent preferences）

個人的選択あるいは社会的選択の標準的な理論においては、選好は選択状況から独立に与えられた〔所与の〕ものとして取り扱われる（第一章第5節）。ここで探求されている代替的な概念化は、選好を状況によって因果的に形づくられるものとみなすためのものである。しかしながら、「状況」という語は曖昧である。セルジュ・コルムが見て取ったように、[*43] 状況によって決定された選好という概念は、選好の事実的状況依存性と可能的状況依存性のいずれにも解釈しうる。[★7] 内発的な選好変化の標準的理論においては――それ自体が経済学における選択理論の観点からすれば非標準的なものであるが――嗜好は現在あるいは過去の選択によって形づくられるとされており、実行可能な選択肢の集合の全体によって形づくられるとされてはいない。[*44] しかしこの後者の見方も〔前者の見方と〕等しく妥当性を持っている。たとえば、読書がしたいという私の現時点での選好は、私がいま読んでいる本によってばかりでなく、それと同じくらいに、いま私の本棚に入っている様々な本によって形づくられたものでありうる。妻のことを好ましく思う私の選好は、私の現在の妻によって形づくられたものかもしれないし、あるいは私の求婚を受け入れたであろうと考えられる女性の集合によって形づくられたものかもしれない。そして、酸っぱい葡萄は、選ばれなかった選択肢かもしくは利用不可能であった選択肢の格下げを伴うものとみなされうる。すでに引用したフレーズの中でヴェーヌは、属性に付される重要性の遡求的変化は選択が「なされるかあるいは受け入れられるか」した時点で生じうるものだと述べていたが、そこではこの両方の可能性が含み入れられている。フェスティンガーの実験は、不協和の縮減を主として実際になされた選択に対する反応と解釈するが、それに対して私がここまでずっと注目してきたのは、実行可能な選択肢の集合による選好の形成なのである。

この区別は現実のものであり、多くの目的にとって重要であるだろう。しかしながら私は、私が主として関心を持っている特定のいくつかの状況においてその〔区別の〕重要性を減ずる傾向のある、二つの考察を指摘しておきたい。第一に、一つの選択肢を実際に選ぶことは、選択を逆転させることに伴うコストのゆえに、その他の選択肢をかつて〔選択以前に〕そうであったよりも利用し難いものにしうる。私がAブランドの車を三〇〇〇ポンドで買うとしよう。このとき、もし私がこの新車〔車A〕を中古で販売することによって受け取れる額が多くても二〇〇〇ポンドであるなら、いまやBブランドの同じ値段〔三〇〇〇ポンド〕の車は、Cブランドの四〇〇〇ポンドの車とまったく同じ程度に入手不可能なものになる。したがって車Aを購入した後には、私は車Bを、〔車Aの〕購入前に車Cを格下げしたのとちょうど同じくらいに格下げする傾向があるだろう。前者の格下げ〔車Bの格下げ〕は事実的状況依存性として記述されうるだろうが、ここでの比較はそれが可能的状況依存性としても等しくみなされうることを示している。[★8] 第二に、〔事実的な〕状況と実行可能な選択肢の集合との間の区別は、当の状況がどのように描写されるかに応じて変化するかもしれない。都会と田舎の例をもう一度考えてみよう。都会に暮らすことは、包括的な観点から（都会に住んでいるときには）田舎暮らしよりも好ましく思える一つの状態であるとみなされるかもしれない。その考慮においては、田舎暮らしもまた包括的な観点から別の一つの状態と捉えられているだろう。しかしながら、より詳細な描写の下では、農業には多くの在り方があり、田舎に暮らしている間はそのすべてにアクセス可能であること、そしてまた都会に暮らしている間にはシティ・ライフのたくさんの在り方から選択できることが明らかになる。ここで適応的選好は、都会を好む私の選好に従って、私にとって包括的に見て最も望ましい選択肢は何らかの種類のシティ・ライフであると示すであろうが、しかし一部のシティ・ライフよりも私にとってより好ましいような、何らかの種類の田舎暮らしも存在すると考えるのが自然である。

(i)合理化(Rationalization)

酸っぱい葡萄は不協和縮減のメカニズムであり、選択肢の評価に用いられる選好に手を加える。これに対して、認知的な要素に対して働く、すなわち状況の評価よりもむしろ状況の知覚を変形させる、代替的なメカニズムがある。いくつかのケースにおいては、適応的選好と適応的認知(たとえば合理化)は、互いにほとんど区別することができない。この章のエピグラフに引用した酸っぱい葡萄〔の物語〕のフランス語版においては、狐は朱色の葡萄の認知において欺かれ、それをまだ青いと誤信するのである。英語版においては、狐は葡萄を酸っぱいものだと誤信するのであって、問題は信念よりもむしろ嗜好である。[*45] 反適応的選好についても同様であり、「禁じられた果実は甘い」に対応するものとして「隣の芝生は青い」がある。しかし多くのケースにおいては、それらの現象は明確に別のものである。もし切望してきた昇進を手にすることができなかったならば、私は「上司は私の能力を恐れているのさ」(状況の誤認)と述べたり、あるいは「仕事でトップになることなんて大して価値あることじゃない」(選好の誤形成)と述べたりすることで、ストレスのかかった心を和らげるだろう。あるいはまた私はここで、それほど名声の伴わない地位によって可能となった余暇から利益を得られるように、自身のライフスタイルを変更するかもしれない(計画的性格形成)。

双方のメカニズムについて述べる上でよりいっそう具体的な例として、一九世紀の中国が経験した西洋との屈辱的な遭遇についてのジョセフ・レヴェンソン(Joseph Levenson)の説明を取り上げよう。[★9] 一方では、西洋的機能すなわち用（yung）を取り入れつつも中国の実質すなわち体（tï）を保持することは可能だと考える、体-用（tï-yung）の合理化論者たちがいた。しかしもちろん、これはまったくの希望的観測であった。近代化なしに工業化しようという試みは、意図されていたような双方の世界にとっての最善ではなく、むしろ常に双方にとっての最悪の事態へと導くものであったからである。[*46]さらに実際のところ、この体-用の信条を用いることは、その試みを裏切るものであった。機能を実質に至るための単なる手段と見ることは、すでに西洋的な思考に寄生されていたのである。[*47]他方で、倭仁（Wo-jen）をはじめとする反西洋化論者は[★10]、体-用の信条の背後にあった誤りに気づいていながら、自分たちの〔認知的〕不協和を縮減するために酸っぱい葡萄に頼った。西洋の技術が提示するものは、中国がかつて考慮しそして拒絶した一つの選択肢なのだ――それは大して価値あるものではなかったのだ、と。[*48]したがって彼らは中華民族（Chinese nation）よりも中国の文化を彼らの忠誠の中心に置いた。そうして、民族を主たる価値として選択するとともに文化を単なる道具的機能へと追放し、希望的観測と酸っぱい葡萄の両方を捨て去るという仕事は、国民党へと残されたのだった。[*49]

　短期的に見れば、希望的観測と適応的選好形成は同じ帰結を、すなわち緊張と欲求不満の縮減を導く。しかしながら、長期的に見れば二つのメカニズムは決して等価ではなく、正反対の方向に働くことさえありうる。そのことは『アメリカの兵隊』における古典的な発見を考察することによって示される――その発見とは、昇級の可能性と昇級システムに対する欲求不満の水準との間には、正の相関関係があったというものである。[*50]昇進のチャンスに恵まれている職務においては、昇進のチャンスについての欲求不満もまた多く存在した。このパラドクシカルな発見を説明してくれる、ロバート・マートン（Robert Merton）[★11]のフレーズがある。「一般的に、流動性が高率であればグループメンバーの間での予想と期待は過大になり、それゆえ各人がよりいっそう、現在の地位についての欲求不満と昇進のチャンスに対する不満足の感覚を経験しやすくなる」[*51]。しかしまた、われわれは酸っぱい葡萄による説明にも思いいたるだろう。その見方によれば、欲求不満が生じるのは、昇進が十分にありふれていて、そして十分に普遍的な基準によって決定されるものとなるときであり、そこでは、適応的選好からの解放が起こるのである。いずれの仮定においても、福祉についての客観的な実現可能性の増大は、過度な期待を引き起こすことを通じて、あるいは新しい水準での欲求を誘発することによって、主観的な福祉の減少をもたらす。本章第4節において私は、この〔客観的な福祉の実現可能性と主観的な福祉の達成との間の〕区別の、倫理学および社会選択に対する関連性について扱う。

《3》権力・自由・厚生

ここまで探究してきたのは、対比を通じての適応的選好の外的な特徴づけであった。今度はこの現象の内的構造へと向かおう。私は目的地に向かうにあたっていくぶん遠回りのルートを取ろうと思う。すなわち、選好は実行可能な選択肢の集合によって形づくられうる、というアイデアによって、厚生の概念のみならず、権力および自由の概念がどのような影響を受けるのかを考察したい。実際のところ、これらの概念はすべて「欲するものを手に入れること」という言い方で定義されてきたのであり、それゆえ、欲求が手に入れうるものによって形づくられるという可能性はこれらすべてに同様の問題を引き起こす。ここでの関心に対してやや周辺的である権力については述べることが最も少なくなるが、自由について、および自由が厚生にどのように関連していくかについては比較的多くのことを述べようと思う。

アルヴィン・ゴールドマン（Alvin Goldman）は、欲するものを手に入れることが権力という概念にとって中心的でなければならない、と論じる際に次のようなコメントを付した。

> しかしながら、ある人が欲するものを手に入れるときにはいつでも、その人は当のものについて権力を持っているに違いない、と結論するのは誤りであろう。……欲するものを定期的に手に入れている人でさえ、権力を持っている必要はない。ストア派は、あるいはスピノザもそうだが、どんな場合でもそれが起こるだろうと現実的に予測されるものと一致するように欲求を形成することを推奨した——彼らは自由を、出来事が実際の欲求に服従することとして、あるいはむしろ、欲求が出来事に服従することとして捉えていた。しかしこれは、権力の説明としては不適切である。極端な例としては、ロバート・ダール（Robert Dahl）の「カメレオン」議員の事例が挙げられる。それは議会がどのような決定を下すのかをいつだって事前に正確に予測し、その結果に一致するように欲求あるいは選好を形成する人物である。このカメレオンは常に彼の欲するものを手に入れるわけだが、彼がこの議会の中でより大きな権力を握っている人々の中の一人であるということはない。[*52]

自由と権力をめぐる多くの分析に取り付いている混乱が、この一節に表現されている。すなわち、（スピノザやストア派によって擁護される）計画的性格形成による適応と、（カメレオン議員が実践している）適応的選好形成との間の混乱である。アイザイア・バーリン（Isaiah Berlin）による自由概念の分析において、われわれはこれに類似した混乱に出会うだろう〔それについては二つ先の段落で論じる〕。また私は、次のようなゴールドマンの主張については同意と反論が半々である。すなわち、カメレオンのケースは「権力の分析は単にある行為者が実際に欲し、そして実際に手に入れるものについて論じるものではありえず、様々な仮定の欲求の想定の上に彼が手に入れるであろうものを論じるものでなければならない」[*53]ということを示しているのだ、という主張についてである。この文章の最初の部分は明らかに真であるが、二つ目の部分はそうではない。もしある行為者が、pという結果を望まない他の行為者たちによる抵抗にあいつつも、pを生じさせる、しかも意図的なやり方で（すなわち偶然によってではなく）生じさせるとしよう。そのとき彼はpについて権力を持っている。そしてこのことは、たとえpがいずれにせよ〔もし彼が自分の手をくださなくても〕他の行為者によって生じさせられたであろうものだったとしても成り立つ。先取り的な権力について、何ら実質的でないとか空虚だとかいうことはない。さらには、pを引き起こそうという彼の欲求が、pはいずれにせよ引き起こされるだろうという彼の知識に起因するものであった——たとえば敵対的な権力保持者に対して見せびらかしたいがために——と仮定しても、彼の権力は何らの影響も受けない。そして最後に、もし敵対者を困らせたいという彼の欲求がそのような形を取っているならば、pを生じさせる彼の権力は、pではなくqを生じさせることが彼にはできないということによっては少しも減少させられない。言い換えれば、非因果的な仮定法的条件文に対するゴールドマンの信頼は二重に誤っている。権力は因果関係の観点から理解されなければならない――そして先取り的な権力のケースは、反事実的条件文は権力の言明を理解する上でいずれにしても十分ではないということを示している。★12

続いて自由についての分析に移ろう。私はここでますます複雑さを増してくる四つの概念について論じたい。すなわち、ある物事を自由になすことができること（being free to do something）、ある物事に関して自由であること（being free with respect to something）、自由な人間であること（being a free man）、そして、自由な社会で生きること（living in a free society）、である。分析の基礎的な構成単位となるのは、ある物事を自由になすことができること、という概念だろう。私はこれをいくらか未分析のままで取り扱うつもりだが、それでもなお、より完全な分析が解決しなければならないいくつかの曖昧さを指摘しておかないわけにはいかない。第一に、最も重要なこととして、形式的な自由と実際にできること（real ability）との間には違いがある。問題となっている当の行為を遂行したいという欲求が実現されるであろうことを含意するのは、前者ではなく後者である。*54 第二に、この強い意味での自由〔実際にできることという意味での自由〕に対する障害は、内的なもの（心理的な制約）か外的なもののいずれかでありうる。もし外的なものであれば、自然的なものか人工的なもののいずれかである。もし人工的なものであれば、偶然的なものか意図的なもののいずれかである。*55 そして第三に、われわれは個別的な（distributive）意味での自由と集合的な（collective）意味での自由との間の関係を理解する必要がある。何らかの特定の物事について、たとえあらゆる個人が自由にそれをなすことができるとしても、全員が自由に同じようにそれをなすことができるとは限らない。[*56] 以下に続く議論の多くは、私の考えるところでは、何らかの特定の種類の制約の形式的な不在として自由を理解しても、あるいは完全な実行能力（full ability）として自由を理解しても、いずれにせよ意味が通る。ただしそれはもちろん、同じ意味が終始心に留められているならば、である。

自由とは、端的に言って自由とは、自由な人間であるとは、何であろうか？ この問いについて、区別すべき二つの極端な回答がある。一つは、自由とは単純に、欲求がどこから来ているかに関係なく、したいと欲することを自由になすことができることに存する、というものである。よく知られた一節の中でアイザイア・バーリンは、この自由概念に反論している――「もし自由の程度が欲求充足の関数であったなら、私は欲求を除去することによって、欲求を充足するのと同じくらい効率的に、自由を増加させることができるだろう――本来の欲求のうちそれは満たさなくてよいと私がみなした欲求の消失に慣れさせることによって、私は人々を（私自身を含めて）自由にすることができることになるだろう」。[*57] そしてこれは受け入れられないものであるというのが彼の見方である。この議論によってバーリンは、自由の定義のスペクトラムの、もう一方の極端に導かれた。「ある人の自由の大きさを決めるのは、開かれた現実のいくつかのドアであって、彼自身の選好ではない」。[*58] 自由はドアの数と重要性、そして開き具合によって測られるのである。[*59] 最後の条項〔ドアの開き具合の考慮〕を無視するならば――それは形式的な自由と実際にできることとを一緒にしてしまうように思われる――これは自由が、人が自由になすことのできる物事の、数および非主観的な重要性によって測られるということを意味する。正確に言えば、バーリンは、重要性の概念は自由が個人にとって中心的なものであるということも考慮に入れるべきだと提案しているのだが、しかし、このことは彼の主たる意図とは反対に、選好を再び密輸入してしまうだろう。[*60] 彼の見方においては、重要性は、重要性についての諸個人の個人的な評価から分離されていなければならない。非主観的な重要性が意味しているものが何なのかについてバーリンは説明していないが、しかしたとえば次のように言うことは確かに道理にかなっている。すなわち、礼拝についての自由は赤信号に反して右折する自由よりも、礼拝を行わない人々においてさえ、より一層重要である、と。[*61]

言い換えれば、欲求が条件づけられたものである可能性〔を考慮すること〕によって、バーリンは現実の欲求が持つ重要性を格下げし、そして人々がなしうる物事を、その人がそれらをなすことを欲しているかどうかに関係なく重視するという道に導かれたのである。しかしながらその議論には致命的な曖昧さがある。満たされえない欲求の消失に（自分自身も含め）「人々を慣れさせる」という言葉は、（他の人々の）操作や教化か、（自分自身についてのケースにおいては）計画的性格形成か、あるいはおそらく（この場合にはバーリンによって用いられた意図に基づく言葉遣いは不適切なものになるだろうが）酸っぱい葡萄でさえ意味しうる。しかしそれらは自由に対する含意において、根本的に異なった意味を持っている。計画的性格形成は、自律に対する必要条件でも十分条件でもないが（第一章第3節）、少なくとも操作された選好や適応的選好よりはずっと、自律と両立しうるものである。

私がここで主張しているのは、要するに、自由の程度は人が⑴自由になすことができ、かつ、⑵それをなすことを自律的に欲しているような物事の、数と重要性に依存しているということである。この主張は自由についての二つの中心的な直観に配慮したものである。第一に、自由は何らかの種類の制約されない運動を含んでいなければならない。私がとてもたくさんの重要な、しかし私がしたいこととはまったく重なっていない機会を与えてくれる社会に暮らしているとしよう。その場合において私はとてもたくさんの自由を持っているのだと述べるのは誤りであろう、というのが私の主張である。しかし第二に、〔他人による〕操作や適応的選好形成によってわずかなものに満足するようになっているというただそれだけの理由で、ある人は自由である、と述べることが誤りだということもまた直観の教えるところである。自律的な欲求という言葉で――あらゆる欲求という言葉によってではなく、また欲求という言葉をまったく用いないのでもなく――自由を定義することで、私たちはそれら二つの直観に応えることができる。そうすることによって私は、バーリンによって論じられそして拒否された極端に合理主義的な見方、[*62] すなわち、あらゆる所与の状況において自律的な人間であればそうしたいと欲するであろうたった一つのものが存在するという見方にコミットしているわけではない。実際のところ、私が〔先に〕認めた自律に積極的な特徴づけを与えることの不可能性（第一章第3節）を前提とすれば、私にはこの見方を論駁することはできていない。加えて、自律についての私の論拠は部分的に判断力とのアナロジーに依拠しており、そして、あらゆる所与の状況において判断力を備えた人間であれば信じるであろうたった一つのものが存在すると論じたくなるのはおかしなことではないから、私は合理主義的な見方に接近しているように見えるだろう。しかし私は判断力の明確な特徴づけについて確信を持っているわけではないし、[*63] またいずれにせよ次のことを信じている。すなわち、自律は――判断力とは異なって――性格のいくつかの特異性と強く結びついており、多様性と多数性を許容するのみならずそれを積極的に要求するのだ、と。[*64]

次のような反論があるだろう。この自由の定義は、自律についての基準を伴わないならば役に立たないのであり、それゆえ〔現段階では自律についての基準が得られていない以上〕実践的な目的のためにはわれわれは、悪がより少ないことを確かに表現しているバーリンの定義に戻らなければならない、と。しかしわれわれはそれよりもうまくやることができると私考える。非自律的な欲求の重要な変種のうち少なくとも一つのものを、すなわち適応的選好を、別のやり方で行為する自由を要求することによって操作的に排除することができる。もし私がxすることを欲しており、また私にはxする自由も、xしない自由もあるとするならば、その場合、私の欲求が必然性によって形づくられているということはありえない。(このことは少なくとも「xする自由がある」の意味に「xする自由があるということを知っている」が含まれているならば成り立つ。もしこの含意が排除されるならば、自由についての知識が追加的な前提として付加されなければならない。)その欲求は他のあらゆる種類の評判の悪い心理メカニズムによって形づくられたものかもしれないが、しかし少なくとも適応的選好形成の結果ではない。他の条件について等しいならば、ある人の自由は、(1)それをなす自由があり、(2)それをなさない自由があり、そして(3)それをなすことを欲している、そのような物事の数と重要性の関数である。ある行為を実行するかあるいは控えるかする自由を、その行為に関する自由(freedom with respect to that action)と呼ぶこともできる。そうすると、たとえばオーストラリア人たちは、投票をする自由があるにもかかわらず、投票行為に関する自由は持っていないことになる。というのも彼らにとって投票することは強制されていることだからである。[*65] したがって、ある人の自由は、彼がそれをなすことを欲しており、かつその行為に関して彼が自由であるような物事の数と重要性に依存していることとになる。

xしたいという私の欲求が代替的選択肢の欠如によって形づくられたものではないということの一つの代替的な証明は、私にはxをなす自由がない、というものであろう。私の自由が、それをなすことを欲しているがしかしそうする自由を持っていない物事の数と重要性とともに増加する、と述べることは馬鹿げているだろう。しかし先に第一章第5節で簡単に言及したように、このパラドクシカルな言明の中に真理の一つの核心がある。すなわち、もし、それをなすことを欲しているがしかしそうする自由を持っていない沢山の物事があったならば、このことは、(私がそれをなすことを欲しておりそうする自由を持っているがそうしない自由は持っていない物事も含めた)私の欲求の構造が一般に適応的選好形成によって形づくられたものではない、ということを示している。このことはさらに、私の自由の総体に、私が充足することのできる〔=充足することもしないこともできる〕欲求のすべてが数え入れられるべきであるということを意味する。というのも、それらの欲求は自律的である、あるいは少なくとも非適応的であると考える理由が一つ存在するからである。その理由は、別のやり方で行為する自由によって与えられるものよりは弱いが、それでも一種の理由である。私は次のように結論する。二人の人物が、まったく同一の物事について、ともにそれをなすことを欲しておりかつそうする自由を持っているとするならば、そのときには(他の事情が同じならば)それをなさずにいる自由を持っている人物の方がよりいっそう自由である、あるいは自由である見込みがよりいっそう大きい。また(他の事情が同じであれば)自由になすことのできない物事をより多く欲している人物の方がよりいっそう自由である、あるいは自由である見込みがよりいっそう大きい。

私はここから先、これら最終的に得られた諸考察が厚生についても継続してあてはまることを論じたい。しかしはじめに、ここまで論じられてきた自由の構造に、四つ目のレベルを追加しよう。すなわち、自由な社会の概念を――これは不吉な右派的意味合いをただよわせる、悪名高いイデオロギー的概念である。しかしながら、この概念をリバタリアンの専売特許にしておく理由はない。社会主義者たちは他の人々以上に（以下にではなく）、他の諸価値とコンフリクトを起こすと予想される一つの価値としての自由に、関心を持つべきである。しかしまずは、総計的なレベルにおける自由というものが何を意味しているのかを知る必要がある。私は次のように主張したい。総計的な社会的自由は、(1)先に素描したことを基礎にして算出された、諸個人の自由の量の総和と、(2)諸個人の間での自由の分配と、(3)諸個人が自分たちの自由を評価する程度の、関数である。自由な社会に関するこれらの決定要因のうち最初の二つのものは、自由の総和と自由の分配の間でのトレードオフについての疑問を提起する。そしてそこには厚生の集計に関する同様のケースにおけるのと同じくらいの解答の幅がある。[*66] 諸個人が自由を評価する程度は、今度は責任についての彼らの態度[*67]（これは自由というコインの裏面である）と、その自由を行使することを思いとどまらせうる他の諸要因とに依存する。とりわけ、すべての人が個別的に持っているような類の自由は、〔社会的自由を考える上で〕利用されることも評価されることもほとんどない。なぜなら当の人々がそのような類の自由を集合的に持っているわけではないからである。[*68][★13]（言うまでもないことだが、ここでの自由の価値（value of freedom）の概念は、自由の真価（worth of liberty）についてのロールズの議論とは関係がない。ロールズの議論は形式的な自由と実際にできることとの間の区別に向けられたものである。[*69]）それゆえ大まかに言って、自由な社会とは、たくさんの個人的な自由が存在し、それらが等しく分配されかつ高く評価されている社会となる傾向があるだろう。この分析の一見したところの厳密さが誤解を招くものであるということは言うまでもない。私は、厚生経済学に類似するような、自由についての形式的な理論を組み立てることができるだろうと述べているのではない。そうではなく、ここまで私が引き合いに出してきた議論は、十分に明快なケースについてその応用を見出すことができるだろうと述べているのである。

厚生の対象と自由の対象とは異なっている。厚生の対象のうちの少なくともいくつかについては、それを差し控える自由を持たない、と述べることがほとんど意味をなさないからである。礼拝する自由は礼拝しない自由によって促進されると述べることは十分に意味をなすが（逆も然り）、特定の消費財のセットから引き出される厚生はそれを消費しないという選択肢によって促進されると述べることが意味をなすことはまずない。人は常にこの選択肢を持っているからである。しかしながら、二つ前の段落における議論が次の点において重なってくる。すなわち、(1)実行可能な選択肢の集合が大きいほど、また、(2)あなたの欲求がそれをよりいっそう超えていくほど、あなたの欲求がそれによって形づくられたものであるという見込みはより小さくなる。あるいは裏返して言えば、実行可能な選択肢の集合が小さいときには適応的選好に陥りやすく、そしてたとえ選択肢集合が大きかったとしても、その選択肢集合における最善の要素が同時に包括的に見て〔想定しうるすべての選択肢の中で〕最善のものでもあるならば、適応的選好が疑われうるだろう。

他方で、もし実行可能な最善の要素が同時に包括的に見て最善であったとしても、選好は自律的なものでありうる。それはすなわち、選好が熟慮による計画的性格形成によって形づくられたものである場合である。すると疑問は、われわれはこのことについて、欲求形成の実際のプロセスに関する（大抵の場合利用不可能である）直接の証拠を超えた証拠を手にすることができるのかどうか、というものになる。まったくの試論ではあるが、私は次のように、選好が自律的であるための条件（conditions of autonomy for preferences）を提起したい。

> S_1とS_2が実行可能な選択肢についての二つの集合であり、その各々に対して導かれる選好構造がR_1とR_2であるとする。このとき、（包括的な選択肢集合に属する）どんなxとyについても、xP_1yかつyP_2xであるということはありえない。[*70][★14]

この条件は、選好が無差別へと瓦解していくことを許容するし、さらには無差別が選好に拡張されることも許容するが、選好が完全に逆転することを排除する。視覚的に表現するならば、キツネが葡萄を残して去っていくとき、ラズベリーよりも苺を好む彼の選好は逆転してはならない。この条件は集合内のランキングおよび集合間のランキングの双方における変化を許容する。集合S_1に選択肢xとyが、S_2にuとvが含まれているとしよう〔そしてまた選択肢集合がS_1からS_2へと変化したものとしよう〕。このとき、xP_1uかつxI_2uは、新しい選択肢集合に属する要素の意図的な格上げとして説明することができるだろう。同様に、xP_1yかつxI_2yは、利用不可能になった選択肢の間で明確な区別をつける必要性の欠如として説明することができるだろう。そしてまた、uI_1v かつ uI_2v は、いまや利用可能となった要素間においてはそのような明確な区別をつける必要があるということによって説明することができるだろう。〔さて、ここまでの例は上の条件を破っていないが、それらとは〕対照的に、xP_1u かつ uP_2x は、やりすぎるという適応的選好の傾向性に従って、〔この条件によって〕要請されているものを超えるほどに新しい要素を格上げするかあるいは古い要素を格下げするということを示している。同様に、xP_1v かつ yP_2x は（あるいは uP_1v かつ vP_2u は）、露骨な非合理的現象である。なぜなら、新しい集合への順応が古い集合における内的ランキングを逆転させる理由など存在しないからである。

この自律性条件を侵害するような選好変化についての一つの推測的な例として、私が——私の国における一人の自由な市民として——強制収容所の囚人であるよりも自由な市民でありたいと望み、そして収容所の看守であるよりも収容所の囚人でありたいと望むとしよう。しかしながら、ひとたび収容所の内側に入ったならば、私は自由な市民であるよりも看守であることを望むようになり、囚人である生活を最低のものとするかもしれない。別の言い方をすれば、実行可能な選択肢の集合が（x, y, z）であるとき、私は x を y よりも、そして y を z よりも選好するが、しかし選択肢が[★15]（y, z）へと縮小した場合には、z を x よりも、そして x を y よりも選好する。いずれのケースにおいても選択肢集合の中の最善の要素は同時に包括的に見た最善であり、その点において非自律性の兆候はない。しかしそれに加えて、選択肢集合の制限が選好の逆転をもたらしており、件の条件が破られている。もし集合が制限されることによって x と y の間で無差別かつその双方が z よりも選好されるということが導かれていたならば、これは真にストア派的な自己の征服の証拠となっていただろう。[16] もう一つの例として、ある労働者、都会に転居した後で様々な様式の農業に対するランキングを逆転させ、いまや、かつては最低のものとみなしていた〔都会における〕いっそう機械化された〔生活〕様式を選好するようになった労働者について考えてみてほしい。そして三つ目に、近代化は単に様々な場面において新しい仕事が名誉ある階級の仲間入りをしているということだけではなく、古い仕事の〔評価〕順序の変更も同時に生じているということも含意している、という点に注意してほしい。

適応的選好を持つ人物が選択肢集合の変化を経験したときに生じる可能性があるのは、次の二つのうちのどちらかである——新しい集合への適応か、適応的選好からの全面的な解放か。後者の兆候が現れるのは、包括的に見て最善の要素がもはや実行可能な選択肢の集合の中に存在しなくなった場合である。また、たとえ実行可能な選択肢の中での最善が包括的に見てもなお最善であり続けたとしても、選好の逆転が一切起こっていないなら、適応からの解放が推測されうる。新しい選択肢集合への適応は都会と田舎のケースにおいて描写されたものであるが、それに対して適応からの解放の例示となるのは後で〔次節で〕見るような産業革命のケースである。そこでは一つ目の基準、すなわち包括的に見た最善が実行可能な選択肢の集合の外にあるという基準によって、解放であると診断される。二つ目の基準、すなわち実行可能な最善が包括的に見ても最善であり続けているが選好の逆転はないという基準は、適用範囲がそれほど広くないものと推測される。というのも、自覚的な計画的性格形成は比較的珍しい現象だからである。

自律性の欠如が厚生を減少させることが、あるいは自律が厚生と交錯するがゆえにむしろトレードオフを考えなければならないということが、果たしてあるだろうか？　この疑問に対する解答は、われわれが厚生を序数的な観点から考えるかそれとも基数的な観点から考えるかによって異なってくる。もし基数的な欲求の充足について完全に古典的な意味で、すなわち個人間比較可能性と加算的効用を含む形で、有意味に語ることができるとするならば、その場合には自律の問題は厚生の尺度とは無関係であると私は考える。欲求の充足は欲求の充足であり、欲求がどこから来ているかとは無関係である。しかし、もし社会選択理論の序数的枠組みに限定して考えるならば、自律の問題は厚生と関連性を持つと私は考える。序数主義者の言語では、選択肢 x の格上げによって yRx から xPy への変化が生じるケースと、選択肢 y の格下げによってそれがもたらされるケースとを有意味なやり方で区別することができない。しかしながら、もし選好の変化が自律性条件を侵害するならば、その変化は y の格下げによって起こったものであると、そしてそれゆえに、基数主義的な言い方をすれば、その人物は x を持つことによって〔選好の〕変化の後には以前よりもより良い状態になったわけではないと、推測することができるかもしれない。言い換えれば、自律性条件は、純粋に序数的な言葉で述べられたものであるが、選好の背後に潜む基数的な構造についての手がかりを与えてくれるのである。ここから先は、この問題についてのいくつかのより具体的な論点に移りたい。

《4》酸っぱい葡萄と社会選択

適応的選好が功利主義に対して有する関連性について議論するために、次のような疑問について考えてみよう。イギリスにおける産業革命は、総体として良いものであったのか、それとも悪いものであったのか、どちらだろうか。この疑問に関する歴史家の間での議論においては、[*71] 二つの問題が提起され、そしてしばしば混同されてきた。第一に、一七五〇年から一八五〇年にかけての間、イギリス国民の厚生レベルに何が起こったのか？　第二に、産業化はそれが実際に生じた形よりももっと過酷でない形でも起こりえたのか？（そしてもし後者なら、それが実際に生じたよりもよりいっそう資本主義的な、もしくはより資本主義的でないような形で生じたならば人々にとってより良いものとなっていたのだろうか？）[*72] ここでは第一の問題に焦点を合わせるとしよう。果たしてそれに関連性があるのはいかなる種類の証拠だろうか？　歴史家たちが実質賃金、死亡率、罹病率、そして雇用率などを――その平均値、人口内部での分散、および時間の経過に伴う揺らぎを――主たる変数として選び出しているのは明らかに正当なことである。しかしもしわれわれが、厚生に関するこの疑問に本当に関心を持っているならば、欲求や渇望のレベルについても尋ねるべきである。もし産業革命が欲求を、それを充足する能力よりも速いペースで拡大していったのならば、その場合われわれは、ペシミストたちの解釈が正しかったのであり、生活水準の低下があったのだと述べるべきなのだろうか？　それとも、非ペシミストたちの解釈に従って、[*73] 増大した欲求充足能力は生活水準の上昇を含意するのだと述べるべきなのだろうか？　あるいはエンゲルスに従って、[*74] 物質的な生活水準の低下を仮定したとしてもなお、産業革命は大衆をその無感情で無為の生活から抜け出させ、それによって彼らの尊厳を高めたがゆえに歓迎されるべきものだと述べるべきなのだろうか？

この問題は『アメリカの兵隊』の問題と類比的である。その場合と同じように、欲求不満が（仮に存在

している として）渇望の高まりにではなく過剰な期待に由来している可能性が存在している。もしこれが真実であったならば、功利主義者は産業革命を非難したいとはもう思わないかもしれない。彼はおそらく、非合理的な信念から引き出された欲求不満は効用の総量を足し合わせる際にカウントすべきではない、と言うだろう――もしわれわれが、選好が情報に基づくものであることを要求するなら、信念が十分に根拠づけられていることを要求することもまた確かに道理にかなっているのだろうか？　しかし私は、功利主義者がより野心的な欲求から引き出された欲求不満についても同様のことを言えるとは考えないし、もしこちらが不満足の主たる原因であることが立証された場合には、彼は産業革命の一切を拒絶したくなることだろう。私は当座のところは、新たなレベルの欲求に帰せられる欲求不満がいくらかは実際に存在したのだと仮定して、このことが功利主義に対して持つ含意を詳細に論じることを試みる。過剰な期待の問題に関しては、後ほど〔本節の終わりの方で〕立ち戻る。

われわれが前産業化状態xにあり、効用関数$u_1,\ldots,u_n$を与えられているとしよう。われわれはそれらを序数的かつ比較不可能なもの、すなわち、連続かつ整合的な諸選好の略記とみなすこともできるし（第一章第2節）、古典的な基数的意味で完全に比較可能なものとみなすこともできる。私は序数的なケースと基数的なケース、二つのケースに言及するつもりであるが、読者は次のことを常に心に留めておいてほしい。すなわち、効用の総和について曖昧さ抜きに論じることが許されるのは後者〔基数的なケース〕においてであり、前者〔序数的なケース〕はそれを許さない、というのが決定的な違いであるということを。[*75] さてここで産業化が生じて、われわれは状態yへ移行し、効用関数$v_1,\ldots,v_n$を持つようになったとしよう。加えて、実現可能な状態zが存在し、より多くの人々が産業化の利益を受け取っている社会、あるいはすべての人々がより多くの利益を受け取っている社会を表現しているとしよう。〔個々人の〕効用関数を所与として、一つの社会選択あるいは社会的選好順序に到達するための、何らかの種類の功利主義的な仕組みが存在すると仮定しよう。序数的なケースにおいては、これは何らかの種類の社会選択関数であるに違いない（第一章第4節）。そして基数的なケースにおいては、われわれは単純に最も大きな効用の総和を実現する状態を選ぶ〔こととする〕。効用関数$u_1,\dots,u_n$について以下の仮定を置く。

序数的なケース：前産業化段階の効用関数に従えば、xは（x, y, z）における社会選択とならなければならない。

基数的なケース：前産業化段階の効用関数に従えば、効用の総和はyあるいはzにおけるよりもxにおいてよりいっそう大きい。

また効用関数$v_1,\dots,v_n$に対して、以下のように定める。

序数的なケース：産業段階の効用関数に従えば、社会選択関数はzをyより好ましく、またyをxより好ましくランクづける。

基数的なケース：産業段階の効用関数に従えば、効用の総和はyにおけるよりもzにおいて、また

xにおけるよりもyにおいて、よりいっそう大きい。

最後に次のことを付け加える。

基数的なケース：前産業化段階の効用関数の下でのxにおける効用の総和は、産業段階の効用関数の下でのyにおける効用の総和よりも、よりいっそう大きい。

このことは、産業化以前には序数的なケースにおいても基数的なケースにおいてもともに、諸個人はあらゆる実現可能な世界の中で最も良い生活を送っている、ということを意味する。産業化以後には、このことはもはや真実ではない。社会選択はいまやもっとずっと産業化された世界を選ぶだろうからである。しかし、たとえ――基数性を仮定すると――人々は以前よりも〔主観的に〕もっと悪い生活を送っているとしても、産業状態は前産業状態よりも社会的に好ましいとされている。その直観的な意味は、すべての人にとってzはyよりも何らかの客観的な側面（たとえば実質所得や期待所得といった）においてより良いものであり、そしてyはxよりも〔同様の意味で〕より良いものである、ということである――実際のところ、yはxよりもずっと良いものであるがゆえに新しい水準での欲求を創出するのに十分であり、そしてzはyよりもずっと良いものであるがゆえにある水準での欲求不満を発生させるのに十分なのであって、その欲求不満は実際に人々をyにおいて、彼らがxに置かれていたならば享受していたであろうよりも基数的により悪い状況に置く。たとえ（繰り返しになるが）yにおける社会選択がxではなくyを選ぶとしてもそうなのである。「われわれはこれらの奇抜で新しい品物を手に入れることで前よりも幸せになった。しかしいまやわれわれはそれらなしには惨めな思いをしてしまうだろう」。これがありそうもないストーリーではないことは明らかである。

このケースにおいて功利主義者は何を推奨すべきだろうか？ 私の考えでは、序数的な功利主義者は何らかの推奨を可能にするような基礎を一切持たない。x選好〔状態xにおける選好〕に従えば状態xはyよりも社会的により良く、またy選好〔状態yにおける選好〕に従えばyはxよりもより良い、ということ以上には何も言うことができない。しかしながら、基数的な功利主義者は、上に述べられた仮定の上では曖昧さ抜きにyよりもxを推奨しなければならないだろう〔xにおける効用の総和が基数的に見てもっとも大きいのだから〕。そしてこのことは、受け入れられるものではない、と私は主張したい。どんなときでも厚生の損失が最も小さいことの方が自律の増分が最も大きいことよりもいっそう価値がある、というのは真実ではありえない。欲求についての自律が欲求の充足に優越するようなケース、もしくは欲求不満や不幸および反感が積極的に歓迎されるべきケースが存在するに違いない。そして先に描かれた事例における適応的選好からの解放は、まさしくそのような帰結である——すなわち、欲求不満の誘発と自律的な人格の創出である。われわれは精神安定薬を多量に服用させることによって社会的問題を解決したいわけではないし、人々に適応的な選好変化を通して心の平穏を手にしてほしいわけでもない。エンゲルスは前産業化段階の社会における思慮なき至福を強調しすぎたかもしれないし、その思慮なき悲惨を過小評価していたかもしれないが、しかしこのことは「きわめてロマンティックで居心地は良いけれども人間には値しないような生活」という彼の見立ての価値を損なうものではない。[*76]

私は、自分の議論を、欲求不満はそれ自体として良いものであるかもしれないという考えによって基礎づけているのではない。私はこの考えを正しいものとみなしてはいる。というのも、幸福は成就という要素と期待という要素を要求するが、それらは何らかの込み入った経路を通って互いに強化し合うものだからである。[*77] 実際のところ、「欲するもののうちのいくつかを持たずにいることは、幸福の欠くことのできない一部分である」。[*78] しかし、功利主義者はそこで嬉々として、最適な〔水準の〕欲求不満をプランニングするだろう。〔それに対して〕私の議論は、最適〔水準〕以上の欲求不満でさえ、もしそれが自律にとって欠くことのできない一部分であるならば、良いものでありうる、というものである。また私は、いっそう多くの物的財を求めることが人間にとって最良の生活であると論じているのでもない。それを超えて欲求不満になりながらも物的厚生を求めることがもはや適応的選好からの解放を意味せず、むしろ嗜癖的な選好への隷属を意味するようなポイントに、いずれ間違いなく到達することになる。しかし私は、このポイントは産業化の早い段階で至るものではないと主張する。厚生をより大きくするために苦闘することはそもそもの始まりからして非自律的であるなどと論じるのは、洗練のされ方を間違えた人々だけであろう。ロールズ主義者たちは、選択されたライフプランを実現するための——それ自体は中立的な——手段としての基本財を強調するが、これは完全に正しいように思われる。ある段階においては物質的厚生のさらなる増大はそれほど緊急性を持たなくなるという彼の理解についても同様である。[*79] それがそれほど緊急性を持たないものとして経験されるようになるかどうかは、また別の、そしてとても難しい問題である。

私はここで、この例がどのようにして功利主義に対する反論となるのかを厳密に説明すべきだろう。一般的に言って、正義の理論あるいは社会選択の理論には、(他にもいくつかあるがその中でも特に) 満たすべき二つの基準がある。第一に、それは行為の指針であるべきである。重要な状況のほとんどにおいて、効果的な選択をなすことを可能にしてくれるものであるべきだ、という意味で、そうあるべきである。もしある状況において理論がわれわれに、二つあるいはそれ以上の選択肢が等しくそして最大限に良いものであると教えてくれる場合、そこには実質的な意味が与えられているべきであり、ただ単に理論による構築物であってはならない。この後者〔理論による構築物だという特徴〕は、たとえばパレート原理について当てはまる。パレート原理は一人の人物がyよりxを強く選好し、そして他の誰も厳密にxよりyを選好してはいない場合、およびその場合に限って、xはyよりも社会的により良いとするが、その一方で、もしある人物が厳密にyよりxを選好し、別のある人物が厳密にxよりyを選好しているならば、社会はxとyの間で「無差別」であるとする。この原理は、たとえ形式的にはランキングを確立するとしても、行動の指針としては絶望的に不適当である。理論は、いくつかの選択肢が比較不可能であるなどとわれわれに述べるべきではないし、さらにはこの問題を、社会はあらゆる比較不可能な選択肢の間で無差別であると規定することによって乗り越えようなどと試みるべきではない。*80

第二に、われわれが正義の理論に求めなければならないことは、特定のケースにおいてわれわれの倫理的直観を大きく裏切るということがないことである。もしある理論が、コースの定理が要求する場合には精神安定薬を利用すべきであると人々に提案するならば、[81] われわれはそれが悪しき理論であると知っている。実際のところ、そのような直観の正確な役割は十分に解明されているわけではない。もし直観が文化に相対的であるとするならば、なぜそれが非相対的な正義の理論にとっての試金石となるべきなのかを理解するのは難しい。またもし直観が文化に対して不変であるとするならば、それには生物学的な基礎があるのではないかと考えられるが、[82] そのような基礎はむしろ、直観をほとんど倫理と関係ないものにしてしまうだろう。先に第一章第5節で論じられたような種類のプロセスを通じて、異なる直観からスタートした人々が唯一の反照的均衡点に収束するかもしれない、と期待することはおそらくできるだろう。そして、その結果は、人間を文化的あるいは生物学的に決定された存在としてよりもむしろ合理的な存在として表現するだろう。しかし私は、このやり方で価値についての満場一致の同意が現実に生じることはほとんどありえないと論じてきた。しかしながら、以上のような問題があるとはいえ、私は正義の理論がどうしたらまるっきり直観抜きでやっていくことができるのか、理解することができない。

功利主義に対する私の反論は、したがって、功利主義はこれらの考慮の双方について失敗している、というものである。序数的な功利主義はいくつかのケースにおいて決定を下すことに失敗し、また基数的な功利主義は時として悪しき決定を生んでしまう。序数的な功利主義が決定性を欠いていることは、他のケースにおけるのと同様に、選好についての情報が不十分であることに由来する。[83] 基数的な功利主義はより多くの情報を許容し、それゆえ決定問題に対して確実に解答を与える。しかし基数主義でさえ、許容する情報は少なすぎる。諦めによってもたらされる満足は、幸福測定計の上では自律的な欲求の充足と区別できないかもしれないが、それに対して私がここまで論じてきたのは、別の基礎の上に立ってそれらを区別すべきだということであった。

ここで、これらの問題について、本章第2節で提起された分析区分を用いて考えてみよう。反適応的な選好が適応的なものと比べて倫理学にとってそれほど問題とならないのは、反適応的な選好からの解放が自律と厚生とを同時に向上させるからである。私がもはや新奇性や変化を求めるひねくれた衝動を持っていない――あるいはもはやそれらに魅入られていない――時には、非自律的な欲求が充足されないことは、自律的な欲求の充足へとつながるかもしれない。反適応的選好の破壊的な性質は、先に第一章第4節で扱った「向上の結果として死に至る」という考えに関係した例において明らかにされた。そこにおいて、新奇性にとりつかれた人物は、一連の、その変化の一つ一つは一つ前のステップから引き起こされる選好に照らして改善とみなされるような、そのような段階的な変化によって破滅に導かれる。このような執着からの解放は、明らかにそれ自体として良いことであるし、また厚生にとって良い帰結をもたらす。しかしながら適応的選好からの解放は、自律の次元においては良いものでありながら、厚生の次元においては悪いものでありうるのである。

同様の見解は計画的性格形成にも当てはまる。すなわち、計画的性格形成は自律を損なうことなしに厚生を向上させるかもしれない。私は計画的性格形成がそれ自体として自律を促進すると論じている訳ではないが（第一章第3節）、しかし計画的性格形成が自律を損なうものでは決してないということは間違いない。計画的性格形成が厚生を改善するというとき、それは不協和の下にある初期状態と比べてのこともあれば、代替的な解決〔すなわち適応的選好変化〕と比べてのことでもありうるという点に注意すべきである。第一に、計画的性格形成が実現可能な物事を格上げする傾向にあること、そしてこのことは――基数的に言えば――実行不可能な物事を格下げするよりもより良い解決だということを思い出してもらいたい。〔酸っぱい葡萄と計画的性格形成の〕どちらの解決も不協和を縮減するのだが、計画的性格形成は人を基数的によりよい状態に置くのである。第二に、計画的性格形成という戦略が、幸せのためにはわれわれは自分の財力をいくらか超える〔といっても大きく超えるわけではない〕欲求を持つ必要がある、という考え方と完全に両立可能だということに注意してもらいたい。実際のところこの概念は、計画的性格形成の仏教的なヴァージョン、すなわち、欲求不満の中にただ悲嘆の原因のみを見出す立場とは両立しえない。とはいえその立場は質の悪い心理学であって、「不安は被造物の至福にとって本質的である」と述べた点でライプニッツは正しかった、と私は考える。[*84] したがって計画的性格形成は最適な〔水準の〕欲求不満を目標にすべきである。すなわち、人を〔最適以上の欲求不満を持っている〕初期状態よりも良い状態に置くとともに、また適応的選好――それは渇望を実現可能なレベルに、あるいはそれ以下に制限する傾向にあり、結果として最適以下のレベルの欲求不満に帰結する――を持っている状態よりも良い状態に置くような、そんな欲求不満を目標にするべきなのである。

　学習による内発的な選好変化は、倫理学に対していかなる問題も引き起こさないものであるどころか、倫理学によって積極的に要請されるものである。もしあなたが、自分ではそれを好きではないと信じていた物事に挑戦することを通して、最終的に自分はそれが好きなのだと思い至るとしたら、そのときこの後者の〔変化した後の〕選好は、社会選択のための基礎とされるべきものであるし、また社会選択はこのような基礎なしには適切ではありえないだろう。このことはもちろん、新たに形成された選好は嗜癖をもたらすようなものであるべきではないこと、また〔新たな選好を形成する上での新たな〕知識の必要性は性格の実質の必要性によって覆されうること、といった制約条件の下にある。実際のところ、これら二つの制約要件は関連している――永久的長期の選択をなす前に一度はあらゆるものを試したいと決めている人物は、嗜癖と結びついた「夢中な状態」のうちの一つに入り込んでしまっている場合には、ほんのわずかばかりの性格さえ失ってしまうだろう。

しかしながら、状況の誤った理解と選好の誤った形成との間の関係性に関して、困難な問題がいくつか残っている。ここで再び産業革命の代替的解釈、すなわち渇望の増大ではなく過剰な予期に照らしての解釈について考えてみよう。トクヴィル、マートン、そしてヴェーヌの研究から、次のようなことが見えてくるように思われる。現実の流動性がある特定の閾値を下回っている場合、期待される流動性は非合理的に低く、実際のところゼロである。この閾値より上においては、期待される流動性は非合理的に高くなり、ほぼ一定の値をとる。それゆえ、実際の流動性がほとんどない社会においては、選好は現実の状況よりもむしろ認識された状況〔すなわち流動性ゼロ〕に適応し、私がやりすぎあるいは過剰適応と呼んだものの一因となる。同様に、ひとたび社会がその流動性の閾値を超えたならば、非合理的な期待が生成され、それに応じて高い水準の欲求が抱かれることになる。改善への欲求の強さはその成功の見込みについての信念とともに大きくなり、そしてその信念が今度は希望的観測を通じて欲求を育てる。

この見方は、もし正しいとするならば、どんなものであれ単純な方法によっては、非合理的な期待に起因する欲求不満と新しい水準での渇望に起因する欲求不満とを区分することができない、ということを含意する。しかしながら、希望的観測への傾向性が一切存在しないものと想像してみよう。その場合、流動性の実際の比率と期待された比率とは一致するだろう――あるいは少なくともそれらが体系的に異なるということはないであろう。そして合理的な期待は特定の強度の欲求か、あるいは特定の水準の渇望を、それに対応する水準の欲求不満とともに生成するだろう。功利主義者はここで、次のように論じたがるかもしれない。すなわち、合理的な期待が可能になるこのような反事実的な状況においては、それほど大きな欲求不満は生成されず、それゆえ客観的な状況についての改善の後に人々が〔主観的に〕より悪い状況に置かれるということはないだろう、と。厚生についての客観的な実現可能性の上昇にもかかわらず、そしてまたその上昇を理由として、主観的な厚生が低下する、ということが生じるためには、希望的観測が欠かせないのである。

私はこの最後の主張が正しいものであると確信しているわけでは決してない。成功する見込みはあくまで穏当なものであると認識している〔希望的観測を有しているとは言い切れない〕場合でさえ、急性の不満足が引き起こされるにはそれで十分だろう。しかしながら、これは純粋に経験的な問題であり、そしてこのことそれ自体をもって功利主義の評価と関連づけられるべきものではない。功利主義者は、自らの理論の持つ反直観的な含意に直面したとき、そのようなことは現実には起こりそうもない、と答えるだけで済ますことはできない。むしろ、彼は自らの説明を修正するとともに、現実のケースにおいて功利主義と同一の広がりを持ち、かつ、功利主義が失敗するケースにおける正しい解答を与えるような、一つの理論を提出しなければならないだろう。正確には、仮説的なケースに関わるわれわれの直観は現実の諸事例に関わる直観と比べればあまり強いものではなく、理論にとってはもっと融通の利くものであるかもしれない。そのことは結局のところ功利主義者に小さな抜け道が残されていることを意味する。私は、この困難さが持つ重要性について読者に自分自身で評価してもらうために、その抜け穴をこのまま残しておくことにしよう。

一つの方法論的な見解をもって結論としたい。ここでスケッチされた功利主義に対する反論は、ロバート・ノージック（Robert Nozick）の用語法で言うところの正義の結果状態理論（end-state theory of justice）のある特定の形のものに対する批判にもなっている。社会選択理論の目的からすれば、われわれは欲求を所与のものとして扱うべきではなく、その合理性や自律性についても探究を行うべきである。それらは、一般的なケースにおいては、欲求それ自体から直接には読み取れない性質である。信念と欲求に関しての真理および善は、結果状態的な概念である――心的な状態に伴う諸性質は、それがどこから生まれたかとは無関係である。〔しかしそれに対して〕広い意味での合理性（第一章第3節）は、それらの〔心的な〕状態が実際にいかにして形成されたかに依存している。二人の個人は、その信念と欲求に関して正確に同じでありうるが、われわれは合理性、判断力および自律の観点からは彼らに異なった評価を与えるかもしれない。しかしながらこのことは、社会正義が歴史を通じて濾過された所与の欲求に基づいているべきだということを意味しない。第一章第5節において詳しく論じられたように、合理的かつ公共的な議論を通じて欲求を変化させるという、また別の代替的な可能性が存在する。時間軸においては、これは過去に向かう〔物事の原因を探る〕手続きではなくむしろ未来に向かう〔物事を変化させていく〕手続きである。歴史的なアプローチは現実の欲求の構造のどこに誤りがあるのかを診断するために必要とされるが、その治療には当の欲求の構造を変化させることが含まれうるのである。

第四章　信念・バイアス・イデオロギー

《1》はじめに

イデオロギーとは、何らかの社会的グループの地位あるいは（非認知的な）利益を通じて説明することのできる、信念や価値の一つの集合である。私は主としてイデオロギー的な信念について論じるつもりであるが、いくつかの箇所ではイデオロギー的な価値体系についても言及がなされるだろう。イデオロギー的な信念は、バイアスのかかった信念というより一般的なクラスに属するものであり、そして地位に基づく説明と利益に基づく説明との間の区別は、バイアスの形式としての錯覚と歪曲の間でなされるより一般的な区別に、おおよそのところ対応している。社会心理学においては、同様の区別が信念の「冷たい（cold）」因果と「温かい（hot）」因果との間の対立、[*1] あるいは「心理学」と「精神力学」との間の対立によって、[*2] 表されている。

本章の主たる目標は、ここまでの各章が選好形成に対して与えてきたものを、信念形成に対して提供することである。それはすなわち、合理的な心的プロセスが的外れの因果作用によって掘り崩されることになるいくつかの重要な形式についての概観である。先に第一章第3節で簡単に示したように、非合理的な信念形成と非合理的な選好形成の間には密接な類似性が存在する。本章第2節において私は錯覚による信念という現象について議論するが、これと類比的なものはフレーミングによる選好のシフトに見出される。[*3] 同様に、本章第3節において議論される多くの現象は〔認知的〕不協和の縮減のためのものであり、したがって酸っぱい葡萄およびそれに類するメカニズムと密接に類似している。しかしながら、一つの重要な非類似性が指摘されなければならない。適応的選好形成の因果的プロセスが意図的な計画的性格形成と対照をなすものであったのに対して、希望的観測の因果的プロセスはそれと同様の、意図に基づく類似物を持たない。信じようと思って信じることは概念的に不可能だからである。自己欺瞞（self-deception）という概念が、一見したところそのような類似性を提供するものに見えるかもしれないが、実際には一貫しないものであることを私は論じるつもりである。もう一つの非類似性は、希望的観測は酸っぱい葡萄と異なり、大抵の場合において一時的な安心をもたらすのみだ、ということである。現実性が再び自己主張してくるときには、欲求不満と不協和も再び姿を現すだろう。とはいえ実際のところは、希望的観測が有益な帰結をもたらすケースが存在する。本章第4節で私は、有益な失敗という一般的な現象について議論し、それらは本質的に副産物であるがゆえに、矛盾を伴うことなしに政策の基礎とすることはできないと主張する。

本章の二つ目の目標は、マルクス主義のイデオロギー理論にミクロ的な基礎づけを与えること、そしてそれと同時に、認知心理学がいかにして、大学の学生相手の実験によって得られるよりももっと現実的な意味で「社会的」なものとなりうるかについて示すことである。私が考えるに、マルクス主義のイデオロギー理論は潜在的に非常に大きな重要性を持っており、それが未発達の状態にあることは、いかなる種類の証拠と説明が要求されるのかをめぐる見当違いの諸概念に主たる原因がある。何人かのマルクス主義者は、信念と社会構造との間の因果的結びつきを、「構造的ヘゲモニー」――何であれ当の書き手が考える恣意的な類似性のために用いられる、もったいぶった名称である――へと帰することに満足してきた。[*4] 他のマルクス主義者は信念を、その階級利益との一致を通じて、しかしその言葉を定義することもなく、[*5] また当の信念が真理条件を満たすもっともらしいメカニズムを概略的に述べることもなしに、説明してきた。構造的アプローチおよび機能主義的アプローチに反対して、私は、それによってイデオロギー的信念が形成され固定化されるような、心理的メカニズムを理解することの必要性を主張したい。これはさらには、次のようなより広い議論の一部となるものである――マルクス理論は、方法論的個人主義を明示的に採用しない限り、淀んだ状態にあり続けることになるだろう、という議論の。ウィリアム・ブレイク（William Blake）の一節には次のようにある。「他者に善をなそうとするものは、細心の注意を払ってそうしなければならない。……なぜなら学芸は、細心の注意の下に組み立てられなければ存在しえないからだ」。[★1]

それらについての詳細な記述が、認知心理学によって、厳格にコントロールされた実験の中でもたらされている。以下で私は、〔認知的〕不協和理論家たちの研究をかなり一般的なやり方で、また同様の伝統の下にあるエイモス・トヴェルスキーおよびその他の人々の研究については、いくぶんかより詳細なやり方で引くつもりである。とりわけ私は、リチャード・ニスベットとリー・ロスの『人間の推論』によって近年なされた〔それらの研究の〕統合が非常に有益であることを発見した。信念形成についての経験的アプローチと広範な歴史的アプローチとは、交差発展的なものでありうると私は考えている。歴史家は、観察されるパターンのうちのどれが偶発的なものであり、どれが因果的に根拠づけられたものであるのかを理解するために社会心理学を必要とする。そして社会心理学者は、たとえば自身の想像力を刺激しうるものとして、歴史に目を向けるべきである。

《2》状況によってもたらされた信念

イデオロギーについてのマルクス主義理論は二つの別々のやり方で擁護されうる。一つには、信念を階級的地位に関連づける理論として、また一つには、信念を階級利益によって説明する理論として。私はこれらの両方に、さらにはそれらの間の関係に関心を向けようと思う。いまから私は、状況によってもたらされた信念（situation-induced beliefs）という言葉で私が意味しているものについて説明するつもりであるが、まずは私の議論の重要な一部分を構成する一連の否定的な命題の、第一のものを述べるところから始めさせてもらいたい。

第一の命題：ある社会的地位によって形づくられた信念はその地位にいる人物の利益に資するものである、と想定するいかなる理由も存在しない。

そしてとりわけ、階級的地位によって形づくられた思想が階級利益にかなうものである必然性はない。この洞察はレシェク・コワコフスキ（Leszek Kolakowski）[★2]によって明確に定式化されたものである。

予定説についてのカルヴァン主義理論は、商業的な成功あるいは倒産は経営者の意図によるものではなく経済的な強制力によるものであるという事実の宗教的表現である、とエンゲルスが述べたとき、彼の主張に同意するかどうかにかかわらず、われわれはそれを単なる因果的連関の主張とみなさなければならない。なぜなら、外在的な力（すなわち神意の「神秘化された」形態としての市場）への完全な依存という考え方は、経営者の利益を促進するものではなく、むしろ彼に無力の印を押すものだからである。*6

前後関係を見ると、コワコフスキがこの点について、いささか明晰さを欠いていたことがわかる。というのも彼はただ信念の因果的決定と目的論的決定とを区別しただけであり、温かい因果と冷たい因果との区別まで進んでいないからである。彼は、「信念は当の階級の利益によって引き起こされている」というフレーズと「信念はその階級の置かれた状況が原因となっているものである」というフレーズを同じ意味だと考えているようであるが、これは私からすると誤りである。他方で彼は正当にも、それらのフレーズのうちの第一のものが「信念は当の階級の利益にかなっている」と同じ意味ではない、ということを見て取っている。実際のところ、信念の因果的説明と目的論的説明との間の区別と、地位による説明と利益による説明との間の区別、これら二つの区別は相互に影響を及ぼし合い、全部で二つではなくむしろ三つのケースをもたらす。すなわち、地位に基づく因果的説明、利益に基づく因果的説明、そして利益に基づく目的論的説明――つまりはここで私が機能的と呼ぶところの説明――である。おおまかに言って、これらがそれぞれ、本章の本節、第3節、第4節の中心となる。

この曖昧さからすれば、コワコフスキの洞察を私の第三の命題（本章第3節）の一つの実例と見ることもできるだろう。しかし彼がエンゲルスから引いてきた例は、明らかに第一の命題に該当するものである。このケースもまた、ある実態的な観点から見て興味深い。それが依拠しているのは、競争的市場における行為者たちは、自分の行動は価格に影響を与えることができないという経済学的事実を一般化する傾向にあり、それゆえ彼らは（自分たちにとって重要な）非物質的な要素に関して等しく無力であると信じるようになる、という考え方である。ウェーバーの分析とは異なり、このケースは実際に、資本主義的起業家がカルヴァン主義を信じていたという帰結についての一つの分析を提供するのみならず、なぜ彼らはそれを信じていたのかについての一つの説明を提供する。ウェーバーにとっては、カルヴァン主義が資本主義を支えていたのであって、その逆ではない。少なくとも資本主義の発展の初期段階、後には競争的市場を通して実現された強制という要素を宗教が提供しなければならなかった頃においては、そうである。[*7]〔これに対して〕エンゲルスの分析からの自然な推論として次のことが言える。すなわち、競争の不完全な資本主義は「支配の錯覚」を促進する傾向を持つはずであり、それゆえ、量的調節を行うプライステイカー以上のものである行為者たちもまた[★3]、自分たちの行為は自分たちの救済に違いを生じさせるのだと信じるようになるはずである、と。そしてより一般的には次のことが帰結するように思われる。完全な市場は依存的な態度を、不完全かつ戦略的な市場は（他の領域ではそれほど正当化されえないような）制御的かつ相互依存的な態度をそれぞれ発展させる傾向にある、と。

　このケースに特徴的なことは、この後に議論するいくつかの例に特徴的なことでもあるが、当の信念を持っている人が自身のおかれた局所的な環境が有するいくつかの特徴を一般化して、より広い文脈においてもそれが成り立つと誤って信じていることである。（その信念が実際のところ正しいものであることもあるかもしれないが、だとしてもそれはただ偶然のみによるのであり、証拠によって根拠づけられているからではない。）その信念を抱いている人は、彼の小さな世界が特定の法則に従っていること、あるいは特定の記述の下にあることに気がついており、そしてこのことがより広い文脈においても成立するに違いないと軽率に仮定している。認知心理学の言葉で言えば、これは標本バイアスおよび「利用可能性ヒューリスティック」への過度の信頼に起因する推論の誤りと呼ばれうるものであるが、[*8] しかしそのように呼ぶことが完璧な記述になっておらず、この現象の特異性を掴み損ねてしまっていることは明らかである。私の考えるところでは、次のように述べることでこれを最もうまく捉えることができる。すなわち、この信念を抱いている人は偏った視野を——フランス語で“partiel（部分的な）”および“partial（偏った）”と表現される二つの意味のうちのどちらかの意味において——持っているのだ、と。（このうち後者の意味が、後の第3節における主題となる。）ここで議論してきたイデオロギーの重要な特徴は、それが部分についての論理に従って全体を理解するということを体現していることにある。

　一つの重要な特殊ケースは、合成の誤謬に由来するイデオロギーについてのものである。合成の誤謬とは、ある集合の個々の要素を別々に見た場合にどの要素についても当てはまる因果的メカニズムは、それらの要素を全体として見た場合にも当てはまるに違いない、とみなす信念のことである。[*9] 第二章第9節においてて私はこの誤謬の一例に簡単に言及した。すなわち、恋愛結婚が例外とされる社会では恋愛結婚は不幸になる傾向があることをもって、恋愛結婚が通則となるであろう民主主義には反対する理由がある、とする（トクヴィルによって非難された）信念である。今から私はこの誤った推論形式について、他の若干の例を提示していこうと思う。

イデオロギー的な信念体系のとりわけ重要なケースの一つは、ある社会において抑圧され搾取された階級は、彼らを抑圧する社会階級の正しさ、あるいは少なくともその必要性を信じる傾向がある、というものである。この信念は大部分において歪曲に、すなわち合理化のような情緒的メカニズムによるものであるのかもしれない（本章第3節）。しかしそこには錯覚の要素も、すなわち純粋に認知的な要因に由来するバイアスの要素もある。ポール・ヴェーヌは、古典古代における隷属的な人間はみな、自身の生活と自身の安全を自らの主人に負っていると信じなければならなかったのだと論じているが、これは説得力があるように私には思われる。「私が生きていることも、この神の恩寵の下にある保護者のおかげである。というのももし彼がおらず、彼が所有し私がその上に暮らしている広大な領地もなかったならば、私はどうなってしまうだろうか？」。[*10] 他の誰よりも軽蔑されたのは、ローマの平民であった。「なぜなら平民は誰にも属さない、何でもない存在だからである」。[*11] この論理によれば、主人がいなければ自分はより悪い状況に置かれるだろうということから、主人たちのいない世界は耐えられないものであるということが帰結する──そこではいったい誰が雇用と保護とを提供してくれるというのか？[*12]

同様の錯視によって、農奴と領主の間の随意的かつ相互利益的な交換として――後者が保護を提供しその返礼に財と労働サービスとを受け取るものとして――封建制を説明する理論を説明できるかもしれない。[*13] 自発的かつ合理的な協定という錯覚は、次のことに気づいたとき、姿を消す。領主が保護を提供していたのは主として他の領主たちに対抗するためであり、これは一人のギャングが対立するギャングたちからの脅威を指摘することでみかじめ料の取り立てを正当化することがあるのとほとんど同じである、と。封建制は、おそらくナッシュ均衡だったのだろう――他のすべての人が自分と同じように行動すると仮定したならば、服従がそれぞれのコミュニティにとって最適であったという意味において。しかしながら、不服従もまた、一つの均衡であっただろう。というのも、もしすべてのコミュニティが自分たちの領主を支えることを拒否したなら、略奪的な領主を恐れることはなくなり、したがって保護を受ける必要性もなくなっただろうからである。

最後に、同様の錯覚が、資本家の搾取についての新古典派理論の根底に存在している。より一般的に言えば、労働者全員のための居場所が論理的に存在しないような状況においては、労働者は一人一人それぞれが生産したものに従って支払われるべきだ、と論じるすべての理論の根底に、同じ錯覚がある。新古典派理論は、もし限界生産物に従って支払われているならば、[*14] すなわち、もし個々の労働者がまるで雇用される最後の人物であるかのように――より適切に言えば、解雇される最初の人物であるかのように――支払われているならば、労働者は搾取されてはいないと述べる。個別の賃金交渉によって、それぞれの労働者が自分自身をこの見方の下に捉えるように仕向けられることも実際にありうる。というのも、雇用者は労働者の一人一人を解雇〔をちらつかせること〕によって脅し、そして一人一人に対して受け取った分の価値以上に支払うことはほんの少しだってできないのだともっともらしく言うことができるからである。しかしすべての人が限界的な状態にあるということはありえず、そして限界以下の生産物は典型的に限界生産物より〔価値の〕大きなものとなる以上、個人的契約ではなく集団的な契約が存在する場合にはこの議論は崩壊してしまうのだ。同様にマルクスは、それぞれの労働者に対して、彼が他の労働者との協力関係に入る前に自分自身で作ることができたものに従って支払うことによって、資本家は協業から利益を刈り取ることができたのだ、と論じた。

独立の人格としては、労働者は、同じ資本には関係するが、相互には関係しない個々別々の者である。……〔協力して労働した際に労働者たちが発揮する生産力は〕資本にとってなんらの費用をも要しないのであるから、また他面では、労働者の労働そのものが、資本のものとなる前には、労働者によって展開されないのであるから、この生産力は、資本がほんらい具有する生産力として……現れるのである。*15

これらの例が示しているのは次のことである。すなわち、抑圧され搾取されている人々は、社会的・経済的構造において彼らが置かれた地位のゆえに、自分たちの利益に資することのない形で社会的因果関係を捉える傾向にあるのだ、と。しかしそれに対応する形で、彼らの信念は確かに彼らの主人の利益に資するものとなっている。そしてまさしくこの点において、社会における信念体系と支配階級の利益との間の体系的かつ説明力のある相互関係を主張するマルクス主義イデオロギー理論には、一つの重大な混乱がある。私は次の命題でこの理論に反論する。

第二の命題：ある社会的地位によって形づくられた信念は支配的あるいは優位グループの利益に資するものである、と想定するいかなる理由も存在しない。

とりわけ、支配階級という地位によって形づくられた見解はそれ自体として一般的にその階級の利益に資する、と考えるいかなる理由も存在しない。コワコフスキによって議論されたエンゲルス由来の例はこの点を説明してくれる。資本家階級は、経済的構造の中で置かれたその地位のゆえに、労働者たちと同様の錯視に陥りがちであるということも示すことができるかもしれない。たとえばマルクスは、重商主義者に特徴的な貨幣と資本の混同は、経験豊富な資本家にとっての両者の等価性によって説明されうると論じた。

彼の資本が出発点においてすでに貨幣資本として存在するにせよ、あるいはこれから貨幣資本に転化されるべきにせよ、それを利子付資本として貸付けようとするか、生産資本として自分で価値増殖しようとするかは、彼の勝手である。しかし、［この議論が］一般的に解されるならば、すなわち社会資本全体に適用されるならば——それは若干の俗流経済学者によってなされるところであるが

――これはもちろん狂気の沙汰である。[16]

この〔マルクスが批判している〕議論はなるほど確かに馬鹿げたものであるが、しかし数百年の間、重商主義者の推論の基礎をなしていた。われわれは一七世紀の官房学者たち（cameralists）が次のように論じていたことを知っている。すなわち、貨幣が国内にとどまる限り、戦争が経済を衰弱させることは決してないだろう、と。まるで兵士たちが金銀によって生きているかのような言いぶりである。[17] 重商主義に関する歴史家によれば、この考え方はドイツの経済学者たちの間で、第一次世界大戦の最中にもなお優勢であり、[18] 地域によっては今なお暗黙の前提として生き残っていることは疑いないという。それは資本主義的起業家たちの実際の選択状況からはっきり直接に導かれるものであるが、しかし明らかに資本家階級の利益に反する。

最後の例として、ジョージ・カトーナ（George Katona）の次のような議論を考えてみよう。製造業者は、一般税率の上昇が一般物価水準にどれだけの影響を与えそうだろうかと尋ねられたとき、価格は上昇するだろうと答えがちである。というのも、彼の限られた経験の範囲内では、税率の上昇はコストと価格設定へ及ぼす影響において賃金の上昇と同じものだからである。[19] ケインズ主義的な推論は、その総計としての影響は逆方向であろうということを示している。その〔上昇した〕税率は総需要を低下させ、したがって価格を低下させるだろうからである。そして、もし典型的な製造業者の見方が政策の基礎として用いられたならば、製造業階級に対する影響が否定的なものになるであろうことは明らかである。実際のところ、現実についての錯覚による認知は一般的に言って現実に対する効率的な操作の助けになることはないだろう、ということを示す上でさらに議論を拡張する必要は全くない（なお本章第4節ではこの言明にいくつかの例外があることを見ていくつもりである）。同様の理由によって、われわれは一般に次のように推測してよいかもしれない。すなわち、抑圧された階級の錯覚は支配者たちの利益のためにうまく働くものであるが、しかし説明されるつながりが一切存在しない場合にはこのことは大して重要ではない、と。実際のところ、この言明は「抑圧された階級」を「支配者たち」で置き換える（そしてまた逆も行う）としてもなお真実のままである。

私はここまで、異なる社会階級は、経済的構造において異なる地位にあることをそれぞれに自覚するがゆえに、社会的因果関係について異なる種類の誤りを犯すのだと論じてきた。私は暗黙のうちに、根拠のない一般化をなす傾向は、それ自体としては階級を横断して不変のものであると仮定してきたが、しかしもちろんこれもまた疑問を付されうる。すなわち、〔一般化の傾向を方向付けるところの〕社会的地位のみならず、局所的な因果関係をグローバルな因果関係へと一般化しようとするその傾向性もまた、社会階級ごとに異なってくるということが事実であるのかもしれない。この要因は、もし実際に影響力があるとするならば、おそらくは現状の階級状況よりもむしろ階級的出自に関連したものだろう。私は認知的処理能力におけるそのような階級関連的な相違の存在に関して、本当にまったく何の考えも持っていないが、しかしその相違はイデオロギーについての理論にとって、無視されるべきでない一つの論理的可能性を提示している。内的・心理的な装置が外部状況と相互に作用して何らかの結果を、たとえば選択、選好、あるいは信念を生み出すあらゆるケースと同様に、社会的因果関係の問題は状況の主観的要素と客観的要素の双方に対して生じるのである。

《3》利益によってもたらされた信念

信念はしばしば感情によって歪められる――おそらくは、主に希望的観測と合理化を通じて、しかしそれのみならず（いわば反適応的選好のアナロジーとしての）過度のペシミズムへの傾向のようなもっとひねくれたメカニズムを通じても。私はここで希望的観測およびそれに関連する諸現象に焦点を絞ろうと思う。希望的観測という言葉を私は、信念を形成する一つの傾向を指して用いる。すなわち、ある信念について、それが真実であるような世界をそれが真実でないような世界よりも好む場合に、まさにそれを好んでいることを理由としてその信念を形成する傾向を指して用いる。この現象を、信じようと思って信じる、という現象とははっきりと区別したい。それは因果的なプロセスというよりもむしろ意図的な選択である。信じるという決定は自覚的な欲求によって形づくられるが、希望的観測は非自覚的な衝動によって形づくられる。さらに、希望的観測から引き出された信念が存在することは誰も否定しないだろうが、信じるという決断は決して成功裏に成し遂げられることはないだろうと論じることは可能である（第二章第2節）。どこかでサルトルが述べているように、人は眠りに落ちていくように悪い運命に落ちていくのである。

同様に、希望的観測は自己欺瞞とも明確に区別されるべきである――もし自己欺瞞という現象が実際に起こりうると仮定するならばであるが。多くの書き手がこれらの言葉を互換的に用いているが[*20]、そのように通俗的に理解された自己欺瞞の概念は、希望的観測の概念であれば陥らないパラドックスを含意してしまうと私は論じたい。自己欺瞞は二つの相互に両立不可能な、あるいは相矛盾する〔それゆえ自己欺瞞それ自体を不可能にする〕信念を同時に心に抱くことを意味している、というのは事実ではない。*21 むしろパラドックスの根本は、自分自身を騙そうとする人が自らの信念のうちの一つを自分自身の目から意図的に隠し、そしてそれとは別の信念を自らの公式見解として公言する、という〔自己欺瞞が有する〕奇妙な特徴にある。成功した自己欺瞞という考えは、従って、二つの密接に関連した疑問を提起する。いかにして「本当に」（どこかで、どうにかして）信じているものを意図的に忘れてしまえるのだろうか？ そして、この不可能な離れ業を達成したとして、いかにして、それを信じる適切な根拠など存在しないと信じてもいるような物事を信じようと思って信じるということが成し遂げられるのだろうか？ 第二章第2節において私は、忘れるという決断はパラドクシカルな特徴を持っており、それを遂行しようと懸命に試みるほどに成功の見込みが少なくなってしまうことを論じた。それはまるで光によって暗闇を創ろうとするようなものなのである。これに関連した理由によって、信じようと思って信じることもまた、人間の能力を超えた芸当であるように思われる。

しかしながら、意志の弱さという関連ケースにおけるのと同様に、自己欺瞞の概念の非一貫性をめぐる理論的な主張は、この現象の現実性を立証する膨大な臨床上の、フィクションの、そして日常の経験に直面したならば、ただ雲散霧消してしまうばかりであるように思われる。それゆえ、自己欺瞞の理論的分析の必要性が生じる——それはいったいぜんたいどうしたら可能なのか？ これに答えようとするよく知られた試みには、フロイト、〔ロイ・〕シェーファー、サルトル、そして〔ハーバート・〕フィンガレッテによるものがあるが、私の見解では彼らのうちの誰も説得的ではない。というのも彼らは皆、基礎的なパラドックスをいっそう難解な形で再生産する傾向にあるからである。[*22] 私はむしろ一つの多角的な戦略を提示し、表面上は自己欺瞞のように見える物事の様々な事例を様々なやり方で説明するつもりである。[*23] それらのほとんどは簡単に言及されるにとどまるであろうが、しかし希望的観測の概念――私の見解によれば自己欺瞞の概念に対する最も妥当な代替案である――については、いくらかより詳細に論じられるだろう。

第一に、いくつかのケースは自己欺瞞の、不成功に終わった試みでありうる。その場合には、矛盾した目標を実現しようとする他の試み以上にパラドクシカルなところは何もない（第二章第1節）。第二に、いくつかのケースは高階の信念と低階の信念を区別することで理解することができる。私は熟慮によって、特定の低階の信念、すなわち、より高階の信念に対して実質と実体を与えることでそれをいっそう我慢できないものにしてしまうような低階の信念について、獲得しないという選択を下すことができる（「私はその詳細を知りたいとは思わない」。）第三に、いくつかの例は性格改変の不成功に終わった試みと見ることができる。自分自身の性格についてのあらゆる描写の中には、性格を変えるという目的のために開発されうるような、何かしら未決定な部分が存在している――どれだけ多くの余地があるかを前もって正確に知ることはできないにしても。毎年たくさんの通俗心理学の手引書が出版され、自信を手に入れることは可能であると人々に説き、そして単にそうするという意志のみに基づく自力引き上げが行われている。一般的には非常に滑稽なものであるとはいえ、そこには真理の一つの核心がある。というのも、一般に、自己の再記述によって引き起こされたゲシュタルトスイッチによる何らかの前進がなされることはありうるからである。★4 そして人は一般にどれだけの前進が可能であるかを前もって知ることはできないため、あまりに多くのものを達成しようとして自己欺瞞という欠点にその身をさらしてしまうかもしれない。第四に、私は、後になって何事かを信じるようになる、ということを現時点で成し遂げられるかもしれない――もし私が〔その信念を抱くに至る〕過程それ自体の忘却もまた同時に引き起こすことができるならば。自己欺瞞のこの変種はいわば、当の過程から導かれる結果（すなわち特定の信念）と、（その信念が抱かれるために必要な）当の過程の記憶からの消去との、結合生産の一例だろう。実際にはそこでハンモック問題（第二章第3節）およびそれに関連する困難にぶつかるかもしれないが、しかしそれらの諸困難はあらゆるケースにおいて克服不可能だとは限らない。そして第五に、希望的観測がある。

自己欺瞞と希望的観測との間の区別は、精神は自分自身を意図的に欺くことができると――上に挙げた諸戦略によってはまだ述べ尽くされていないような意味において――信じている人にとっても、受け入れられるものでなければならない。この区別についての私の主張は次のようなものである。希望的観測によって人は、ただ真実であるのみでなく（実際のところ真実性はここでは関連性を持たない）、利用可能な証拠に対応しているという意味において十分に根拠づけられてもいる信念に到達することがある。希望的観測はその定義から、証拠によって因果的に根拠づけられているということはありえないが、しかし証拠によって支持されるということは十分にありうる。それとは対照的に自己欺瞞は、人が公式に抱いている〔他人に対して表明している〕信念と、証拠によって根拠づけられていると信じている信念との間の二重性を、不可避的に伴う。例として、昇進を望んでおり、またそれを望んでいることによって自分は間もなく昇進するであろうと信じるようになってしまった人について考えてみよう。もし彼に利用可能な証拠は異なる方向を指し示しており、彼はどうもそのことに気づいてはいるのだが、しかしその知識を自身の目の届かないところにうまく隠して昇進はすぐそこなのだと信じているならば、われわれはここで自己欺瞞について話しているのかもしれない。しかしまた、その人は自分が間もなく昇進するであろうと信じるに値するかなり信頼できる根拠を手にしており、しかしそれらの根拠についての考え抜かれた判断によってではなくむしろ希望的観測によってその信念に至ったのだという可能性もある。そこには何らの二重性もなく、現実原則と快楽原則の間の対立もなく、[★5]証拠が私に信じよと教えるものと私の欲求が私に信じさせるものとの間の対立もない。不愉快な真実や十分に根拠づけられた信念を自らから隠しているのではないかと疑う余地はそこにはない。十分に根拠づけられた信念が、当人が真実であってほしい思うものでもあり、実際のところ彼はそれが真実であることを欲するがゆえにそれを信じているからである。彼はそれを信じる適切な理由を持っているが、彼がそれを信じるのはその理由によってではないのである[*24]。

これは単なる抽象的な可能性ではなく、毎日の生活の中でしばしば遭遇する事態である。われわれはみな間違いなく、自己満足に浸っている人々に出会ったことがある。その自己満足は正当化されていることもあればそうでないこともあるだろう。正当化されているとすればそれは、彼らが自分自身に満足する適切な理由を持っているからであり、正当化されていないとすればそれは、もしその理由が消えてしまったとしてもそれ以前とちょうど同じだけ満足しているだろうと感じられる場合である。あるいは、この反対のケースとして生粋のペシミストについて、すなわち、状況についての評価が証拠によってただ一度だけ正当化されているような〔いちど悲観的になって以降は、判断を好転させるような情報があっても悲観的な態度からそれを受け入れようとしない〕ペシミストについて考えてみよう。彼は正しいしまた〔彼の信念は〕正当化されているが、しかし彼は正しいし正当化されているのだと述べることはためらわれる。第一章第3節で論じたように、信念が合理的であるとされる基準は、証拠と信念との間の実際の因果関係について見ることを必要とするのであって、証拠と信念とのただの比較では不十分である。あるいは、もしこの言葉遣いが受け入れられないとすれば、われわれは信念の合理的な形成と合理的な信念の形成とを区別しているのだと言ってもいいかもしれない。

私は、この主張は次のことを示すものと考えている。すなわち、いくつかのケース、つまり欲求から生まれた信念が証拠によっても導き出されているケースでは、少なくとも、希望的観測は自己欺瞞を含まない、と。しかしそうであるならば、なぜ同様の議論を他のケースに適用してはならないのだろうか？　なぜ、希望的な信念を抱く者が、次のような四ステップの過程を通過することなしに〔すなわち自己欺瞞なしに〕、直接に心地よい信念へ向かうことはありえないのだろうか？　(1)十分に根拠づけられた信念に到達する、(2)その信念が不快なものであると思い至る、(3)それを抑圧する、そしてただ(4)別のもっと受け入れられる信念に固執する。さらにまた、なぜ、不愉快な信念の不快な影響力は、心地よい信念の魅力を超える説明上の特権を有しているのだろうか？　〔以上のように自己欺瞞が詳細な議論を要求するのとは〕反対に、詳細な議論を必要としない点で、希望的観測は自己欺瞞よりもいっそう倹約的な説明である、という見解を私は提示する。実際のところ、自己欺瞞を希望的観測で代替することは、理論的実在としてのフロイト的無意識の排除――それは非常に望ましい目標である――に向かう最初の一歩だと私は考えている。

この一般的分析にいくらかの内実を与えるために、次の二つの歴史的な例を検討してみよう。ヒトラーの「最終解決」に関する真実の抑圧、および一九世紀における中国の西洋との遭遇である。固有の論点について説明する際には、より簡単にではあるが他の例についても言及するつもりである。

『恐るべき秘密』の中でウォルター・ラカー（Walter Laqueur）は、なぜヒトラーによる虐殺を知らせるニュースは、ドイツ人たち、同盟諸国、中立諸国の間に――それらすべての国々におけるユダヤ人たちを含めて――受け入れられるまで非常に長い時間がかかったのか、その理由を広範に調査している。目下の関心にとりわけ深く関連しているのは、以下のような彼の見解である。第一に、一九四二年の終わりまでには数百万人のドイツ人が、ユダヤ人問題がラディカルに解決されていることを知っていたにもかかわらず、その詳細はずっと少ない数の人にしか知られていなかった。[*25] 先に述べたように、詳細な知識の欠如は、心に抱くことがより容易であるような一般的知識を作り出す可能性がある。これと関連するがしかし異なる考え方は、「多くのドイツ人がユダヤ人はもはや生き残っていないと考えていた一方で、彼ら〔ドイツ人〕は必ずしも彼ら〔ユダヤ人〕が死んでしまったと信じてはいなかった」というものである。[*26] これはしかし、一つのかなり一般的な現象、自分自身の信念から論理的な結論を引き出すことに失敗するという現象の、一つの極端な例である。[*27] その失敗は不完全な認知か、あるいはこのケースにおいてありそうなことであるが、情動的な圧力によるものであるだろう。後者の可能性は、希望的観測と区別された自己欺瞞が存在する、非常に明白な事例を提供する。というのも、すでにどうにかして引き出されていたのでない限り、いったいどうすれば、不愉快な結論が〔その結論に至る〕推論を塞ぐということがありうるだろうか？　私はこの反論に対して簡単には答えることができない。

第二に、失敗が演繹的な論理についてではなく、むしろ証拠から引き出される判断と推論について生じているケースも存在した。ここには明らかに希望的観測の射程が広がっている。そして希望的観測こそが、ナチスに占領されたたくさんの国々におけるユダヤ人たちが陥りがちであったと思われるものである。デンマークのケースのように、逃亡が容易であったときでさえ、多くのユダヤ人たちは「そんなことがここで起きることはありえない」と、あるいは「そんなことは他の場所でも起きなかった」とさえ、信じていた。国外追放された親族からの手紙の中に、ドイツによる根絶活動について、ニュース以上に価値のあるものはほとんどなかった。[*28] そしてまた追放された知人たちの大多数からは便りがなく、考慮に含みようがなかった。[*29] そのようなケースにおいて機能しうる多くの希望的観測のメカニズムについて、次のようなリストを挙げることもできる。証拠の選択的な重みづけ、選択的な走査、[*30] 新たな証拠の断片を集合的にではなく別々に評価すること、[*31] そして消極的な根拠――すなわち、こうあってほしいと思う仮説がもし真実であったなら期待されるはずの証拠の不在――を考慮に入れ損なうこと。逃亡が困難でありまた脅威がよりいっそう明らかだった場所、たとえばポーランドや東ヨーロッパ全般において、理解の失敗はよりいっそう自己欺瞞に似て見える。ラカーはそれを、〔病気によって〕死んでゆこうとしている男たち・女たちの奇跡的回復への信仰と比較した上で、そのアナロジーはいささか誤解を招くものであると付け加えている。

というのも、彼によれば、脅威にさらされたユダヤ人たちは、がんによって死にゆく人とは異なり、自らの置かれた状況についていっそう現実的な評価を抱いていたならば利益を得ていただろうからである。[32] 私は、自己欺瞞に至る論拠は死にゆく人における方がより強いと考える。彼の中での奇跡的回復への信念は、典型的にはより早い段階での懐疑か、あるいは徹底的な否認に取って代わるものである。自分自身は無防備ではないと信じているユダヤ人のケースにおいて、これに対応するものは何もない。そしてまた奇跡的回復への信念は、いくつかのケースにおいては、他のすべてが失敗し失うものが何もなくなった時点での一つの合理的な選択である。これらの理由のために私は、死に行く人々との比較は、（希望的観測と区別される）自己欺瞞を東欧ユダヤ人に帰する根拠とはなりえないものと考える。

第三に、同盟諸国および中立諸国における非ユダヤ人たちの無知は、部分的には証拠の欠如に、また部分的には証拠を評価する能力の欠如に起因していた。多くの同盟諸国の政府は、知っていたことを公表するのをためらった。それは、そうすることが戦争遂行努力から人々の注意を離れさせるのではないか、占領下の諸国におけるユダヤ人たちを退廃させる結果をもたらすのではないか、国民の中の潜在的な反ユダヤ主義を解き放ち現実に不信をもたらしさえするのではないかという恐れからくるものであった。この最後の恐れは、第一次世界大戦におけるドイツの残虐行為についてのでたらめな物語の結果として、人々が恐ろしい物語に対して「暗示にかかりづらい」状態になっていた、という理論に依拠している。[33] そして政府もまた諸個人と同様に、多くの報道は誇張されており、ユダヤ人の想像力の、あるいはその煽動の結果であると考える傾向にあった。一つの特殊な例の中で、ラカーは非ユダヤ人の証人について次のようにコメントしている。「彼のことを知っていた人たちは、彼のことをいささか当てにならない証人と評した。しかし、ここが大事なことなのだが、この時点で彼は決して誇張していたわけではなかったし、彼の興奮は見当違いなものではなかったのだ」[*34]。私はこれに同意するわけにはいかない。ある人物が信頼の置ける証人とみなされていたかどうかということが、そのときまさに問題であったのだ。というのも、彼がそうでなかったからこそ、彼のもたらす証拠は独立した確証を与えることができなかったのだからである。もし最悪のことが真実であるならば、最悪のことを信じたがる傾向性が正しい信念を生み出すかもしれないが、しかしその信念は合理的に根拠づけられてはいない。また先に見たように、このことは最悪のことを信じる根拠が存在する場合にも妥当する。というのも、仮説によって、それらの基礎は当の信念を生み出す上で因果的な効果を生み出していないからである。

私はこれまでにも何度か、ジョセフ・レヴェンソンの感嘆すべき研究である『儒教中国とその近代における運命』に言及してきた。全三部からなるこの研究の第一巻は、主として希望的観測と、その密接した関連概念である酸っぱい葡萄についての研究である。先に第三章第2節において私は「体‐用（t'i-yung）の誤謬」、すなわち機能や外面の変形を経ても実質や本質は無傷で維持されうるという信念についての彼の分析に注意を向けた。現実には、「漢学はその機能のゆえに内実として評価されるようになったのであり、機能が奪われてしまったときにはこの学問は衰退してしまった」[*35]。技術による精神の汚染、すなわち用による体の汚染は、中国において、推測されるところでは……自分たちの優れた技術によって異邦人たちを統制するための……防衛軍備の最低限の手段の強調とともに始まった。そしてすぐに、欠くことのできない優れた技術のリストは、工業、商業、鉱業、鉄道、電信を含むように拡張していった。……そして本質的であったところの伝統的態度は、中国の本質を守るために有益な技術を追い求める人々によって、ほぼ誰も意図せぬままに霧消させられてしまった。*36

ひたすら生きんがために、生きるべき理由を失うことを〔最大の不正と心得よ〕★6。

中国の伝統主義者たち、中でもその急先鋒となった倭仁は、「体と用の二分法について、それが何であるのかを、すなわちそれが技術革新の含意についての自己欺瞞の信条であることを、理解していた」*37。その代わりに彼らは、中国文化は忠誠に焦点を当てるものへと変化させられるべきだと提案した。国家と文化の両方を守ることが不可能だったからである。別の言い方をすれば、伝統的な中国文化を守ることは、少なくとも西洋の挑戦に対する応答の第一波においては、革新主義者と伝統主義者の間の共通の土台であった。しかし守ることは土台にしかならなかった——防衛はすなわち弁明であった★7。この概念にコメントする際に、レヴェンソンはここで提起されている分析に絶妙に合致する見解を打ち出している。

弁明論について述べることは、中国の思想家たちが、西洋の要求に対抗して中国文化の価値を弁護する中で何か真実でないことを言ったのだと述べることではない。真実であるものは、弁明者たちがそう主張したからといって、真実でなくなるわけではない。しかし、弁明者たちは、彼らが主張したことが真実である——すなわちそれが考慮に値する主張である——からといって、弁明がましくなくなるわけではない。*38

弁明者たちの手の中で、適切な理由は説得の道具へと形を変えた。受け取り手は厄介な立場に置かれた。果たして彼らはその理由を聞くべきだったのだろうか、それともその理由が提起された声の調子を聞くべきだったのだろうか？　誤った確信の中で促される適切な理由を受けいれることができるためには、通常の意味で適切な確信以上のものがなければならない。

レヴェンソンは、倭仁とその追随者たちもまた反啓蒙主義であり、別のよりいっそう込み入った意味において非合理的であったと論じている。

彼ら自身の妥当な土台の上に立って、〔体-用の合理化論者たちは、〕ただ「用いるために」輸入された西洋的手法の不吉な潜在性に対して共鳴するところが、反動主義者よりも少なかった。しかしながら、技術革新に向かうその特殊な合理化の論理的な不適切さを感じ取ったことについて反動主義者たちが自慢気になるのもおかしなことではないとはいっても、彼らの結論——合理化を変化させるのではなく技術革新を止めなければならない——は根拠が薄弱であった。というのも彼らは、技術革新は不可避であり、何らかの（論理的であろうがなかろうが）合理化が心理的に必然であった、ということを認識するのに失敗した点で、反啓蒙主義者だったからである。*39

私はこの一節を、伝統主義者は成功する望みのない引き延ばし作戦を戦っていたのだという主張として受け取っている。このことがそれ自体として彼らを反啓蒙主義者にするわけではない。しかし、自分たちの行動が望みのないものであり技術革新は不可避であるということを彼らが理解し損ねたことは、彼らが体ー用思想の反対者たちに劣らず希望的観測の犠牲者であったことを示している、とレヴェンソンは主張しているように思われる。とはいえこれは微妙なところのある議論であり、非常に注意深く用いられるべきものである。政治においては、どこまでが不可避なのかを示す境界線は行為の褒賞であり行為の結果〔として得られるもの〕であって、行為に先立って存在する制約ではない。*40 現実には、その境界線は無限の弾力性を持つわけではない。それを超えて行くことができない、外部の境界線が存在する。しかし、政治的な地図の上のどこにそういった外部の境界線が置かれているのかを常に前もって知ることができるだろうか？　いくつかのケースにおいてはそのような知識の獲得が可能であり、そしてそのような場合において不可能な物事に向かって奮闘するのが反啓蒙主義者であると、私は考えている。しかし他のケースにおいては、希望的観測の（あるいは自己欺瞞の）発生は、今日のわれわれが理解しているものをその時点の人々も知っていたはずだと考える遡及的な幻想に起因している。この現象は先に私が性格改変の不成功の試みとして記述したものと関連している。この試みもまた、自力引き上げによって達成されうるものについて外延的限界を定めることの、事前的な不確実性に注目するものである。

先に本章第2節において示した第一の命題とパラレルなものとして、ここで第三の命題を提示しよう。

第三の命題：利得によって形づくられた信念はその利得に資するものになる傾向性を持つ、と想定するいかなる理由も存在しない。

非常に一般的な基礎の上に立てば、錯覚による信念がそうできないのと同様に、歪められた信念が目標達成にとって非常に役に立つものとなるだろうと予測することはできない（ただし一つの例外について本章第4節を参照）。もし私が希望的観測から、自分の昇進はすぐそこであるという信念を形成したならば、それに引き続いての私の不適当な自信の表明は、私が持っていたかもしれないあらゆる昇進のチャンスを台無しにしてしまうかもしれない。情念から生まれた信念は情念に対して不都合な形で奉仕する。[*41] 搾取され抑圧された階級は、合理化によって、彼らの運命は正しく妥当なものであると考えるようになるかもしれない。その信念は実際のところ短期的には満足を与えるかもしれないが、その階級の利益に資するものであるとは決して言えない。そしてもちろん、同じことが支配者階級にも妥当する。ルィセンコ事件は、権力が希望的観測に導かれたとき、いかに悲惨な結果が生じるかを示した。[★8] それは他の理論を犠牲にしてまで特定の理論を偏愛するものであり、〔ソルジェニーツィンの小説〕『煉獄の中で』において忘れがたいほどに活写された態度である。

ここまで引用してきた数々の例は、一つの公式に縮減できるものではない。とはいえ、いくつかの区別が役に立つかもしれない。第一に、希望的観測に引き込まれる傾向性は、実際の信念から独立に、それ自体として人を困難に陥らせるものである。昇進の例は、昇進についてのその信念は十分に根拠づけられたものであるという前提を含む形に改変することができるが、その場合にもなお昇進のチャンスは、それを信じるに値する適切な理由がその信念を引き起こしている当のものでない場合には、破壊されてしまうだろう。(「彼は昇進するだろうよ……もし彼が、自分は昇進するだろうってあんなにいまいましいほど自信満々でなかったらの話だけどね」。)第二に、もちろん現実の、歪められた信念はしばしば、それを歪めた当の利益に反するものとなる。当人の利益を促進するためには、一般的に、結果と手段の関係性についての正しい信念が必要とされるのであり、そしてたとえ利益によってもたらされた信念が正しいものである場合でも、それは単に偶然によってそうであるにすぎないだろう。第三に、信念の効力は、それが真実であることよりもそれが一般的に受け入れられていることにいっそう大きく依存するかもしれない。そして利益によって形づくられた信念は、まさにそのことを理由として、受け入れられないかもしれない。それゆえ、不平等の必要性について論じる自己利益奉仕的な理論は、滅多に自己利益に奉仕しない。[*42] 上流階級の利益は、下流階級が自発的に自分たちの劣等な地位を正当化するイデオロギーを創り出してくれることによってこそ、よりいっそう推進されるのである。

《4》バイアスの利得

バイアスのかかった信念は、第一章第3節において説明された広い意味において、非合理的である。この特徴づけに対する多くの経済学者および哲学者からの自然な反応は、その非合理的なものを合理化する何らかの方法を探求するというものだろう。信念は、その起源を考えれば非合理的であったとしても、厚生の探求において、あるいは真理の探求においてすら、役に立ったり有益であったり、さらには最適であったりするという意味で合理的だということはありえないのだろうか？　そして、もしその信念がそのような有益な帰結を持っていることが立証されたならば、そこからさらに進んで、それらの帰結は実際に当の信念を説明するものであるのであると主張することはできないのだろうか？　これからいくつかの例を見ていくが、その前に、なされうる主張をいくつか簡単に概観しておきたい。以下の区別がその助けになるだろう。(1)一見したところ非合理的であるものが持つより深い意味での合理性についての主張がなされるのは、所与の信念に関してか、あるいは一般的にみられる信念に関してであろう。(2)そのような主張がなされるのは、錯覚に関してか、歪曲に関してか、あるいはその両方に関してであろう。(3)そのような主張がなされるのは、非合理的な信念の効用に関してか、あるいは認知の歪みが有する真理に近づく傾向性に関してであろう。(4)もしその主張が効用を基礎としてなされるならば、そのような主張が当の信念を合理化するのは、その信念を抱いている人にとって有益な帰結という見地からか、あるいは別のある人もしくは人々に対して提供される利益という見地からであろう。(5)そして結局のところ、そのような信念は説明的であるか非説明的であるかのどちらかであろう。

私は最初に、真理のために役立つか、あるいは助けとなるような錯覚について考察していこうと思う。ニスベットとロスは、これを「危険な概念（dangerous notion）」と呼び、いくつかの興味深い見解を提示している。第一に、動機に対する影響によって、錯覚はその影響下にある個人にとって有益なものとなりうる、と彼らは述べる。「非現実的なほど肯定的な自己スキーマ、およびその他の自己についての錯覚は、それらが生じさせるいくつかの処理上のバイアスと一緒になって、総体として正確な自己認識と比べてよりいっそう社会的に適応的なものとなりうる」[*43]。十分に明らかにされていないのは、彼らがこの見解の基礎としている事例において、誤った自己理解が純粋に認知バイアスに起因するものであり、希望的観測の要素は一切含まれていないのかどうかである。しかし彼らは別の場所で、自己の利益に奉仕するような自己の特徴づけは「一切の動機的なバイアスよりもむしろ単純な利用可能性効果」[*44]によるものであるかもしれないことを説得的に論じている。単純に、人は他人についてよりも自分自身について多くを知っているものであり、それゆえに自分自身の努力と行動の過大評価に陥ってしまうのかもしれない。(このことが過剰な罪悪感をも導くかもしれないことは明らかである。) したがって、自信過剰が動機と達成に関して肯定的な効果を持っている限りにおいては、認知的バイアスに起因する過剰に肯定的な自己認識は、予言の完全な自己成就には及ばないときでさえも、望ましい帰結をもたらすものでありうる。多くのケースにおいて、自分はたくさんのことを達成できるだろうという信念は、それが何であれ何事かを達成する因果的条件になると私は考えている。

アルバート・ハーシュマンは、彼が「目隠しの手の原理」と呼ぶものについての議論の中で、これと関連する論点について指摘している。

創造力というものは、いつも不意に現われるものである。したがってわれわれは、創造力が実際に発揮されるまでは決してそれをあてにすることはできないし、その存在をあえて信じようともしないであろう。言い換えれば、それを成功させるために創造力の発揮が明らかに必要であるような仕事には、われわれは意識的に手を出すことはないであろう。したがって、われわれの持つ創造力という資源を完全に発揮させる唯一の方法は、われわれが仕事の本性について誤った判断を下し、その仕事が後に明らかになるよりも型に嵌まった、単純な、真の創造力などを必要としないものと誤算することである。〔原文改行〕別の言い方をしよう。われわれにはどうしても自分の創造力を過小評価する傾向がある。したがって、われわれが取り組まなければならない仕事の困難性についても、ほぼ同じ程度に過小評価することが望ましい。そのような仕事に手を出してしまうのは、そうした二つの過小評価が相互に相殺し合うことでわれわれを欺くからであり、もしそうでなかったならば、われわれはそのような仕事には手をつけないであろう。この原理は非常に重要であり、名前をつける価値がある。明らかにわれわれは、種々の困難をわれわれの目からうまく隠しているある種の見えざる手、もしくは隠された手といったものを嗅ぎつけている。私は、これに「目隠しの手」(Hiding hand) という名前をつけよう。[*45]

この一節が収められた著作では、非常に多くのケーススタディを挙げながら、開発計画の中で目隠しの手がどのように働くのかが説明されている。目隠しの手は、経済的行為者に対して、思いがけない問題に対する思いがけない解決を考案し利用するよう強いるのである。ハーシュマンの研究が常にそうであるように、これらの分析は並外れて啓発的であり、ここで扱っている問題に対するアプローチの新しい射程を開くものである。しかしながら、目隠しの手という概念に内在するいくつかの問題を指摘させてほしい。第一に、問題の困難さとそれに対処するわれわれの能力とを過小評価する傾向性を生み出す心理学的メカニズムの、その本性および地位は果たしていかなるものであろうか？　それらは情緒的なものなのか、それとも認知的なものなのか？　人間の一般的な性質を表しているのか、それとも過大評価する傾向性もまた同じくらい広く行き渡っているのだろうか？　第二に、上に引用した一節および引用元の著作には、〔行為の〕説明に役立つような何らかの含蓄があるだろうか？　言い換えれば、問題の困難さを過小評価する傾向性は、われわれの創造性を過小評価する傾向性を相殺するという有益な帰結をもたらすのみならず、実際のところその帰結によって説明されうるものである、とハーシュマンは主張しているのだと読者は考えてよいのだろうか？[46]　第三に、これが最も重要なのだが、目隠しの手の原理は、ひとたびハーシュマンによって世界に明らかにされたことによって、自滅的なものとなってはいないだろうか？　彼が開発計画を正当化する際に用いるいくつかの「副次的効果」は、先に第二章で論じた意味において本質的に副産物であり、それゆえ事前に計画設計に組み入れることのできないものである、ということはないのだろうか？[47]

　このケースにおいては錯覚が、その魔法にかかった当の行為者、たとえば計画立案者にとって有益なものであるということに注意してほしい。しかしながらまた、錯覚が行為者に対しては概して不利なものでありながら、より広い何らかのグループあるいは社会全体にとっては有益である、という可能性もある。

たとえばニスベットとロスは次のように述べている。

主観的な見込みについての個々人の誤認から生じる社会的利益は、その個人が当の誤認について高い代価を支払うことになる場合でさえ、大きなものでありうる。もし小説家、俳優、あるいは科学者といった仕事を潜在的に望んでいるすべての人が、規範的に正当化されるような成功の見込みに基づいて行動したならば、ほとんど誰も残らないだろう。われわれはまた、新しい製品、新しい医療措置、新しい政治運動、新しい科学理論についてもほとんど手に入れることはないだろう。[*48]

資本主義的起業家についてのシュンペーターの理論の基礎にも同様の議論がある。彼の主張によれば、資本主義システムがとてもうまく働くのは、それが成功への非現実的な期待を引き起こし、それによって、より冷静な態度から得られたであろうよりもずっと多くの努力を引き出すがゆえである。[*49] しかしニスベットとロスとは異なり、シュンペーターは、この社会的に有益な過大評価が純粋に認知的バイアスから生じたものであるとは論じない。別の場所でシュンペーターが起業家の心理について述べていることから考えると、彼は起業家が不完全な認知よりもむしろ希望的観測によって駆り立てられているとみなしていた、というのがかなりありそうなことであるように思われる。[*50]

個人的あるいは社会的に役立つ錯覚に加えて、ニスベットとロスは、いくつかの錯覚は別の錯覚を訂正するかあるいは正しい推論の代わりになることによって真理に資するものでありうる、という考えについても論じている。例として、人々は平均への回帰という単純な観念を理解し応用すること、たとえば見た目の上で極端な値は変則的なものだと立証されるであろうということを理解することにも、多大な困難を有しているように思われる。この欠陥は、訓練において報酬よりも懲罰の方が一層効果的であるといったような有害な実践的帰結を導きうる。平均して、良いパフォーマンスの後には（たとえ報酬を与えられたとしても）あまり良くないパフォーマンスが続くであろうし、また悪いパフォーマンスの後には（たとえ処罰を与えられなかったとしても）それほど悪くないパフォーマンスが続くだろうからである。[*51★9] これについてニスベットとロスは、補正あるいは代替によって正確な予測を可能にしてくれるメカニズムを、少なくとも三つ指摘している。(1)誤った予測を導く情報を、無関係な情報を追加して希釈することで、行為主体はスコアを改善することが可能になる。[*52] (2)非合理的な「ギャンブラーの誤り」は、同じくらい非合理的な「根本的帰属誤謬」と相互作用する場合には、全体としては、合理的に正当化される回帰という結果をもたらしうる。[*53★10] (3)他のいくつかのケースのように、本質的にサンプリング効果であるものについての因果的解釈は、正しい結果を導くことがありうる——野球のトレーナーが、初年度に輝かしい活躍をした選手はその身に受けるあらゆる注目によって甘やかされ、次のシーズンには自らのパフォーマンスをしっかり発揮することができないだろう、と論じるときのように。[*54★11]

次に錯覚から歪曲へと進んでいこう。希望的観測が個人的あるいは社会的に有益であるということはありうるだろうか？　ハーシュマンやシュンペーターによって提起された議論は、この疑問に対して一つの肯定的な回答を提供するものとして理解することが可能である。ハーシュマンはコワコフスキから、その基礎的アイデアを非常にうまく表した印象的な箇所を引用している。

社会状態を改善するということは、それがどんな些細な改革であれ、莫大な努力を必要とするものである。もし社会がその〔努力と成果との〕不釣合をはっきり認識するならば、おそらくその社会はやる気をなくし、その結果、どのような社会進歩も不可能になってしまうであろう。はっきりした成果を出すためには、その努力は途方もなく大きくならざるを得ない。……したがって、もし社会が、社会関係や人間関係の変革に必要な、大きなエネルギーを生み出そうとするならば、その恐るべき不釣合に人々が全く気づかぬようにしなければならないということは、決して不思議ではない。このような目的で、しばしば人は、予想される成果を誇張し、神話を作り上げるとともに、すぐに払わなければならない努力に多少とも匹敵し得るほど、その成果を大きく見せかけようとする。……〔この神話はまるで、〕隊商の目の前に美しい土地を浮かび上がらせて彼らの士気を奮い立たせ、次いで、へとへとになりながらも彼らを次のちっぽけな水溜りへ辿り着かせる、あの蜃気楼と同じような働きをする。もし人を惑わす蜃気楼が現れなかったならば、疲れ果てた隊商は、おそらく望みを失って、砂嵐の中に消えてしまうことであろう。*55

また他の場所でもコワコフスキは、レーニンの成功は実際のところ、彼が革命運動の強さについて判断したり判断し損なったりする中でなした数々の「幸運な誤り」によるものであった、と論じている。「彼はその失敗によって、革命の可能性を存分に利用することができたのであり、それゆえ彼の失敗は彼の成功の原因であった」[*56]。同様に、私がレヴェンソンから引用したことの要点は、倭仁およびその追随者たちが反啓蒙的であったのは、避けられない近代化を心理的にうまく処理することを可能にするような何らかの合理化が中国にとって必要だったことを理解し損ねていたことにおいてであった、ということにある。これらのケースにおいては、成功の見込みの過大評価が、行動に移る上で必要であったのだ。また別のケースにおいては、危険性の過大評価が行動を差し控える上で必要とされるかもしれない[*57]。ゴードン・ウィンストン（Gordon Winston）は嗜癖に対する治療の一つとしての「防衛的自己欺瞞」を次のように擁護した。もし個人が、嗜癖の危険性は実際にそうであるよりももっとずっと大きいのだと自分自身に信じさせることができるなら――あるいは他人の力を借りてそうすることができるなら――難局を脱する助けを得るだろう[*58]。しかしながら、これは心理学的な観点からするといささか妥当性を欠いていると私は考える。希望的観測が（ウィンストンが自己欺瞞という言葉によって意味しているものはこれであると仮定しよう）長期的な利益を目的として作用するということはほとんどありえない[*59]。さらに重要なのは、誤っているのだがしかし嗜癖の致死的な危険の中で役立つ信念を、熟慮に基づいて他人に引き起こしてもらうことができる（たとえば催眠術によって）、という主張である。というのも、長期的な効果を考慮に入れることができるというのは、実際のところ熟慮が有する基礎的な特徴の一つだからである。

役に立つ失敗、幸運な誤り、そして有益なバイアスという考えは、ある種の思想家を魅了する。すなわち、人間の心および人間社会の、反直観的で、パラドクシカルで、そしてひねくれた働きに魅せられた人々を。個人的な経験から言うと、この魅力はいずれ執着に転じ、意図的な努力は決して成功することはなく、目標はただ偶然によって、副産物として、あるいは幸運な失敗を通じてのみ実現されるという公理の形を取り始める。そこからほんの少し歩みを進めるだけで、暗黙のうちにあるいは明示的に次のような信念に至る。すなわち、目標達成のためのこれらのひねくれたメカニズムは、そのような幸福な結果を引き起こす傾向性によって説明されうるのだ、と。私は読者に対して、先に示したハーシュマンとコワコフスキからの長い引用について深く考えることを強く勧めたい。それらの引用が何らかの説明的な関係性を提示するものかであるのかどうかを確認してほしいのだ。われわれは再び、先に第二章第10節で論じた、人を誤らせるような意味の探求に直面している。ここではこれまでよりいくらか体系的なやり方でこの問題に向かいたい。すなわち、効用あるいは真理にとって有益な帰結に基づいてバイアスを説明することを可能にするような、いくつかのありうるメカニズムを見ていこうと思う。

真理についての問題から始めよう。ニスベットとロスは、何人かの研究者がいる中で特にアルヴィン・ゴールドマンを引用しつつ、欠陥のある認知メカニズムは、ひとまとまりの最適解の一部分として合理化されうる、と論じている。*60 信念および信念体系の安定性が重要なものであること、また時間的制約のために証拠に関して注意深く考察することが許されないことを前提するなら、バイアスは、より高階の認知的目標に照らして評価した際には非常に合理的なものに見えるかもしれない。先に第二章第10節で用いた言葉で言えば、この議論は、標準的なライプニッツ主義ヴァージョンの神義論（theodicy）ではなく、むしろマルブランシュによって練り上げられた方によりいっそう近いだろう。この見方によれば、認知的な誤りは、可能なあらゆる認知システムの中で最も良いシステムの、その不可避の副産物であるだろう。しかしそうは言っても、実際に真理に対して肯定的な貢献をなすということを根拠として認知的な誤りを合理化することはできない。実際のところニスベットとロスもまた、誤りについてのライプニッツ主義理論のもろさを強調している。

> 誤りは互いに打ち消し合うことがあるという仮定、二つの推論の間違いが奇跡的に推論の正しさを生み出すという仮定は、底抜けに楽観的かつ軽率なものと思われ、より明確な証拠を持ち出すことなしにその点を強調するのははばかられる。おそらくは、次のようなより一般的で、かつ本質的に統計的な主張の方が軽率さが少なくてすむ。すなわち、もし十分に大きな数の独立したバイアスが作用するならば、そこから帰結する誤りの全体は個々の効果の総和よりも小さい範囲に制限される、と。*61

しかし、マルブランシュ主義のヴァージョンがアプリオリな基礎の上によりいっそう妥当であるように思われるとしても、実際の認知システムがバイアスの最適量を有しているという主張は今なお示されたままである。

続いて効用についての問題に移ろう。まずは次の言明から始めたい。

第四の命題：特定の利益に資する信念はそれらの利益によって説明されもする、と想定するいかなる理由も存在しない。

これは第三の命題の厳密な逆というわけではない。より多くの種類の説明をカヴァーしているからである。信念は因果的にも機能的にも説明されうるし、その信念を抱いている人の利益によってもその信念を抱いている人以外の人々の利益によっても説明されうる。これによって全部で四つのケースが与えられるが、そのうちの一つ、その信念を抱いている人以外の人々の利益によって信念が因果的に形成されるというケースについては、具体的に考察することは難しい。それ以外の三つのケースについて論じる前に、一般的な考え方についてもう一度述べておきたい（第二章第10節）。すなわち、信念が何らかの利益を促進するという単なる事実は、それ自体ではまったく何の説明も提供しないのである。役に立つバイアスはすべてその信念を抱いている人にとっての利益によって説明することができる、という考え方には、馬鹿げたものだとあからさまに述べられる以外に道はない。しかしここまで論じてきたように、言外の仮定としてのこの考え方の隠れた影響は、これ以上誇張することがほとんどできないほどのものである。利益を明らかにすることは意味を授けることである――そして意味を見出すことは説明を与えることである、と。

ここまで述べられてきたことから、次のことがはっきり直接に帰結する。すなわち、もしある信念がその信念を抱いている人の利益に資するものであるからといって、われわれはその信念が当の利益によって形成されたのだと予想することはないだろう。これは起こりうることではあるが、しかしそれを仮定することはうまくいかないだろう。そしていずれにせよ、この一致が認められるような事例は常に、「利益」という概念の曖昧さに依拠している。利益によってもたらされた信念は、欲求不満や不幸からの束の間の解放を見出そうという衝動によって形づくられている。これは確かに大きな利益ではあるが、信念はその信念を抱いている人の利益に資するとわれわれが述べる際に念頭に置いているものではない。というのもそのときわれわれは、むしろ何らかのより永続的な目標を実現することを念頭に置いているものだからである。成功の見込みについての過度の楽観主義は、暖かな幸福感を常に与えてくれるし、少なくともある程度の成功を達成するために必要なモチベーションを時として提供してくれる。しかしそういったケースにおいては、促進される利益は説明能力を有する利益と同じものではない。

しかしながら、他のいくつかのケースにおいては、促進される利益が実際に説明をも提供することがある。もし特定の錯覚あるいは歪曲がその信念を抱いている人の利益を体系的に促進するならば、自然選択あるいは自然強化のプロセスによって定着させられることになるかもしれない。とりわけ、認知器官が何らかの欠陥を有しており、ある一つの決まった方向へバイアスをもたらすという場合において、それが上述のメカニズムのうちの一つにとって補正的なバイアスとして好都合なものであるということがあるかもしれない。これは言うまでもなくまったくの憶測であるが、しかしその論理的な可能性は見落とされるべきではない。

とはいえもっとずっと中心的なのは、信念体系はその信念を抱いている人以外の個人あるいは人々、たとえばある社会における支配階級あるいは優越階級の利益に資するという事実によって説明されうる、という考え方である。これは、社会におけるあらゆる信念は支配階級の利益に資するのであり、そうであるという事実によって説明されうる、という考え方ではない。ある信念体系は、事実の問題として彼らの利益に資する場合には、同時に説明能力も有する、というより弱い意見である。[*62] 第三章第2節で欲求についての類比的なケースについて論じたように、抑圧された人々や搾取された人々の精神は抑圧者および搾取者の利益になるような仕方で働くという事実は、それ自体では当の心的状態について何らの説明も提供するものではない。しかしこのことは、支配的グループにとって有益な帰結が説明的な力を持つことはありえないと述べているのではない。広く抱かれているある特定の信念はそれが何らかの支配的グループに対してもたらす利益のゆえに広く抱かれている、というような状況が引き起こされる妥当なメカニズムがいくつも存在する。そのグループのメンバーは、直接的にか、あるいはイデオロギー主義的な専門家グループが介在してか、いずれかの形で、[*63] 被治者たちの間に、自分たちの支配にとって有益であることが明らかであるような特定の信念を教え込もうと試みるだろう。あるいは人為的選択に類似するプロセスを通じて、支配的グループは選択的に、自発的に生じた信念のうち特定のものを支持しかつその他のものを抑圧するだろう。[*64]

しかしながら、それらのメカニズムは一般にマルクス主義者たちによって、たとえば「ヘゲモニー」理論に同意する人々によってたびたび論じられているほど広く見られるものではないと私は考えている。被治者の抱く価値や信念が支配的グループの支配を支持する傾向にあるということは、歴史上の確固たる事実である。しかし、このことは一般に、被治者たち自身によるイデオロギーの自発的な創造を通じて、不協和の縮減を通じて、あるいは社会的因果関係についての彼らの錯覚による認知を通じて生じていると私は考える（本章第2節）。一つの印象的な例は、すでに先に第三章第2節において論じた、宗教の自発的な創造である。キリスト教の社会原理は「支配階級と抑圧された階級〔の区別〕が必然であると、そして、抑圧された階級の人々が捧げなければならないものは、支配階級が慈悲深くありますように、という敬虔な祈りのみであると説いている」とマルクスが述べるとき、[*65]彼は、支配階級に対して宗教がもたらす利益によって議論が何らかの説明能力を持つことを求めていたのだと、そうわれわれは考えざるをえない。彼の「人民の阿片」という言葉の使用についても同様である。しかし、阿片は与えられたものであるとともに〔みずから〕手にしたものでもある——すべての嗜癖者が嗜癖へと〔他人によって〕操作されたわけではないのだ。[*66]ここまでの議論から明らかであろうが、私は次のようなポール・ヴェーヌの見方に強く共感している。すなわち、抑圧された人々は支配者の卓越性を、さらには神性さえも信じているが、その理由はそうすることが彼らにとって良いことであるからであり、彼らがそう信じていることがまた支配者たちにとっても有益であるという事実があってもなお、そうなのである。

この見方に対しては二つの反論が提起されるだろう。第一のものは次のようになる。[*67]支配階級は教育の手段を掌握しているのであり、もしそうしようと思ったならば、被治者の持つ、歪められていたり錯覚であったりする信念を訂正することができただろう——それゆえ、支配階級がそうしなかったという事実は少なくともイデオロギーと共同責任を負っている、と。これについて私は三つ簡単な応答をしよう。第一に、道徳的な責任は因果的な責任を負わせるための基礎の役を果たすことはできない（「べき」から「である」を推論することはできない)[*68]のであり、そして私はここでは限定的に因果関係に関心を向けている。第二に、怠慢行為は通常、道徳的責任を帰するための基礎の役割は果たしうるとしても、原因としての役割は果たしえない。[*69]そして第三に、この反論は、問題となっている当の信念を支配階級は共有していないと前提している。たとえば、ローマの皇帝たちは、自分たち自身としては己の神性を信じてはいなかったというように。しかしヴェーヌに従うならば、これは宗教心理学について誤解しているように思われる。被治者たちが信じるのは、自らの卓越性を示そうとしてその品位を落とすことは決してしない、そんな支配者たちの卓越性だけだろうが、〔なぜ彼らがそんなことをしないかといえば〕それは彼らが自身の卓越性を暗黙のうちに信じているからである。たとえば、多くのソヴィエト市民は、彼らの支配者からメディアを通じて日々贈られていた賞賛の言葉に感銘を受けていた、などと信じることはほとんどできない。

第二の反論は次のようなものである。[*70]〔支配体制の〕正統化(legitimation)が抑圧された人々によって自発的になされたのだとするならば、そのようなイデオロギーが不在の状態で(たとえば反体制イデオロギーが存在する中で)支配者たちは暴力的抑圧によって被治者たちを弾圧してきたのだと、理にかなった形で主張することがわれわれにはできないのではないか？　その場合にはまた、階級社会における支配階級による支配は、抑圧者たちの本来的な卓越性についての内発的かつ自発的な信念にせよ、あるいは過酷な抑圧システムにせよ、何らかのメカニズムによって安定させられるだろう、ということは帰結しないのではないか？　このことからさらに、そのようなメカニズムがあることの機能的な説明が、一般性の高次のレベルにおいて存在するのだと結論してはならないのか？　なぜこの(もしくはあの)特定のメカニズムが実際に作用したのかを説明するには何か他の議論が必要になるかもしれないとしても、何らかのメカニズムが存在するということならば、その安定化効果によって説明することができる。別の言い方をすれば、「なぜそれが存在するのか?」と尋ねられたとき、「もしそれがそこになかったとしたら、同じ帰結をもたらす何か別のものがそこにあっただろうからだ」と答えることができるだろう。そしてこれは、もたらされる帰結に基づく説明を提供しているとみなせるであろう。〔以上が第二の反論である。〕この反論に対して私は、先に第三章第2節で権力についての反事実的分析に関して行ったものと類似の反論を提起しよう。すなわち、実際に作用した原因が不在であったならば何か他の原因が、同じかあるいは同様の効果を生じさせただろうという事実は、実際に生じた原因の説明上の説得力から人々の注意をいささかなりとも逸らすものではないのだ、と。

原注

第一章

＊1　ロールズは、「基本財に対する合理的な選好を説明するための、善についての薄い理論」に訴えるとともに、他方で「人格の道徳的価値」を説明するためにはより完全な理論が必要となることを認めている（Rawls (1971), pp. 396ff.〔邦訳：五二〇〜五二二頁〕）。

＊2　とりわけ Davidson (1980) に収められている諸論考を参照。

＊3　Davidson (1980), Ch. 2.

＊4　*Ibid.*, p. 78.

＊5　*Ibid.*, p. 79.〔Davidson (1980) の邦訳は抄訳であり、この箇所は邦訳では省略されている。サイモン・エヴニン『デイヴィドソン――行為と言語の哲学』（宮島昭二訳、勁草書房、一九九六年）に該当箇所の引用があり、その訳文を参考にした（一〇四頁）。〕

＊6　*Ibid.*, Ch. 12 およびその他諸々の箇所。

＊7　Hintikka (1961). そのいくつかの含意については Elster (1978a), pp. 81ff. を参照。

＊8　この逸話は Segrè (1980), p. 171 で示されている。

＊9　この構築の詳細に関しては、Luce and Raiffa (1957), Ch. 2 を参照。

＊10　例として Dreyfus and Dreyfus (1978) あるいは Kahneman and Tversky (1979) を参照。

＊11　時間選好の非合理性の問題については、Maital and Maital (1978) を参照。彼らは時間選好を、効用を最大化するがゆえに合理的であると、すなわち薄い意味において合理的であるとして擁護している。Koopmans (1960) および Koopmans, Diamond and Williamson (1964) によって提示された、将来割引は効用関数の形に関する一連の（不可避とは言えないまでも）理にかなった仮定によって論理的に含意されるものであるという論証も参照。

＊12　Strotz (1955–6). また Elster (1979) の Ch. 2 第5節も参照。私はこの機会に、非合理的な時間選好についてのかつての私の取り扱いの中の深刻な数学的誤りを指摘しておきたい。とりわけ、Elster (1979), pp. 73ff. の「整合的な計画の配分」に関する議論は大部分が間違っている。この間違いを

指摘してくれたことについてオーヌント・ヒューラントに感謝する。この点は近刊のイタリア語版では修正されている。〔『ユリシーズとセイレーン』（Elster（1979））は、本書の初版の刊行後まもなく、一九八四年に改訂版が出版されており、その序文にはこの点について大きく書き直したことが明記されている。〕

*13　Ainslie (1982).

*14　この考え方に関してはMeyer（1977）およびSamuelson（1976）を参照。

*15　Cyert and de Groot (1975), pp. 230ff. 関連するが重要な点において異なる議論が、Tocqueville（1969, p. 582）に見られる。すなわち、民主主義において人々は「自分自身を恐れる。好みが変わったときに、過去の貪欲の対象から残念にも離れられないという事態になることを心配するのである」〔邦訳：二巻（下）五六頁〕。耐久消費財を避けるアメリカ人の傾向性はそこから来ている。サイヤートとド・グロートが、合理的な人間は自分の好みが新しい経験のために変化することを見越しておくはずだと論じるのに対して、トクヴィルは、アメリカ人は（合理的であろうとなかろうと）自分の好みが将来非合理的に変化するだろうという仮定の上に行為していると論じる。

*16　より正確な説明については、Rader（1972）, pp. 147ff. を参照。

*17　この影響についての一つの強力な論証については、Georgescu-Roegen（1954）を参照。Marcuse（1964）のレトリックはこの枠組みの中で理解することが可能である。すなわち、もし選好が実数直線上に描かれうるならば、われわれは実際のところ「一次元的人間」を取り扱っているのである。同様にBorch（1968, p. 22）は、連続的な選好の仮定は実質的に「あらゆるものが価格を持つ」と述べることに等しいと評している。

*18　非標準的なモデルの場合の議論については、Elster（1982a）のCh. 6を参照。

*19　van Parijs（1981）およびElster（1982a）で強調されたように、行動の意図された帰結による説明と行動の実際の帰結による説明とは区別されるべきである。もちろん、意図された帰結は実現されないだろうという一般的な推定があるわけではないが（以下の第二章の主題となるある特定の種類の諸事例はこれに対する例外である）、それでもやはり区別はなされるべきである。

*20　有益なサーヴェイおよび議論としてKolm（1981a）を参照。

*21　とりわけ重要なものとして、Axelrod and Hamilton（1981）における生物学的考察とゲーム理論的考察との統合を参照。彼らは繰り返し囚人のジレンマのモデルを用いて次のことを示した。(i)純粋に利他的な動機は完全に利己的な基

準による自然選択からも生じうること、(ii)一見して利他的な動機のうちにも利己的な合理性以上のものは一切仮定せずに説明しうるものがあること。別の言い方をすれば、もし人々が利他的に行動しているとしても、それは彼らが他人に対して関心を持つようプログラムされているからか、あるいは他人に関心を持つフリをすることが割に合うと計算したからである。第一の説明は(これもある意味で還元主義的であるが)第二の説明に体現されている経済学的な還元主義に対する合理的な抵抗を許容する。しかしおそらくは、生物学的な還元主義に対してもまた抵抗するような事例が存在するだろう。ただし、〔生物学的な還元主義への抵抗例となりうる〕適応度を減らすような利他性を「そのような適合を実現するのに必要な情報を生殖質(germ plasm)に負わせることに価値はない」(Williams 1966, p. 206)という事実によって説明することができると仮定するならばその限りではない。

＊22　Gibbard (1986).

＊23　一方的に目が合う、ということが一貫しない考えであることの意味に関するさらなる分析として、Elster (1976) および Elster (1978a, pp. 70ff.) も参照。

＊24　この問題に関する Ullman-Margalit and Morgenbesser (1977) の議論と比較せよ。一般均衡理論は非常に明示的な形で、生産者と消費者が、それぞれ利潤最大化と選好充足の観点から、等しく最大限に良い複数の選択肢を持つ可能性を認めている。しかし、科学の標準的な規律に反して、この理論はそれらの選択をただ一つに決めるための試みには反対するだろう。というのもそれは、均衡の存在証明が依拠している連続性という性質を破壊してしまうかもしれないからである。

＊25　Heal (1973), Ch. 13.

＊26　さらなる議論については Elster (1982a), Appendix 1 を参照。

＊27　Arrow and Hurwicz (1972).

＊28　Luce and Raiffa (1957) の pp. 90ff. および 115ff. にある、このゲームについてのさらなる議論と比較せよ。それは「男女の争い(The battle of the sexes)」として知られている。

＊29　この困難さは、Harsanyi (1977) において熱烈に強調されている。

＊30　Hammond and Mirrlees (1973). 厳密に言えば、受け入れうる計画という概念は満足の具体例にはなっていない。というのもそれは、ただ一つに決定されるケースからなる広いクラスの中にあるものだからである。受け入れうる計画の定義の中に熱望のレベルという概念が入り込んでいるにも関わらず、その計画はいかなる特定の熱望のレベルからも独立であることが明らかになっている。しかしその基礎をなす原理は、満足の概念の背後にあるものときわめて類似している。

＊31　科学における判断の役割に関するいくつかの一般的所見

については、Newton-Smith（1981）の結論の章を参照。

＊32　科学理論の証拠に関してどのくらいで満足すればよいのか、その手引きとなる基準を述べることは簡単なことではない。おそらく、もっとも重要な考慮点は信念の独創性と新規性の程度である。もしあるアイデアが革命的な可能性を秘めているならば、穏当な量の証拠によってのみ引き返すことにして、それを先に進めるのが合理的であろう。というのもそのときその可能性の探究は、科学共同体全体で行うほうが、どんな人であれ一人の科学者がその人生において成し遂げうるよりもいっそう十分になされるだろうからである。しかし科学はこのように機能しているわけではない。というのも、革命的なアイデアを生み出す能力は、どんな反論であれ検討も回答もせずに放っておくことのない、ほとんど強迫的と言えるような衝動とかなりの程度関連しているように思われるからである。

＊33　Winter（1964-65），p. 262.

＊34　「決定は何らかの点において直観的な基礎の上になされざるをえない。それは大きな森にマッシュルームを採りに行くようなものである。人は可能性のありそうなある限定された範囲を探すだろう。しかしある地点で探索を止め、採集をはじめなければならない。あとほんの一歩だけ歩みを進めることによってより良質でよりたくさんのマッシュルームを見つけられるかもしれないとさらなる探索を続けることは、その行楽の目的を挫くものになるだろうからである。直観的な根拠によって、すなわち、さらなる探索がより良い帰結を生み出すかどうかについて調べることなしに、意を決して立ち止まらなければならない」（Johansen 1977, p. 144）。

＊35　詳細については、Elster（1982a），Ch. 6を参照。

＊36　一六三〇年一月三〇日のマルセンヌ宛て書簡。Descartes（1897-1910），vol. 1, pp. 113-14.〔山田弘明ほか訳『デカルト全書簡集 第一巻（1619-1637）』知泉書館、一一〇～一一一頁。〕

＊37　この洞察をガリレオではなくデカルトに帰する議論については、Koyré（1966）を参照。

＊38　Zinoviev（1979）. またこの弁証法論理的な世界観の一つの説明と解釈についてはElster（1980a）を参照。否定のこの二つの意味の区別については、本書の第二章第2節でも探究される。

＊39　Zinoviev（1978），p. 58. またZinoviev（1979），p. 582も参照。そこでは抑圧の本質を、その抑圧を取り除こうという試みでさえも抑圧的な方法によってしか達成されえないという事実に見出している。それは「そんなに従順になってはいけない」という指示に見られるようなものであり、これについては本書の第二章第4節でさらに議論される。

＊40　Elster（1979），Ch. III第4節、およびElster（1982a），Appendix 1も参照。

*41 この部分には限定を付さなければならないだろう。欲求は、そもそもは非自律的であった二階の欲求に由来しているとしてもなお、自律的とされる特徴を獲得することになるかもしれないからである。しかしこの可能性は私の議論を掘り崩すものではまったくない。

*42 Ainslie（1984）は、衝動的な行動と強迫的な行動との間の関係をこの方向で理解する論陣を張っている。もし意志の弱さという概念を単純に、あれこれ考え入れた上で最善だと考える物事に反して行動することと理解するならば、行動のどちらのモードも意志の弱さの一種とみなされうる（Davidson 1980, Ch. 2; Rorty 1980a, b）。もし意志が自我をまとったものとみなされるならば、エインズリーが論じるように、二つの脅威はそれぞれイドおよび超自我に相当する。エインズリーの研究の重要性は、これらの〔精神分析の〕重要な概念を、それがしばしば取り扱われるところの曖昧なコンテクストから救い出したことにある。

*43 高階の欲求を持つための能力を人格性の構成要素とする見方については、Frankfurt（1971）, Dennett（1976）および C. Taylor（1976）を参照。

*44 この心を不安にさせる概念については、Williams（1981）の Ch. 2 および Nagel（1979）の Ch. 3 を参照。

*45 特権的財の概念については Hirsch（1976）を参照。

*46 Haavelmo（1970）は、全員が隣人に負けずについていこうと試みることによって全員が厚生の損失を被るというモデルを提示している。

*47 他者の達成度をパラメータと捉え自身の達成度を制御変数と捉えることと、自身の達成度に及ばないように他者の達成度を操作することとを区別する必要がある。最初の方法によって特権的財を得ることは、二つ目の方法によってそうすることよりも明らかに倫理的な異議が少ないが、卓越性の特定の水準に到達しようという（非相対的な）欲求に比べれば純粋さにおいて劣ると議論することはなお可能である。特権的財への欲求は、論理的に言って他者の達成度に対する失望を含意し、そして心理学的にみれば、失望から嫉妬へと、そして嫉妬から悪意へと至る道はあっという間だろう。

*48 この区別に関しては、Cohen（1978）の p. 103 を参照。

*49 Zeldin（1973）, p. 134.

*50 次善に関する経済理論によれば、「最適性の条件がより多く（しかしすべてではなく）満たされるような状況は、より少なく満たされるような状況より必ず優れている、あるいはせめて優れている可能性が高そうだ、というのは真ではない。したがって、パレート最適性条件の充足を妨げる多くの制約が存在している状況において、どれであれ一つの制約を取り除くことは、厚生あるいは効率性に影響を及ぼすかもしれないが、それは厚生あるいは効率性を上昇させるのか、減少させるのか、あるいは不変のままにとどめるのか、そのい

ずれでもありうる」(Lipsey and Lancaster 1956-7, p. 12)。〔これについての〕倫理的なアナロジーは、本章の注83において論じられる。

*51 Ainslie (1980) はウィリアム・ジェイムズ (William James) の次のような一節を引いている。「最上級に倫理的な生活は……現実の事例に対してあまりに窮屈なものとなってしまったルールを壊すことの中に存する」。

*52 Von Weizsäcker (1971), p. 356.

*53 じっと待つ能力、および間接的な戦略(一歩下がって二歩進む)を用いる能力は意識的であることを必要とするのであり、それゆえ意識的でない人々にそのような能力を帰属させることはできないという議論について、Elster (1979) の Ch. 1 第3節を参照。

*54 Tversky and Kahneman (1981). Tversky (1982) も参照。

*55 Nisbett and Ross (1980), p. 146.

*56 Raiffa (1968), p. 78.

*57 ここでは選好の連続性を仮定している。循環的な選好が定義されているようなすべての選択肢に対してお金が辞書式に優位に選好されるならば、トレードオフはない。

*58 放棄された金銭の総額が、この個人の初期保有量よりも小さな量にしかならないということはないと仮定している。

*59 Von Weizsäcker (1971).

*60 デレク・パーフィット (Derek Parfit) によって論じられたように (Parfit 1973, およびまだ公刊されていない研究)、個人内の(異時点間での)関係から個人間の関係へのアナロジーは、多くの点において密接に関連しておりかつ説得力のあるものである。そのアナロジーが向けられうる用途の一つは、集合的な非合理性の概念および(それと相関的な)集合的な合理性の概念をわれわれに受け入れさせることである。

*61 サーヴェイについてはRapoport and Chammah (1965) あるいはM. Taylor (1976) を参照。

*62 サーヴェイについてはTaylor and Ward (1982) を参照。

*63 サーヴェイについてはSen (1967, 1974) を参照。

*64 Elster (1978a), Ch. 5.

*65 しかしながらこの定理は、パレート最適な市場均衡が存在するという弱い意味においてのみ、すなわち、ひとたびそこに(何とかして)到達したならば行為者は誰もそこから逸脱するインセンティブを持たないという意味においてのみ成り立つ。けれども、均衡外の取引がこの最適性をもたらすという確実性は一般的には何ら存在しないのであり、そしてこの特徴こそが、われわれが集合的に合理的なシステムに要請しているものなのである。この一連の問題への良質なイントロダクションはWeintraub (1979) で提示されている。

*66 Baumol (1965) は依然としてこの見方についての良質な叙述である。

＊67　より詳細な叙述を求める読者はArrow (1963), Sen (1870), あるいはKelly（1978）にあたるのがよい。

＊68　選好に関する情報の役割については、d'Aspremont and Gevers（1977）およびSen（1979）を参照。

＊69　はっきりと言えることではないが、おそらく、Sen（1976）が述べるようにこれは行為者が複数の選好構造を有し、そして一階の選好のうちのどれを表明するかを決めるために高階の選好に依拠しているからである。

＊70　Pattanaik（1978）がこの周知の研究結果についてのサーベイを提供している。そうした結果の述べていることは、要するに、戦略的操作不可能な社会選択メカニズムは、独裁制（独裁者には自分の選好を偽るインセンティブがない）か、あるいは与えられた選択肢のうちの一つが選ばれる可能性をその選択肢を第一位に選んだ投票者の割合に等しくするようなランダムなやり方か、いずれかしかないということである。

＊71　Tversky（1981）.

＊72　もし簡便さのために選好の代わりに効用関数について論じるならば、可能性依存の概念は次の二つの方法で理解することができる。第一に、（個々の選択肢に対する一連の独立変数として定義される）効用関数は、利用可能な選択肢の集合に応じて体系的に変化するかもしれない。第二に、利用可能な選択肢の集合は、そこから実際に選ばれる選択肢とともに、それ自体が効用関数の独立変数であるかもしれない。これら二つの解釈は数学的には同値であるが、実質的には異なるものである。第一のものは所与の選択肢から引き出された効用に対して無関連選択肢の存在が影響を及ぼしうると述べているのに対して、第二のものはそれらの選択肢それ自体に帰せられる効用が存在することを意味している。Tversky（1981）は、人々は責任を逃れようとするがゆえに、この効用はマイナスになるだろうと論じている。他のケースにおいては、人々が自由に価値を見出すがゆえに、プラスになるかもしれない（第三章第3節）。

＊73　後者の例として、全員一致を政治的決定の条件とみなす「公共選択」の理論家たち（Buchanan and Tullock（1962）に由来する）を挙げることができる。彼らは、全員一致に達しないものは何であれ少数派の権利を侵害するだろう、というリバタリアン的な基礎の上に全員一致を擁護するのであり、合理的決定によって全員一致が生じるだろうと信じる（以下に［三つ後の段落で］見るような）コンセンサス理論家たちとは異なっている。

＊74　より詳細な議論についてはGoodin（1986）を参照。

＊75　Sen（1976）によって論じられたように。先の注69も参照。

＊76　たとえば、もしある人が、自分はほんの少ししか稼がないが他のすべての人々はそれよりもさらに本当に少ししか稼がないような状態を、すべての人がほどほどに大きな所得を

得る状態よりも好むとするならば、そのときわれわれは、確信は持てないにせよ、彼の選好は悪意によるものなのではないかと疑うかもしれない。しかしその疑いは、もし彼がその状態を、〔彼自身も含めた〕すべての人が本当に少ししか稼がない状態と比べてもなお好むことを見て取るならば、確信へと変わるだろう。というのもそのときには、彼の選好を〔悪意ではなく〕禁欲的な生活への欲求に由来するものであると考えることは難しいだろうからである。

*77　この問題についての議論としてSchelling（1980, 1982）を参照。

*78　この概念についてはRawls（1971）, pp. 245ff.〔第三九節〕を参照。〔ただしロールズ自身はこの言葉を用いていない。ロールズが述べているのは、正義論に関する「厳密な遵守（strict compliance）」の想定についてである。〕

*79　Habermas（1982）は「討議倫理」に関する一つの非常に有益な主張である。

*80　Midgaard（1980）は、あらゆる合理的な議論の概念上の構成要素となることを意図して、一つのルール集を提唱している。

*81　Runciman and Sen（1965）が論じたように。

*82　Smullyan（1980）, p. 56.

*83　先の注50に続いて、次のように仮定しよう。すべての人がある一つの特定のやり方で行為するという状態がありうるはずであるが、しかし事実の問題として多くの人々はそのように行為しないだろうことがわかっている。このとき、そのように行為する無条件の義務を私は負っているとしても、条件的な――他の人々は間違った振る舞いをするかもしれないという事実を含め、諸々の状況を前提としたときの――義務はそれとは異なるものでありうる。一方的な軍備縮小が一つのドラマティックな例示となるだろう。そこでは、定言命法に従った行為が非倫理的なものとなる。他の国々がそこに殺到するかもしれないような武力の真空地帯を作り出してしまうからである。

*84　Kolm（1981a, b）.

*85　これはLyons（1965）において強調された点である。もし私以外の誰かがそこに歩み入ることによっていずれにせよ芝生は損なわれるならば、そこに歩み入らないという私の義務は停止される。

*86　Janis（1972）.

*87　Lehrer（1978）はそのような意見の共有のための一つの形式的なアルゴリズムを提案した。Hogarth（1977）は同様の方法についてのサーヴェイである。

*88　ラインホルド・ニーバー（Reinhold Niebuhr）の言、Goodin（forthcoming）における引用から。〔巻末の参考文献リストにはGoodin（forthcoming）が欠落しているため、引用元は不明である。〕

＊89　Arendt（1973）, p. 174〔邦訳：二六九頁〕。

＊90　Finley（1973）. Elster（1979）, Ch. 2 第8節におけるコメントも参照。

＊91　Asch（1956）はこのメカニズムについての古典的研究である。

＊92　そのような状態についての一つの興味深い議論として、Schotter（1981）の pp. 26ff., 43ff. を参照。

第二章

＊1　以下はElster（1982b）に依拠している。

＊2　Stendhal（1981）, p. 124.

＊3　*Ibid.*, p. 117.

＊4　*Ibid.*, p. 837.

＊5　*Ibid.*, p. 896.

＊6　*Ibid.*, p. 197.「あまりに早く駆けすぎてしまうのではないかという恐れの中で、私はあまりに強く手綱を引いてしまうのだが、それでは駄目なのだ」。

＊7　このテクニックに関する情報をくれたことについてジゼル・ライヒェルト（Sissel Reichelt）に感謝する。

＊8　Sartre（1943）, pp. 88ff.

＊9　マルクスの『資本論』についての博士論文を書いた後、ジノヴィエフは多値論理学へと関心を移した（たとえばZinoviev 1963を参照）。弁証法論理学は、もしそれが何らかの意味をなすつもりならば、形式論理学の言語で表現されなければならない、という私の議論（Elster 1978a, Chs. 4–5）を、彼の研究は裏づけている。ジノヴィエフによる論理学研究の一つの拡張としての風刺的な研究の、その一つの解釈についてはElster（1980a）も参照。

＊10　Zinoviev（1979）, p. 745.

＊11　Zinoviev（1978）, p. 134.

＊12　*Ibid.*, p. 230.

＊13　Dickinson（1970）, no. 303.〔邦訳は亀井俊介編『対訳ディキンソン詩集』（岩波文庫、一九九八年）八七頁による。なお本書における引用はそちらに示されている原文と異なり、第二連の第一行と第四行の最後のダッシュが抜け落ちている。〕

＊14　*Ibid.*, no. 1560.〔邦訳がないため新たに訳出した。〕

＊15　ジョン・ダンの「禁止令（The Prohibition）」〔詩のタイトル〕と比較せよ。「僕が憎いのなら、憎まないように気をつけろ。」〔ジョン・ダンはイングランドの詩人（一五七二～一六三一）。訳文は湯浅信之訳『ジョン・ダン全詩集』名古屋大学出版会、一九九六年、一一三～一一四頁。〕

＊16　Suzuki（1969）, p. 65.

＊17　*Ibid.*, p. 60.

＊18　老子のことば。Capra（1976）, p. 27より引用。

＊19　Veyne（1976）, p. 561.

*20 Tocqueville（1969）, p. 436.〔邦訳：第二巻（上）三一頁。〕

*21 「最も有能な立身出世主義者とは、立身出世主義者としての才能を最も持たない者である。最善の長所とは、何らかの点で注目に値するような何かしらの資質というものを完全に欠いていることである。」（Zinoviev 1979, p. 398）

*22 Hegel（1977）, p. 109.〔邦訳：上巻二一五頁。〕

*23 先の注15を参照。〔この文章については既存訳を用いず新たに訳出した。〕

*24 Hegel（1977）, pp. 55ff. は、精神はその知的探究の旅の中で、常に自分の過去と対決しなければならないという趣旨の一般的な言明である。特に示唆的な例として、pp. 221ff. および pp. 229ff. を参照。同様に、宗教心理学者は、宗教的変節は決して単なる不可知論の形式を取ることはないということを当然のこととしているようである（Pruyser 1974, p. 248）。

*25 Farber（1976）, p. 7.

*26 Ryan（1978）, p. 35.

*27 Williams（1973）, Elster（1979）Ch. 2 第3節、および Winters（1979）は、意図的に信じるということは不可能である、ということを示す様々な議論を、その文章の様々な意味において示している。

*28 このスローガンは厳密には正確でなく、異なる理解を許している。これとはまた別の文脈において（Elster 1979, p. 4）、私は実際に、これとは反対のスローガンを提示した。「思想はその子孫によって判断を下されるべきであり、その祖先によって判断を下されるべきではない」。ポイントは、人はある信念を選び取るとき、そうする根拠を有しているという理由によってのみそうすることができる、ということである。もし当の信念の帰結が実際に観察可能である場合には、その信念のもたらす観察される帰結が、この根拠に含まれるかもしれない——しかしその信念が抱かれているというただその事実のみから引き出されるであろう帰結は、この根拠には含まれない（ただし自己実現的な信念を例外として）。

*29 Ainslie（1980）.〔Ainslie（1980）は本書の参照文献リストから抜け落ちている〕

*30 Stendhal（1981）, p. 124. また Stendhal（1970）, p. 66 も参照。

*31 Stendhal（1981）, p. 267.

*32 Stendhal（1950）, p. 96.「私は率直な女性となり身体を売っているように感じる。あらゆる瞬間に私は、自分自身について語ることを忌み嫌う率直な男性の傷つきやすさを克服することを必要としている。」

*33 たとえば Stendhal（1949）の Ch. 13 および Ch. 47 を参照。

*34 「それでは、いったいどうすれば、愛を合理性のような、

選択と計算を含意する言葉で記述することが可能であろうか？　……人は、コンピュータが完璧な相性であるとして指示する人物と恋に落ちることを自分で選択することはできないが、しかし愛が生じるかもしれないような状況に、あるいはうまくやっていけそうな人物と偶然に出くわすかもしれないような状況に自分の身を置くことを選択することはできる。自分が愛し、また自分を愛し返してくれる人物との結婚のみが訪れるような、そんな種類の人生を送りたいと願っている人は、たとえ自分の感情を自由に選ぶことはできないとしても、普段から自らを愛へ向かわせなければならない」(Heimer and Stinchcombe 1980, p. 700)。

*35　Davidson (1980), p. 70 には次のように書かれている。「アリストテレスからミルにいたるまで、道徳哲学者たちは、幸福でいようと試みることが幸福を生み出すことはありそうもない、ということをずっと指摘してきたのであり、そしてシュリックはこのことを強く確信していたがゆえに、快楽主義を「幸せになるためにあなたにできることをしなさい」ではなく「幸せになる用意をしておきなさい」と読むことで修正したのだった」〔邦訳においては当該箇所は割愛されている〕。

*36　『ニコマコス倫理学』1103. 解説とコメントについてはBurnyeat (1980) を参照。

*37　Kolm (1979), p. 550.

*38　ここで私は現代における発展途上国について述べている。一九世紀のヨーロッパの発展に関しては、いくつかの段階をスキップすることによって、発展の労苦を経験することなしに他の国によって達成された結果を吸収することが可能であり、それゆえに「後発性の利益」(Veblen 1915) について論じることに意味がある。

*39　Kenny (1970), p. 156 はこのように理解されなければならない。

*40　Kolm (1979), pp. 551-2.

*41　Elster (1979), p. 49, note 29.

*42　Sewall (1974), p. 372 から引用した。

*43　Hegel (1977), p. 49.

*44　ヘーゲル、マルクス、そしてエンゲルスによって提起された否定の否定に関するより興味深い例は、私の考えるところでは、次のパターンにある。p-q-r という連続的な発展段階は、次の場合には、否定の否定の一つのケースと見なされる。すなわち、(i)累積的で有機的な成長の可能性を例外として、各段階は相互に両立不可能であり、(ii)その緊張関係を緩めるために媒介的な移行が直接的に選ばれる可能性を例外として、p から r への直接の移行は不可能であり、そして(iii)大抵の物理的プロセスを例外として、q から p への移行は不可能である。以上のように定義されたならば、否定の否定という原理は、一般的な「弁証法」には依然としてはるかに及ば

ないとはいえ、Acton（1967）による批判、すなわち、「否認の言葉と見なされるものを注意深く選択することによって、ほとんどどんなことにも当てはまるようにすることができる」という批判に対して無防備なものではなくなる。

*45 「それゆえに、精神は自分自身へと退却するとともに自分自身から退却する。自分自身に敵対する真の障害物である自分自身を克服しなければならない。発展とは自然においては平穏に生起するが、精神においては困難かつ果てしない、自分自身との苦闘である」（Hegal 1970, vol. 12, p. 76）。ここまではよい。しかしながらヘーゲルはさらに続けて、次のような破滅的でナンセンスな一文を置く。「精神が求めるのは、それ自身の概念の達成である。しかし精神はこれを自分自身から隠しており、そしてこの自己からの疎外に満足しこれを楽しんでいる」。一つ目の引用箇所は、精神的な発展が、生物的な発展と異なり、危機の連鎖を通過すると述べている。二つ目の引用箇所は、そのような危機は普遍的な自己欺瞞の離れ業によって、いくぶんか自覚的に選ばれるのだと付け加えている。

*46 Tocqueville（1969）, pp. 186-7.〔邦訳：一巻（下）三四〜三六頁。引用に当たってエルスターは原文にある改行を省略している。また原文にある why（「わけも分からずに」にあたる部分）が欠落している。〕

*47 これら病理的な命令についての研究は、「ダブルバインド理論」「コミュニケーションセラピー」「パロアルト精神医学派」など様々な形で呼ばれていたものの、核心にあるものである。このアプローチの創始者はグレゴリー・ベイトソンであり（Bateson 1956）、近年の主張としては Watzlawick（1978）がある。ここでの議論から明らかなように、彼らの仕事は主として、臨床上の豊富な証拠によって肉づけされた、ヘーゲル主義・サルトル主義の洞察の独力での再発見である。

*48 Sartre（1943）, p. 434.〔邦訳：2巻三七五〜三七六頁。〔　〕内は訳者（玉手）による。エルスターの引用には欠落があり、原文では「　」内の「私は約束をひるがえしたくないからです。」の後に「私は、私自身に対する忠誠によって、あなたを愛するのです。」という一文が入る。〕

*49 Veyne（1976）, p. 569.〔邦訳：五六二頁。ただし訳文は一部変更した。〕

*50 Zinoviev（1979）, p. 64.

*51 *Ibid.*, p. 541.

*52 *Observer*〔イギリスの新聞〕、一九八〇年二月一七日。

*53 Smullyan（1978）, p. 3.

*54 Smullyan（1980）, p. 95.

*55 Veyne（1976）, p. 99.

*56 *Sunday Times*〔イギリスの新聞「タイムズ」の日曜版〕、一九八〇年一一月九日。

*57 Veyne（1976）, p. 679.〔邦訳：七〇九頁。ただし訳文は

一部変更した。〕

*58 *Ibid.*, p. 676.

*59 *Ibid.*, p. 641. また、Finley（1965）とも比較せよ。

*60 Veyne（1976）, pp. 97ff.

*61 Veblen（1970）, p. 46.〔邦訳：五六頁。〕

*62 標準的な用語法においては、「できる（ability）」は意図的な要素を含んでいるが、このケースではその要素が仮定によって排除されている。一般的に言えば、できるということは、挑戦が成功を伴うということを意味する――もし私にはxすることができ、そしてxすることを望んでいるならば、そのとき私はxする。もしそうならば、xしようとあえて試みないことがxするための条件であるようなケースにおいては、xすることができるということはありえないことになる。この問題に関する最近の議論（たとえばKenny 1975やDavidson 1980のCh. 4）は、そうしようと試みるならばそうすることができなくなるような物事をわれわれはなすことができる、という観点を捉え損なっているように私には思われる。

*63 ブルデューの研究についてのより詳細な議論についてはElster（1981）を参照。

*64 Bourdieu（1979）, p. 94.

*65 Bourdieu（1979）, p.105.〔邦訳：I巻一五〇頁。〔 〕内は邦訳を参考に訳者（玉手）が補足した。〕

*66 Bourdieu（1979）, p. 71.〔邦訳：I巻九八頁。ただし訳文は一部変更した。〕

*67 Bourdieu（1979）, p. 419.〔邦訳：II巻一七二頁。〕

*68 しかしながら彼はこの失敗を整合的に回避しているわけではない。それゆえBourdieu（1979）のp. 273において彼は次のように論じている。「文字通りに意図的な戦略は、意図的な増幅作用によって、稀少なものとありふれたもの、新しいものと時代遅れのものといった弁証法的関係、もろもろの存在状態や性向の客観的な差異化のうちにしるされているさまざまな効果にたいし、絶えず充全な有効性を保証している」〔邦訳：I巻三八〇頁〕。しかし私は、戦略は非自覚的であることで「それゆえにますます有効に作用する」という〔ブルデュー自身の〕見方に照らして、これはただ単に誤りであると考える。〔二つ目の引用はp. 273ではなくもう少し後の箇所。邦訳：I巻三九四頁。〕

*69 Bourdieu（1979）, p. 285.〔邦訳：I巻三九四頁。〕

*70 Van Parijs（1981）のpp. 159ff. は、「特徴的な行動」をその帰結によって説明することを可能にするような一つのメカニズムを提出しようと試みているが、しかしあまりに素描的すぎて納得できるものにはなっていない。Elster（1982c）における私のコメントも参照。

*71 Scheler（1972）, p. 52.

*72 Standhal（1965）, Fragment 47.

*73 Standhal (1965), Ch. XXIV.

*74 Standhal (1952), p. 960.〔邦訳：全集3巻二二二頁。〕

*75 *Ibid.*, p. 1035.〔邦訳：全集3巻三〇八頁。エルスターは原文にある改行を省略して引用している。〕

*76 *New York Times*〔アメリカの新聞〕、一九八一年四月一六日。

*77 *International Herald Tribune*〔本拠地をパリに置く英語新聞で、二〇一三年以降、名前を *International New York Times* に名前を変えている〕、一九八一年五月一一日。

*78 Veyne (1976), p. 676.〔邦訳：七〇五頁。ただし訳文は一部変更した。〕

*79 Schelling (1960), p. 143 およびその他各所。

*80 とりわけ『プロヴァンシアル』「第七の手紙」の「決疑論者による、意志を誘導するという方法」を参照。

*81 Goldstine (1972), p. 297 からの孫引き。

*82 Tocqueville (1952), p. 215.〔邦訳：三四五頁。ただし訳文は一部変更した。〕

*83 セヴィニエ侯爵夫人〔一七世紀フランスの貴族の女性で、娘に宛てた手紙で知られる〕の言葉、Bourdieu (1979), p. 77〔邦訳：一巻一〇八頁〕からの孫引き。

*84 Bourdieu (1979), p. 381. ブルデューは「全体的で、そうとは感じられぬうちに早期からはじまり、ごく幼い時期から家庭でおこなわれる体験的習得」(*ibid.*, p. 70〔邦訳：I巻一〇二頁〕) に由来する審美家の生来の才能と、「遅くから始まり、系統的で加速された習得形態」(*ibid.*, p. 71〔邦訳：I巻一〇二頁〕) から引き出された知識を持つ大学教授たちのペダンティックな頑固さと、「学識免状が与えてくれる「無知でいる権利」を知らない」(*ibid.* p. 379〔邦訳：II巻一一七頁〕) 独学者の救いようのない混乱とを有益な形で比較している。

*85 Bourdieu (1979), p. 274, 283, 382.

*86 Zinoviev (1979), p. 64.

*87 英国映画協会の理事であるアンソニー・スミスが、イギリス映画『炎のランナー (Chariots of Fire)』のアメリカでの驚くべき成功について述べた以下のコメントと比較せよ。「近年のイギリスの製作者たちにとって、巨額の資金はすでに失われてしまっており、彼らは大西洋の向こうの富裕者たちの空虚な妄想の追求のために四苦八苦している。彼らの映画は大西洋の真ん中あたりに沈んでしまい、その一方でアメリカにおける成功は、自分たちの国の問題や歴史や性格について最も大きな洞察力をもって取り扱ったヨーロッパ映画に与えられることになる」(*The Sunday Times*, 一九八二年四月四日)。

*88 Edna St Vincent Millay (1975), Sonnet clxviii.

*89 この見方の詳細については、Elster (1979) の Ch. III.6 を参照。

*90 Sundt (1862), pp. 211-12. いくぶんかより綿密な議論についてElster (1982a), Ch. 6を参照。

*91 ここで私は、その構成要素が現時点でのある所与の秩序の中で認められているがゆえに一次元的であるような芸術について述べている。その純粋なケースは音楽や口承文学である。それに対して記述された詩はすでに二つの次元に関わる要素を有しており、そのことが多くのケースにおいて決定的に重要となる。驚きは、ある所与の要素が、そのシークエンスから導かれるだろうと我々に予測させたものから決定的な形で相違した際に生じる。たとえば音楽における間違った終始音のように。視覚芸術においてはこのような内的な意味での驚きはありえないが、しかし外的な意味での、すなわち芸術作品が、われわれがその芸術家から、あるいは特定の学派・時期から期待するであろうものに一致しないという意味での驚きならばありうる。内的な驚きがリニア・アートにおける美的経験にとって決定的なものであるのに対して、外的な驚きは、私の見る限り、そのような機能を持たない。これはWollheim (1980), pp. 146ff. で論じられていることと反対の主張である。

*92 Wollheim (1974), Ch. 5.

*93 これらのフレーズはDickinson (1970), no. 77より。一つ前の詩では以下のような、自己記述的な美的経験の描写が示されている〔亀井俊介編『対訳ディキンソン詩集』岩波文庫、一九九八年、三八～三九頁〕。

歓喜とは出て行くこと
内陸の魂が大海へと、
家々を過ぎ――岬を過ぎ――
永遠の中へと深く――

わたしたちのように、山に囲まれて育ったなら、
船乗りにも分かるでしょうか、
陸地から一里沖へ出た時の
この世ならぬ恍惚が？

*94 この話題に関する情報について、妻のエリザベス・エルスターから恩義を受けた。ゴシック・リバイバルについての、これとはかなり異なる解釈の一つがWatkin (1977) に見られる。

*95 Jones (1856), p. 6.

*96 Dresser (1962), Bøe (1956), pp. 168-69からの孫引き。

*97 Pugin (1836), p. 3.

*98 Pugin (1841), p. 52.

*99 Ruskin (1853), §38.

*100 私はElster (1978a) のCh. 3において、これらの概念の分析のための形式的な枠組みを示しており、そこでは「政治的可能性」という概念を様相演算子として解釈している。とはいえ私は、Kenny (1976) によって指摘され、Elster

（1980b）においてより詳細に論じた理由によって、今ではこのような概念化は決定的に不適切であると考えている。簡単に言えば、政治的可能性は――ケニーの分析の対象である能力〔という概念〕のように――選言命題に対する可能性の分配において様相法則に従うものではない。ソヴィエトか中央委員会かそのいずれかがすべての権力を有しているような、そのようなものとして記述される状態を引き起こすことが政治的に可能であるその一方で、その選言肢のそれぞれは政治的に実行不可能であるかもしれない。

*101　Zinoviev（1979）, p. 483. 同様に、トクヴィルは次のように論じた。中央集権化が「長じているのは何かを妨げることであって、何かをなすことではない、社会を深部から揺るがし、急激な動きをこれに与えねばならぬときには、集権制は何の力にもならない。少しでも個人の協力を仰ぐ必要のある措置をとる場合には、集権制の巨大組織は驚くほど無力である。突如としてそれは無能をさらけだす」（Tocqueville 1969, p. 91.〔邦訳：第一巻（上）一四四～一四五頁。エルスターは原文にないatを補って引用しているが、文意に差異は生じない。〕）。

*102　Zinoviev（1979）, p. 198.

*103　*Ibid.*, p. 750.

*104　この議論は、明示的にではないとしても少なくとも非形式的な形でZinoviev（1979）に示されている。

*105　大統領に選出されたすぐ後になされた、ジスカール・デスタンによる以下のコメントと比較せよ。「一九六八年以前の状況に立ち返ることに何の疑義もないことは明らかである。一九六八年以前の状況は一九六八年を導くための先行条件を含んでいたという、ただそれだけを理由とするならば。」（*Le Monde*, 一九七八年一月八日）〔一九六八年はフランスにおいて「五月革命」と呼ばれる反体制運動が勃発した年である。〕

*106　Tocqueville（1952）, p. 197.

*107　Tocqueville（1969）, p. 206.〔邦訳：第一巻（下）六九頁。〕

*108　Zinoviev（1979）, p. 572.

*109　Zinoviev（1978）, p. 79.

*110　Zinoviev（1979）, p. 804.

*111　Elster（1980a）において私はジノヴィエフが凡庸さについての彼の理論を説明しているいくつかの文章を概観している。一つのサンプルとして、本章の注21を参照。

*112　Tocqueville（1969）, pp. 651-52.〔邦訳：第二巻（下）一八七頁。原文ではa burdenとなっているところ、冠詞aが欠落している。〕

*113　あらゆるケースにおいて可能であることは個々のケースにおいてもまた個別的かつ排他的に可能であるという信念は、Elster（1978a）, pp. 97ff. で理解されたような、合成の誤謬

（fallacy of composition）の逆のものと考えられる「分割の誤謬」（fallacy of division）」の候補として適切なものである。

＊114　Veyne（1976）, p. 314. また Tocqueville（1969）, p. 549〔邦訳：第二巻（上）、第二部第十七章の末尾部分〕と比較せよ。

＊115　Kant（1795）, p. 126.

＊116　Rawls（1971）. P. 133.〔邦訳：一七九頁。〕〔ここでのエルスターの引用は不正確であり、原文では「The Parties assume」となっている箇所を「They must assume」としている。後の文章との接続を考慮して、ここではエルスターに従い、邦訳書内の該当の文章に「いなければならない」を付け加える形を取った。〕

＊117　*Ibid.*, pp. 177 ff., とりわけ p. 181.

＊118　Parfit（1981）, p. 554.

＊119　Tocqueville（1969）, p. 596.〔邦訳：第二巻（下）八二～八三頁。〕同様の形式のまた別の重要な議論が、Tocqueville（1953）, p. 111 に示されている。「たとえ地方三部会（Etats Particuliers）の組織がラングドック州のような独立した州において無害だったとしても、国家的なスケールでの全国三部会（Etats Généraux）も同等に無害だろうと考えた時、王は判断を誤ったのだった」。

＊120　Tocqueville（1969）, p. 723.〔邦訳：第一巻（上）三一二頁。〕

＊121　Tocqueville（1969）, pp. 208–209.〔邦訳：第一巻（下）七四頁。〕民主主義の擁護として、この議論は、Buchanan and Brennan（1980）のように租税はそもそも盗みであると考えている人々に対しては説得力を持たないだろう。また逆のケースを取り上げるなら、Marx（1879–80, p. 359）は資本主義が「剰余を「差し引く」あるいは「奪う」のみならずその生産を強制するのであり、それゆえ差し引かれるものの創出の手助けもする」ことを完全に認めているが、しかしこれが搾取を正当化しうるとは考えなかった。加えて同様に、もし政府が他の状況においては〔自由な経済活動への〕介入によって課税可能所得の損失をもたらすとしても、このことは必ずしも介入に反対する議論とはならない。

＊122　Tocqueville（1969）, p. 599.〔邦訳：第二巻（下）八六～八七頁。〕移行的な影響と定常的な影響との間の区別はトクヴィルの研究において頻繁に見られる。最も明白な言明は次のものである。「すなわち、平等の事実それ自体と、これを社会状態と法律に導入するに至る革命とを混同しないように注意すべきだということである。われわれを驚かすほとんどすべての現象の理由はそこにある」（Tocqueville 1969, p. 688〔邦訳：第二巻（下）二五〇頁〕）。奴隷制度の廃止について書いた際にも（Tocqueville 1962, pp. 45, 55）彼は、廃止によって生じると予測される諸困難はあくまで一過性のものでしかないと指摘することを忘れていない。『旧体制〔と大革

命〕』の第二巻の脚注において、彼は独裁制が文学に対してもたらすと主張されている肯定的な影響は、ただ独裁制の導入に由来するものであってその定常的な本性に由来するものではないと論じた（Tocqueville 1953, pp. 345-6）。定常的な因果関係に関する一般的問題については Elster (1982a), Ch. 1 を参照。

*123 事実の問題として、この考え方は『アメリカのデモクラシー』で示されたものではない。しかし、われわれはトクヴィルがアメリカの民主主義の将来的にありうる発展について論じるとき、それは多数派の専制に至ると述べているところもあれば、金権政治による独裁的な中央集権に至ると述べているところもあるが、常に非常に試行的かつ仮説的なやり方で論じていることを見て取る。またフランス革命について書く際に彼はしばしば、政治的行為者たちが事態の成り行きを予測する際に依拠していたその総体的な大胆さと、それによって彼らの誤りが明らかとなったその単調な習慣性との間の対比を指摘している（たとえば Tocqueville 1953, p. 151）。

*124 さらに言えば、エドマンド・バーク（Burke 1955, p. 198）や〔カール・〕ポパー（Popper 1957, p. 151）とともに、試行錯誤あるいは漸進的な社会工学（piecemeal social engineering）は十分に基礎づけられた予測の代わりになると論じるのは、うまくいかないだろう。それらのやり方は原理(i)から(iv)を考慮できていないからである。制度改革の初期時点での実行可能性あるいは局所的な実行可能性を追求していく漸進主義的な手法は、広範かつ長期的に実行可能な制度は小さい範囲において短期間にもそうであるとは限らないという事実を無視している。実際のところ、これがフランス革命についてのバークの評価に対するトクヴィルの主たる反論である（Tocqueville 1953, pp. 340ff.）。

*125 Tocqueville (1969), p. 229.〔邦訳：第一巻（下）一〇八頁。〕さらに、民主主義は長期の意思決定に関して欠陥のあるシステムであるのみならず、諸個人の近視眼的な態度を促進する傾向も有している。

*126 Tocqueville (1969), p. 224.〔邦訳：第一巻（下）九九頁。ただし訳文は一部変更を加えた。〕〔「社会の真の力」の部分は原文では the real strength of society だが、エルスターは the real forces of a society と引用している。また、原文では末尾の部分は「貴族制の政府や絶対王政（an aristocratic government or an absolute monarchy）」だが、エルスターの引用では最後の or an absolute monarchy の部分が欠落している。〕これと同様の資本主義擁護論については、Schumpeter (1954, p. 83) を参照。この点については Elster (1982a), Ch. 5 においてさらなる議論を行っている。

*127 Tocqueville (1969), pp. 243-44.〔邦訳：第一巻（下）一三四～一三六頁。エルスターは原文にある改行を省略して引用している。また原文にない to を補って引用しているが、

文意に差異は生じない。〕

*128 *Ibid.*, p. 275.〔邦訳：第一巻（下）一八九頁。〕

*129 *Ibid.*, p. 244（〔フランス語から英語への〕翻訳を変更した）。

*130 Cohen (1978), p. 171. この考え方は、いかにして資本主義以前の生産関係が、本来的には保守的であるにもかかわらず、生産力の「発展形態」となりえたのかをアナロジーによって説明するために提示されたものである。

*131 Mill (1859), p. 106.〔邦訳：一三五頁。〕Hirshman (1982) の p. 82 はミルの議論に依拠しつつ次のように論じている。「公的行為がある個人に与える便益は、期待された結果と彼または彼女が供給した努力との差ではなく、それら二つの量の和である、ということになる」〔邦訳：九八〜九九頁〕。どのような適切な関数形がありうるのか私にはわからないが、私の一般的な議論からは次のことが帰結する。すなわち、個人によって供給された努力は、期待された結果が——ハーシュマンによって論じられたような、その相互作用が加算的であるようなケースにおいてありうるのとは反対に——ゼロではない場合にのみ利益をもたらす。〔訳者はエルスターが直接に引用している一九六二年の書籍に当たることができなかったが、トロント大学版のミル全集において当該の論文「ベンサム」には、「人間事象の単なる実務的部分（the merely business part of human affairs）」という文章は存在しない。おそらく、同一段落にある"the merely business part of the social arrangements"という箇所と"the business part of human *affairs*"という箇所が混同されているものと思われる（*The Collected Works of John Stuart Mill*, Volume X, pp. 99-100）。それぞれ邦訳では「社会制度の単なる実務的部分」「人間事象の実務的部分」となっているため（邦訳一三五頁）、本文のように訳出した。〕

*132 Pateman (1970), p. 29.

*133 Arendt (1973), p. 119.〔邦訳：一八三頁。ただし訳文は一部変更した。〕

*134 Arendt (1958), p. 37.〔邦訳：五九頁。〕より詳しい言明は次のようなものである。「……公的領域は個性のために保持されていた。それは人びとが、他人と取り換えることのできない真実の自分を示しうる唯一の場所であった。各人が、司法や防衛や公的問題の管理などの重荷を多かれ少なかれ進んで引き受けていたのは、真実の自分を示すというこのチャンスのためであり、政治体にたいする愛のためであった」（*ibid.*, p. 41〔邦訳：六五頁〕）。

*135 Finley (1976), p. 83.

*136 この問題をめぐる広範な議論については Barry (1979) と比較せよ。Veyne (1976), pp. 415ff. は次のことを説明している。ローマにおいて投票するインセンティブはよりいっそう小さかった。というのも〔投票が〕結果に影響を与える

見込みが小さかったことに加えて、その結果は投票者に対してほとんど何の改善ももたらさなかったからである。しかし秘密投票ではなかったがゆえに、投票はなされた――そしてまた投票は無視できない社会的行事であった。このことは、(i)結果に影響を与える見込みの小ささ、(ii)投票者にとっての当の結果の重要性の小ささ、(iii)秘密投票、そして(vi)高度の自発的参加の並存は期待できないだろうということを示唆している。

*137 Benn (1978), p. 19.

*138 Barry (1978), p. 47.

*139 Parkin (1968), Barry (1978) からの孫引き。

*140 *Sunday Times*, 一九八〇年一一月二日。

*141 ここで引用した運動（kinesis）の意味についてはKenny (1963) を参照。

*142 Bernstein (1899), Ch. V.

*143 チェスにおいて優雅さは、勝利に対して辞書的に下位に置かれている。このことはまた、飛距離と姿勢の二つの基準によって採点されるスキー・ジャンプ競技における最近の動向でもある。かつてはそれら二つの基準の間にトレードオフがあったのだが、徐々に審査はしぶしぶながら、姿勢についての高評価を短いジャンプに対して〔のみ〕与えるようになってきているようで、それゆえ姿勢はただ、ほぼ等しい飛距離の多数のジャンプの間に差異を儲けるために用いられている。〔すなわち、今では姿勢の良さは飛距離に対して辞書的に下位に置かれている。〕

*144 Coleman (1973).

*145 Tsou (1980) は、いかにして「機能的な分析が保守主義的な部門のみならず急進主義的な部門においても確認されえた」のかをよく明らかにしている。彼の論じるところでは、中国においては「政治的な武器としての機能的分析の乱用が、教育を受けた若者、化学者、エンジニア、医師、ヒューマニスト、社会科学者、作家、芸術家そしてその他の専門家たちからなる世代の無駄遣いに貢献した」〔引用ページ数は記載されていない〕。

*146 この段落はElster (1975) から多くを引いている。

*147 この段落はElster (1979), Ch. 1 およびElster (1982a), Ch. 2 から多くを引いている。

*148 Davis and Moore (1945). またBoudon (1977), Ch. VI の論評によれば、この議論はRawls (1971) の経験的諸前提の中で再現されている。

*149 Coser (1971), p. 60 はたとえば次のように論じている。「官僚組織内および官僚組織間の対立は、その組織形態を脅かす硬直化と儀式主義を避けるための手段を提供する」。

*150 マンデヴィルを引き継ぐように、Barelson (1954, p. 316) は次のように記している。「個人的な要求と比較評価した場合には最も望ましくない〔とみなされるような〕投票者たち

は、融通性への集団的な要求と比較評価した場合には寄与するところが最も大きい。……彼らは最も熱心さを欠くとともに最も関心を欠いた投票者であるかもしれないが、しかしシステム全体に対して貴重な作用を発揮するのである」(Pateman 1970, p. 7 からの孫引き〔［ ］内は訳者（玉手）による補足〕)。

*151 Foucault (1975), p. 277.〔邦訳：二七〇～二七一頁。［ ］内は既存訳における訳者補足を引いた。〕Elster (1982d) も参照。

*152 私の数える限り、このフレーズは『ディスタンクシオン』の中に一五回登場する (Bourdieu 1979, pp. 33, 35, 45, 161, 175, 234, 335, 358, 371, 397, 405, 467, 508, 515, 552)。〔邦訳ではI巻の五三、五六、六八、二二四、二四一頁など。訳語としては「すべてはあたかも」「すべてはまるで」等が用いられている。〕

*153 Bodemann (1895), p. 105 からの孫引き。

*154 これは誤解を招きやすい定式化である。というのも説明力を持つのは実際の帰結ではなくむしろ意図された帰結だからである。偶然に両者が一致する場合でさえそうである。

*155 他の場所 (Elster 1979, Ch. 1 第5節) で私は「濾過的説明 (filter-explanation)」という用語を提唱した。この形式の説明の基礎をなすメカニズムの一つは、アニマル・ブリーダーによって実践される人為的な選別だろう。

*156 Skinner (1981) および van Parijs (1981), Ch. 4 (および随所) も参照。

*157 社会科学における自然選択モデルに関する議論について、van Parijs (1981), Ch. 3 および Elster (1982), Ch. 6 を参照。

*158 Stinchcombe (1974, 1980) は、社会変化は吸収状態を有するマルコフ連鎖としてモデル化できると論じる。そのモデルは、当の社会組織を生じさせるメカニズムについて詳細な知識を持っていない場合でさえ、その安定化効果（あるいは脱安定化効果の欠如）によって社会制度を説明することを可能にする。

*159 Cohen (1978) はこの考え方を非常に詳細に擁護している。

*160 より詳細な議論については Elster (1982a), Ch. 2 を参照。

*161 Bourdieu (1979), Ch. 6, とりわけ pp. 422ff.

*162 Veyne (1976), p. 327.

*163 Weber (1968), p. 591.

*164 一つの例として、Gullestad and Tschudi (1982) において批判的に論じられている。Scheff (1966), p. 27 を参照。このような破滅的な実践の体系的な擁護が、Mitroff and Mason (1981) によって提出されている。

*165 Hirschman (1982), Ch. 1.〔厳密には p. 14, 邦訳では一

五頁。〕

第三章

＊1　Bateson（1972）, p. 334 からの孫引き。

＊2　Kolm（1979）, p. 530.

＊3　「適応的効用」という言葉は Cyert and DeGroot（1975）でも用いられているが、しかし彼らの用法は、ある意味では、私がここで学習による内発的な選好変化と呼ぶものにより深く関連している。また彼らはその語を、「戦略的効用」とでも呼んだ方がより適切であろうもの、すなわち、合理的な個人が自分の選好は将来変化するだろうという現時点での事実を考慮に入れる必要性を指しても用いている（Tocqueville 1969, p. 582〔邦訳：二巻（下）五五～五六頁〕も参照）。私は本書で用いられているような意味での適応的選好について、経済学の文献の中でどのような議論がなされているのかをまったく知らないが、しかし Kolm（1979）, pp. 531-5 における仏教的な計画的性格形成に関する経済学的分析から、いくつかの洞察を引き出すことができるだろう。

＊4　選択についての彼の一般理論に関しては Veyne（1976）, pp. 706 ff. を参照。それは⑴選択肢は意のままに分解したり再構成したりすることのできないまとまりの中にあり、⑵人々は行きすぎる傾向にあり、そして⑶選択はひとたびなされれば選好に対して遡及的に影響をおよぼす、という考え方に基づいている。

＊5　Bourdieu（1979）は「必要性の選択（'le choix du nécessaire)」を彼の選択と嗜好の理論における中心概念としているが、この考えは概念的な明確化を欠いているがゆえに曖昧なままにとどまっている。彼は、「避けられないならしっかり向き合う」を実践して高価なペルシャ製のカーペットの代わりにルーマニア性のカーペットを用いる大学人たちをからかっている（p. 326）。しかし彼の議論の中には、大学人たちが実際にルーマニア製のカーペットを〔ペルシャ製のものよりも〕好むようになったこと、あるいは少なくとも等しくよいものであると考えるようになったことを指し示すものは一切ない——それら二つの代替案がそれぞれ無意識の適応および意図的な選好調整に対応していることを指し示すものもない。他方で彼は、個人的には好まない芸術作品に言及することができるというまさにその事実が上流階級出身であることのしるしとなるということ——文化的に恵まれない人々はこれらの贅沢品を持つ余裕がない——を述べるとき（p. 406）など、酸っぱい葡萄についていくつものすぐれた事例を提示してもいる。〔高価なペルシャ製のカーペットの代わりにルーマニア性のカーペットを用いる大学人、という文章が登場するのは、『ディスタンクシオン』においてブルデューが大学教授層の禁欲的貴族主義に言及する文脈においてである（邦訳Ⅱ巻四九頁を参照）。大学教授層は文化資本が豊

富であるが経済力は小さく、それゆえに自分の高尚な趣味を満たすことができないため、それを補って禁欲的貴族主義に走るとされている（この点において彼らは、同じく文化資本が豊富であり、かつ経済力もある自由業者たちの贅沢趣味と対比される）。」

＊6　Gorman (1967), p. 218.

＊7　Sen (1975), p. 54.

＊8　以前の研究（Elster 1979）において私は、ここに引いた文章を「誘惑」を正当化するものとして、すなわち、事後の選好は事前の選好の強制的な侵害を正当化する、と論じるものとして解釈した。センはこの読みに対して異を唱え、当の一節には、厚生の分析は事前及び事後の選好の双方を考慮に含めるべきである——標準的な見方におけるように前者のみを見るのではなく、また彼の考えるところでは私が彼に帰した見方におけるように後者のみを見るのでもなく——ということ以上のことは何も含意されていないと論じている（Sen 1980-81, p. 211, note 14）。私の簡潔なコメントが（彼の最初の文章も同じくらい簡潔だが）、事後の選好は常に事前の選好に優先する、という見方を彼に帰するものとして読めるということには、私は同意するし、そしてこの（妥当でない）見方が実際のところこの一節からは支持されないということにも同意する。しかし、私のそもそもの批判はなお有効である。センが「依存する」というフレーズで意味していることが、yと比べてのxの厚生の評価は、事後的に得られたyよりもxを好むという選好によって増進されるし、また事後の選好は事前の選好に対して辞書式順序で従属しているわけではない、ということであると仮定するなら、このとき、事前の選好が乗り越えられるケースが存在するに違いない。もし事前の選好と事後の選好との間で厚生のトレードオフが存在しているとするならば、このことが意味しているのは事前の選好が時として乗り越えられうるということであって、常に乗り越えられるだろうということではもちろんない。しかしながら、私の見るところでは、選好の逆転それ自体が事前の選好の強制的な侵害を正当化する、ということは決してない。

＊9　実際のところ、安定性と不可逆性のいずれも、選好変化が学習によるものであることの十分条件ではないし（なぜなら嗜癖的な選好もまたそれらの条件を満たすから）、必要条件でもない（なぜなら選択肢についてより多くのことを学ぶことによって選好の逆転が起こることがあるから）。

＊10　性格の重要性については、Williams (1981) の Ch. 1 を参照。

＊11　Elster (1979) の Ch. II ではそのような事前制約の様々なテクニックについて概観している。事前制約の目的は、特定の選択肢が一時的に利用不可能になることの結果として、その選択肢を永久に利用不可能にするか、あるいは永久に望

ましくないものにするかのいずれかにある。後者は計画的性格形成を用いての事前制約であろう。それに対して、ここでは私は一つ目の類型の方に関心を持っている。

＊12　Ainslie（1984）は、意志の弱さと衝動性を克服するために工夫された特定の心理的「簿記」整理が、いかにして性格の過剰な硬直を導きうるかということを示している。

＊13　Veyne（1976）, pp. 660 ff. 本書第四章第3節も参照。

＊14　Veyne（1976）, p. 89.

＊15　Lukes（1974）, p. 23.〔邦訳：三七〜三八頁。〕

＊16　Thompson（1968）, p. 391.

＊17　*Ibid.*, p.412.

＊18　伝導力があったというのは、カルヴァン派が維持されえたのは心理学的に見て「世俗内禁欲」によってのみである、という意味においてであり、そのような禁欲が教義によって命令される、あるいは教義から論理的に引き出されるという意味においてではない。Thompson（1968）, p. 38 から明らかなように、カルヴァン派はニューカム問題（Nozick 1969）の一例である。すなわちそれは、救済に対する因果的な基準と診断上の基準との混同についてのニューカム問題なのである。Tversky（1982）も参照。〔ニューカム問題（Newcomb's problem）とは、物理学者ニューカムが提起したパラドックスとして、ノージックが公表したことで知られる合理的選択の問題であり、あなたの行動を完全に予測できる能力を持つ（神のような）存在とあなたとの間でなされる、ある特殊なやりとりをめぐって展開される。具体的には次のようになる。「あなたの選択を正確に予言できる能力を持っていて、その能力に対してあなたが大きな信頼を抱いている存在者が、以下のような状況の中でのあなたの選択を予言しようとしている。B_1とB_2という二つの箱がある。B_1には一〇〇〇ドル入っている。B_2は百万ドル入っているか、空っぽかの、いずれかである。あなたには次の二つの行為のどちらかを選ぶ選択肢が与えられている。⑴両方の箱の中に入っているものを受け取る。⑵B_2に入っているものだけを受け取る。その上、以下のことをあなたは知っているし、あなたが知っていることをその存在者は知っているし等々のことが成り立っている。すなわち、もしその存在者があなたは両方の箱の中に入っているものを受け取るだろうと予言したならば、彼はB_2に百万ドルは入れない。もしその存在者がB_2に入っているものだけを受け取るだろうと予言したならば、彼はB_2に百万ドル入れる。最初にその存在者が予言を行う。次に彼が、自分の予言に従って、B_2に百万ドルを入れるか入れないかする。その後、あなたが選択する」（一ノ瀬正樹『原因と理由の迷宮――「なぜならば」の哲学』勁草書房、二〇〇六、八八頁）。〕

＊19　Thompson（1968）, pp. 392-3.

＊20　*Ibid.*, pp. 412 ff.

＊21　計画的性格形成に関する仏教的およびスピノザ的理論に

ついてはKolm（1979）およびWetlesen（1979）を参照。ウェトルセンによるスピノザ読解は、彼の著作のタイトルから明らかなように、仏教思想にもまた大きく影響を受けている。

＊22　概観として、Mahoney and Thoresen (eds.)（1974）を参照。

＊23　この言葉はSchelling（1978）によって造り出された。March（1978），Thaler and Shefrin（1981），およびSchelling（1984）のCh. 3およびCh. 4も参照。

＊24　Wetlesen（1979）のCh. 4では有益な議論がなされており、そこでは漸進的な解放戦略と即時の解放戦略の間の区別が強調されている。前者にはその亜種として社会統制による解放と自己統制による解放がある。彼の解釈によれば、スピノザは漸進的な戦略によって自由の最高位の形態に導かれることがありうるとは考えていなかった。これは先に第二章第3節で論じたKolm（1979）の見方とは正反対のものであるように思われる。

＊25　Nietzsche（1887），I-10. またはNietzsche（1888），pp. 410 ff. なおScheler（1972）はこの現象について、魅力的かついささか不愉快な分析を行っている。

＊26　Nietzsche（1888），p. 428.

＊27　Veyne（1976），pp. 312–13.〔邦訳：三五〇頁。ただし訳文は訳者（玉手）による。〕

＊28　Loevinger（1976）は曖昧さに対する寛容を、自律的な人格の性格的特徴として捉えている。

＊29　概観として、Jones（1977）のCh. 3、およびNisbett and Ross（1980）のCh. 5とpp. 238 ff. を参照。

＊30　Tocqueville（1953），p. 331.

＊31　「極端に走る」ということの意味は「最も近くの極端に走る」という言葉遣いでこそ最もよく理解されるように思われるので、典型的には、連続的な流動性予想から「命令による社会（sociétés à orders）」が生み出されるような、何らかの閾値メカニズムが出てくるだろう。

＊32　Wicklund and Brehm（1976）のCh. 5はこの問題についての根拠を提供している。ここで次のことに言及しておくべきであろう。すなわち、〔人々の非意図的な適応について論じる〕フェスティンガー学派の多くの発見が、選び出された選択肢の魅力が増すことによって不協和が縮減されるということを含意しているが、このことは、それ〔＝選び出された選択肢の格上げ〕は非自覚的な適応によるよりも熟慮による計画的性格形成によってこそいっそう起こりやすいとする私の主張と対立する。たとえば、人々は自らが所有している商品についての広告の熱心な読者になる傾向があるという事実はよく知られている（Festinger 1957, p. 49）。これを選び出された選択を格上げするための意図的な戦略として理解することはほとんどできないだろう。しかしながら、このこ

とは〔以下にみる〕事実的状況依存的な選好形成と可能的状況依存的な選好形成との間の区別によって、ある程度まで説明できるものであると私は考える。車を購入した後、それがどれだけ良いものであるかを教えてくれる広告を読むことは、ライバル他社ブランドについての否定的な評価を見ることよりも、賢い選択をしたのかどうかについての疑念を簡単に消し去ってくれるだろう。しかし選択する前には、あなたには手の届かない高価な車によってもたらされる羨望あるいは苦々しさの感情は、酸っぱい葡萄による〔すなわち選択肢の格上げではなく格下げによる〕不協和の縮減からの影響をずっと受けやすいだろう。

＊33　このことはSheler (1972) において、「価値を損なうことへの衝動」について論じる中で熱心に強調されている。そこでは「他の誰かの大きなメリットに逆らうとしても、愛以外にいかなる救済策もない」という趣旨でゲーテが引用されている。

＊34　Veyne (1976), p. 708.〔邦訳：七四八頁。ただし訳文は一部変更した。〕

＊35　Elster (1979), Ch. II-4 における、デカルトの次のような格率についての議論を参照。「自分の行動において、できるかぎり確固として果断であり、どんなに疑わしい意見でも、一度それに決めた以上は、きわめて確実な意見であるときに劣らず、一貫して従うこと」(Descartes 1897-1910, vol. VI, p. 24〔邦訳：三六頁〕)。

＊36　属性の選択の重要性については、Aschenbrenner (1977) を参照。ただし、彼の関心はあくまで属性形成のランダム性にあり、ここで論じられているようなよりいっそう体系的なバイアスには向けられていない。

＊37　Shepard (1964), p. 277. および Ullmann-Margalit and Morgenbesser (1977), p. 780.

＊38　もちろん人々は、責任を負うことに伴うスリルを求めて、甲乙付け難いような意思決定を好むこともある。しかしそのようなケースはおそらく滅多にないだろうという点で、私はFellner (1965), p. 33 に同意する。

＊39　Stigler and Becker (1977) および Winston (1980) は有益な嗜癖という概念を意義あるものとして受け入れている。このような考え方を排除するべきだとする一つの重要な理由は、嗜癖の特異性に関してのものである。人は実質的にはあらゆる活動について「有益な嗜癖」を育むことができるが、しかし非隠喩的な意味での嗜癖はもっとずっと特殊なものである。

＊40　Winston (1980) および Thaler and Shefrin (1981) は嗜癖を説明するにあたって心の分裂を前提としている。

＊41　したがって Ainslie and Schaefer (1981) によるアルコール依存症の分析は、あくまでアルコールに嗜癖している状態についてのものであり、嗜癖の時間的変化についてのもの

ではない。

*42　この病理的かつ共有された現象に関するいくつかの所見について、Elster（1979）の Ch. 3 を参照。

*43　個人的な会話による。

*44　このことはたとえば、Elster（1979）, p. 77, note 68 において引用されたすべての研究に対して当てはまる。

*45　より正確には、問題はこれよりもいくぶん混み合ったものである。フランス語における「青い Vert」は一般に熟成の欠如を意味しうるのであり、たとえば熟成し切っていないワインについて用いられる〔ものなので、単純に認知の問題であるとも言い切れない〕。その上、葡萄が酸っぱいという思考は、特定の葡萄について抱かれたものである場合には、信念についての問題でありうる〔のであって、単純に嗜好の問題であるとも言い切れない〕。葡萄というのは一般に酸っぱいものだろうと狐が信じるに至った場合に限って、厳密な意味で、その獲得不可能性によって〔信念ではなく〕嗜好の変化が引き起こされたのだと述べることができるだろう。

*46　工業化への本腰でない試みは、それを正当化しうるような経済成長抜きに、社会的な大変動を生み出す傾向がある。これについてのすぐれた議論として、Knei-Paz（1977）, pp. 100ff. を参照。

*47　Levenson（1968）, vol. I, pp. 65ff.

*48　*Ibid.*, pp. 69ff.

*49　*Ibid.*, pp. 107-8.

*50　Stouffer *et al.*（1949）.〔『アメリカの兵隊』はこの研究書のタイトルである。〕この発見は時として「トクヴィル効果」とよばれるが、それは Tocqueville（1952）, pp. 222-3 における分析を受けてのことである。

*51　Merton（1957）, p. 237. なお、Boudon（1977）, Ch. V は幾分異なった説明を――非合理的な期待ではなくむしろ合理的な期待のタームでの説明を――提示している。昇進のチャンスが高まるとき、昇進を手にしようと特別な努力をする価値があると事前にみなす人の数はそれ以上に〔昇進のチャンスの上昇以上に〕増加し、それによってより多くの失望と欲求不満が事後にもたらされる、というのがその説明である。

*52　Goldman（1972）, p. 223.

*53　*Ibid.*

*54　他方で、〔実際に〕できるということは、形式的な意味での自由以上のものではあるが、権力ほどのものではない。もし現実の世界においてあなたがxを達成することができるなら、このことは、せいぜいのところあなたがxを達成したいという欲求を持っている点において現実の世界と異なっているだけのあらゆる可能な世界において、あなたはxを手に入れるということを意味する。しかしながら権力は、より大きな可能世界の集合に対して、すなわちあなたがxを手に入れることに対する抵抗が存在するような世界も含む集合に対

して、定義される。
*55　私の見解は、ある人がxをなすことを妨げることを目的として意図的に生み出された障害が存在しない限り、その人はxをなす形式的な自由を持つ、というものである。さらに私は、この形式的な自由はたとえ完全な実行能力を伴わないとしてもなお、意味あるものであると考える。このことは少なくとも二つの理由に基づく。〔第一に〕ほかの人の意思に従属していないということはそれ自体として良いことである。そして〔第二に〕そのように従属していないときには、選択機会はより良いものとなり、〔xと〕実質的に同等であるような何事かを達成することができるかもしれない。もし私がある本を購入する経済的余裕がなかったならば、私はそれを図書館から借りることができる。しかしもし政府がその本の販売を禁止しているならば、それが図書館で利用可能な状態に置かれることも同様に禁止されているだろう。
*56　Cohen（1979）を参照。
*57　Berlin（1969）, p. xxxviii.
*58　Berlin（1963-64）, p. 193.
*59　Berlin（1969）, p. 130, note 1, および Berlin（1964-64）, p. 191.
*60　「いくつかのドアは他のものよりもより一層重要である。それらが導く財は、個人的および社会的生活において〔他のドアが導く財よりも〕ずっとずっと中心的なものなのである」（Berlin 1963-64, p. 191.）。
*61　Taylor（1979）はこれと同様の主張を行っている。
*62　Berlin（1963-64）, p. 185.
*63　先に第一章第3節で論じた満足についての議論と比較せよ。
*64　この反カント的な考えについて、私は再び〔本章注10に続いて〕Williams（1981）の Ch. 1 に依拠している。もし性格が過去の選択に由来するならば、そしてもし多くの選択が大抵は恣意的であるかあるいは少なくとも最適化よりは充足化に基づいているなら、「合理的な性格」というアイデアはほとんど意味をなさない。
*65　Cohen（1979）.
*66　すなわち〔厚生の分配における議論と同様に〕自由の平等主義的な分配に賛成することも、そのマキシミン分配に賛成することも、さらには自由の総和を最大化する分配に賛成することもできるということである。ロールズはマキシミン原理を厚生から自由へと拡張したが（Rawls, 1971, pp. 231ff.）、対照的にノージックは根本的に、自由について平等主義的な見方を取っている（Nozick, pp. 28ff.）
*67　先に第一章第4節の終わり（とりわけ第一章の注72）で論じた、「責任のコスト」についてのエイモス・トヴェルスキーの研究をめぐる議論と比較せよ。
*68　Cohen（1979）.

＊69　Rawls (1971), p. 204.〔邦訳：二七七頁。〕

＊70　この箇所およびこれ以降において、私は〝P〟を厳密な選好関係（「より良い」）、〝R〟を弱い選好関係（「少なくとも同じくらい良い」）、〝I〟を無差別の意味で用いる。

＊71　Elster (1978a), pp. 196ff. では、この議論についてより詳細な言及を行っている。

＊72　実際のところは、現実に生じた在り方が最善のものであったとみなしている人がいるとは思えない。それゆえ議論はむしろ、それは資本主義的でありながらそれらしさが足りなかったと考える――T・S・アシュトンやF・ハイエクのような――人々と、その悲惨さは資本主義的でありすぎたことに帰せられると考える――E・ホブズボームやE・P・トンプソンのような――人々の間でのものである。

＊73　Elster (1978a), p. 220, note 35 で論じたように、「オプティミズム」対「ペシミズム」という用語法は誤解を招くものである。ペシミズム対非ペシミズムがここで議論される事実的な問題であり、オプティミズム対非オプティミズムの問いは、産業化の代替的かつより良い方法についての反事実的な問題である。

＊74　Engels (1845), pp. 308–09. また Marx (1857–8), pp. 162, 488とも比較せよ。

＊75　Sen (1970) の Ch. 7 は効用の集計の問題について優れた議論を行っている。また d'Aspremont and Gevers (1977) における新しい議論は、効用の比較と集計についての様々なアプローチが有する情報面での要求に光を当てている。

＊76　Engels (1975), p. 309.〔邦訳：上巻二四頁。〕

＊77　「早すぎる満足」についての Ainslie (1984) の議論と比較せよ。この人間の基本的な傾向性をコントロールすることができない人は「幼少期の不毛な全能感に回帰し、ミダス王の手による金貨を手にする――彼のあらゆる本能的欲求は満たされるが、しかしあまりにも早く満たされるがゆえに、欲求の完全な充足を収穫するのに必要な期待が作り出されることは決してなく、またあまりに簡単に満たされるがゆえに、彼はそのプロセスを無限に繰り返さざるをえない」〔引用ページ数は記載されていない〕。この点に関して酸っぱい葡萄は、自慰の持つ特徴のうちのいくつかを有している。

＊78　バートランド・ラッセル (Bertrand Russell) の言葉。Kenny (1965–66) からの孫引き。

＊79　Rawls (1971), 15節および82節。

＊80　Sen (1970) の Ch. 2 および Ch. 5 と比較せよ。

＊81　Nozick (1974), p. 76n〔邦訳：一一九頁〕で提案されたように。〔負の外部性をもつ財については通常、市場取引によっては効率的な財の配分が達成されないが、特定の条件（取引コストがないなど）の下では、その財を利用する権利をめぐる人々の交渉を通じて、常に効率的配分が達成されることを示したのが「コースの定理」である。経済学者ロナル

ド・コースが提起したためこう呼ばれる（安藤至大『ミクロ経済学の第一歩』有斐閣ストゥディア、二〇一三年、一六三〜一七〇頁を参照）。ここでポイントは、負の影響を有する行為それ自体を制限したり禁止したりする必要はなく、必要なら適切な賠償金を払うようにすればよい、というのがコースの定理の発想だということである。哲学者ロバート・ノージックはそれを受けて、負の影響を有する行為に対して、賠償をする代わりに精神安定薬を与えることで問題を解決できないだろうか、という発想を提示している。エルスターが批判するのはこれである。〕

*82　Rawls (1971), p. 503. この部分は Trivers (1971) に従っている。

*83　情報が倫理に対して持つ関連性については Sen (1979) を参照。

*84　Leibniz (1875–90), vol. v, p. 175.

第四章

*1　これらの概念は Abelson (1963) に由来する。

*2　Nisbett and Ross (1980), Ch. 10.

*3　Tversky and Kahneman (1981) および Ainslie (1975) は、視点の相違によってもたらされるそれらの効果が、どのようにして選好に影響を及ぼすかを論じている。

*4　例として、Borkenau (1934)（および Elster 1975, pp. 18ff. における批判）あるいは Goldmann (1954)（および Kolakowski 1978, vol. 3, pp. 336ff. における批判）を参照。

*5　「階級利益」という言葉は、以下の区別を設けない限り、ただの音声（flatus vocis）に過ぎない。⑴総体としての階級の利益のことを指しているのか、それとも個々のメンバーの利益のことを指しているのか？　⑵短期の階級利益のことを指しているのか、それとも長期の階級利益のことを指しているのか？　⑶もし短期のことを指しているなら、これは定常状態における効果として理解されるべきなのか、それとも（第二章第9節で論じたような）移行状態におけるそれとして理解されるべきなのか？　⑷この言葉は主観的な階級利益を指しているのか、それとも外部の観察者によって当の階級に帰せられる客観的あるいは根本的な階級利益のことを指しているのか？

*6　Kolakowski (1978), vol. I, p. 342.

*7　Weber (1920), p. 203.

*8　Nisbett and Ross (1980), pp. 77ff.

*9　Elster (1978a), pp. 97ff.

*10　Veyne (1976), p. 554.〔邦訳：五四三頁。ただし訳文は一部変更した。〕

*11　*Ibid.*, p. 696.〔邦訳：七三二頁。ただし訳文は一部変更した。〕

*12　実際のところ、歴史家もまた、彼が研究する〔歴史上

の〕行為者たちと同じくらいこの誤りに陥りがちである。
「奴隷制の時代、南部の都市や町は、多くも大きくもなかったが、その支えをもっぱら、奴隷のほとんどいない小農地地域よりも、たくさんの奴隷がいた大農園地区から引き出していた。購入し、販売し、借入を行い、旅行し、子供たちを専門学校や大学に送ったのはもっぱら大農園主であった。したがって、次のことはまったくもって確かであろう。すなわち、もし大農園や奴隷のためのものでなかったならば、南部の都市や町はもっとずっと少なくそして小さなものだっただろうし、その結果として、奴隷を所有していない白人のための機会はもっとずっと少なくなっていただろう」（Russel 1966, 傍点は引用者による。また Elster 1978a, pp. 211ff. における議論も参照）。

*13　この議論については、North and Thomas（1971）を参照。それに対する巧みな批判が Fenoaltea（1975）に見られる。

*14　Bloom（1940）, また Bronfenbrenner（1971）の Ch. 8 は、搾取についての新古典派理論の解説である。Elster（1978b, 1978c）も参照。

*15　Marx（1867）, p. 333.〔邦訳：第二巻二六七頁。〕

*16　Marx（1894）, p. 377.〔邦訳：第七巻七二頁。ただし訳文は一部変更した。エルスターの引用には欠落があり、最後の文の「若干の俗流経済学者」以下の挿入部分は、正しくは「若干の俗流経済学者によってなされるところであり、なおそのうえに利潤の根拠として挙げられもするのであるが」となる。〕

*17　たとえば、Elster（1975）, p. 115に引用されているライプニッツの文章を参照。

*18　Heckscher（1955）, vol. II, p. 202.

*19　Katona（1951）, pp. 45ff. この方向での推論の最も有名な例は、おそらくアダム・スミスの次の叙述だろう。「どの私的家族においても慎慮であるものが、一大王国の行動において愚行であることは、ほとんどありえない」〔出典は明記されていないが、これはスミスの『国富論』四巻、第二章、第一二パラグラフの冒頭の文章である。邦訳：水田洋監訳・杉山忠平訳、岩波文庫、二〇〇〇～一年、第二巻三〇五頁。〕

*20　たとえば、Kolakowski（1978）, vol. III, pp. 89, 116, 181, および Levenson（1968）, vol. I, pp. 59ff., 70.

*21　Fingarette（1969）, Ch. 2 はこの点を説得力ある形で指摘している。

*22　この断定を正当化するには一冊の本が必要だろう。サルトルとフロイトについては Fingarette（1969）の Chs. V-VI、および Pears（1974）を推奨しよう。また MacIntyre（1958）, Wollheim（1971）, および Farrell（1981）といった一般的記述も参照してほしい。Fingarette（1969）および Schafer（1976）に提示された記述への簡単なコメントについては Elster（1979）,

p. 173を参照。

＊23　以下の文章はElster（1979）の4－4節から引いている。

＊24　先に第一章第2節で指摘した点と比較せよ。そこでは、合理的な行為を定義する上で「第一のクラスの偶然の一致」と「第二のクラスの偶然の一致」を排除する必要性について考察した。第一章第3節の最初のところで簡単に言及したように、これと同じ考え方が合理的な信念の定義にも当てはまる。

＊25　Laqueur（1980）, pp. 31–2.

＊26　*Ibid*., p. 201.

＊27　Veyne（1976）, pp. 248ff., 669ff.

＊28　Laqueur（1980）, p. 153.

＊29　*Ibid*., p. 146.

＊30　たとえば次のようなメカニズムは、いかにして判断が楽観主義によってバイアスをかけられるかについての妥当な解釈であるように思われるのではないだろうか。証拠を走査する際、人はあるポイントに至るまで新しい情報を集め続ける。あるポイントとは、そこに至って証拠が全体として（ウェイトづけについてのバイアスなしに）望ましい方向を指し示すポイントである。そして走査は終了する。もしそのようなポイントに決して到達しなかったならば、無期限に走査を続けるか、あるいは他のバイアスのかかったメカニズム（たとえばバイアスのかかったウェイトづけ）が引き継ぐことになるだろう。重要な点は、判断を覆すかもしれないさらなる（まだ走査されていない）情報の断片についての知識が抑圧されているということを、このメカニズムは含意していないということである。これは希望的観測のメカニズムであり、自己欺瞞のメカニズムではない。

＊31　この仮説においては、一つ前の注で概略を述べたようなやり方で予備的な判断をすでに形成した後でさえ、人は新たな断片的証拠を集め続ける。しかし新しい情報のかけらのそれぞれは、そのような判断を導いたすべての証拠と秤にかけられる。そして、もしそれのみでは判断を覆すのに十分でなかったならば、それきり永久に放棄される。合理的な手続きであれば、これと反対に、そのような否定的な情報のかけらを、さらなる証拠を評価するための背景の中に置き続けるだろう。

＊32　Laqueur（1980）, pp. 154–5.

＊33　*Ibid*., p. 91.

＊34　*Ibid*., p. 43.

＊35　Levenson（1968）, vol. I, p. 61.

＊36　*Ibid*., p. 62.

＊37　*Ibid*., p. 70.

＊38　*Ibid*., pp. 73–4.

＊39　*Ibid*., p. 77.

＊40　Elster（1978a）, pp. 50–1.

*41 「イデオロギーは「口実」となる前に偏見である。利益の情熱的論理はイデオロギーの虚偽性をもたらすかも知れないが、イデオロギーは返って利益をあざむく、なぜなら利益には第六感がないからだ、それがあれば現実性のあいまいな混乱を見抜いて、直ちに目標を定められるだろう」（Veyne 1976, p. 667〔邦訳：六九三頁〕）。

*42 実際のところ、良き宣伝者であるためには二つの条件があるように思われる。第一に、自らが説教しているメッセージを自分自身が信じていなければならない。第二に、そのメッセージを信じているということが、狭い意味での自己利益とあまりに露骨に一致していてはならない。それゆえ私は次のように推測する。ジョージ・フィッツヒューによる資本主義批判（Fitzhugh 1857）が彼の奴隷制擁護論よりも大きなインパクトを持ったのは、〔この第二の条件に照らして、〕前者の議論の方が社会システムにおける彼の地位からより容易に分離されうるものだったからではないだろうか。〔ジョージ・フィッツヒュー（George Fitzhugh）は一九世紀アメリカの著作家。彼は奴隷制擁護論において、資本主義における雇用関係はきわめて冷酷であり、かつ資本主義に基づく自由社会はきわめてアナーキーに近いものになると主張し、それと対比する形で奴隷制を擁護した。〕

*43 Nisbett and Ross（1980）, pp. 198–9.

*44 *Ibid.*, p. 76.

*45 Hirschman（1967）, p. 13.〔邦訳：一一頁。ただし訳文は一部変更した。引用に当たってエルスターは原文にある改行を省略している。〕

*46 とりわけ Hirschman（1967）の pp. 21ff. を参照。そこでは、この点について非常に曖昧な定式がいくつも挙げられており、単なる「メカニズム」ではなくむしろ「方法」あるいは「技術」として目隠しの手に繰り返し言及がなされている。

*47 Hirschman（1967）, pp.168ff. では、代替的な開発計画の間での選択において副次的効果に注意を払うべきかどうかについて、かなり詳しく論じられている。だが、そうすることが自滅的であるかもしれないという可能性については一切言及されていない。おそらくだが、これは公示性の条件（第二章第9節）が常にそのような計画に組み込まれてきたわけではないからではなかろうか？〔原文では参照先について第三章第9節と記載されているが、第二章第9節の誤植と判断して訳出した。〕

*48 Nisbett and Ross（1980）, p. 271.

*49 Schumpeter（1954）, pp. 73–4.

*50 Schumpeter（1954）, pp. 91ff. には、起業家たちの雄弁な性格についての描写があるが、それらはこの見方とのいっそうの類似を確かに示している。

*51 Tversky and Kahneman（1974）.

*52 したがって、「対象となる人物についての非診断的な情報は、予測という作業とは論理的に無関係であるにもかかわらず、対象となる人物の、もしかしたら極端で非典型的な反応を示すかもしれない仮説的個人との「類似」を、減じさせる力を持っている」〔Nisbett and Ross 1980, p. 155〕。

*53 これら二つの誤りのうち二つ目のもの〔根本的帰属誤謬〕は、「結果は行為者の安定した気質を反映しており、それゆえ将来の結果は一般に過去の諸結果に類似する、と仮定することを人々に推奨する」ものであり、一つ目〔ギャンブラーの誤り〕は「平常でない結果パターンは、将来そのパターンが逆転することによっていくぶんか補償される、と個人に信じさせる」ものである〔Nisbett and Ross 1980, p. 268〕。それらの結果は全体としては、平均への回帰〔というバイアス〕を修正するものとなるかもしれない。

*54 Nisbett and Ross〔1980〕, pp. 164-5. 実際の履歴効果とサンプリング効果の間の区別については Feller〔1968〕, p. 122も参照。

*55 Kolakowski〔1961〕, pp. 127-8. ただし Hirschman〔1967〕, p. 32〔邦訳：四九～五〇頁〕からの孫引き。〔訳文は一部変更した。この引用のみ例外的に、〔 〕はハーシュマンによる補足、[ ]はハーシュマンの著作の邦訳における訳者の補足である。〕

*56 Kolakowski〔1978〕, vol. II, p. 525.

*57 Nisbett and Ross〔1980〕, p. 271 もまたこの点を指摘している。

*58 Winston〔1980〕, pp. 319-20.

*59 このことは第一章の注53で得られた見解から帰結する。すなわち、無意識が将来に関係したり、長期的な満足のために短期的な喜びを犠牲にしたりすることはありえない。

*60 Nisbett and Ross〔1980〕, pp.191-2. そこでは Goldman〔1978〕が引用されている。Rorty〔1980a, 1980b〕は、自己欺瞞や意思の弱さはこの見方の下でも理解されうるだろうと論じている。彼女の議論においては習慣が人間生活の決定的な特徴であり、それが人格の統合性および自己欺瞞や意思の弱さといった非合理的現象の両方を作り出す。

*61 Nisbett and Ross〔1980〕, p. 268.

*62 この区別については Elster〔1979〕, pp. 33-4も参照。

*63 これは注42の議論から帰結する。そこで論じたのは、知的な支配階級ならば、自らの手による布教を試みるのではなく、独立したイデオロギー主義者たちを雇って宣伝を行わせるだろう、ということである。〔私はこの点について E. O. Wright から恩義を受けた。〕

*64 Dahl〔1977〕は、一九世紀後半における犯罪学のフランス学派とイタリア学派の間での論争が、科学的基礎に基づいてではなく〔どちらも本質的に役立たずだった〕、協力を求められた裁判官と刑罰学者に対してイタリア学派があまり

に決定論的に訴えたことによって決着したことを示している。刑罰が道理にかなったものであるためには、いくらかの自由意志が要請される。

＊65　Marx (1847), p. 231.

＊66　Thompson (1968), pp. 417-8.

＊67　この反論はG・A・コーエン（G. A. Cohen）とマーティン・ホリス（Martin Hollis）から、本章のより初期の草稿についてのコメントの中で提起されたものである。

＊68　Hart and Honoré (1959), p. 73. 著者たちは、他の場所（*ibid.*, p. 47）において次のように論じる際には、この原理を破っているように思われる。(i)怠慢は原因として作用しうる。(ii)道徳的考察は、言及されうるものは無限にたくさんある中から、因果的に関連する怠慢を選抜することに関連している。

＊69　これとは異なる見方について、Lukes (1974), pp. 50–1, および Morris (1978), p. 322 を参照。

＊70　この反論はG・A・コーエンによって提起された。

訳注

「ケンブリッジ哲学古典シリーズ」版への序

★1　本書『酸っぱい葡萄』は二〇一六年、「ケンブリッジ哲学古典シリーズ（Cambridge Philosophy Classics）」のうちの一冊として版を新たに出版された。この序文はそれに際して新たに付されたものである。本邦訳は一九九六年発行の旧版を底本として翻訳作業が進められていたが、その間にこの新版が刊行されたため、本序文も訳出することにした。原書の版元によれば、旧版と新版において本文の変更はない。ただし新版では組版が変更されているため、旧版と新版とではページ番号が一致しない点に注意する必要がある。

まえがきと謝辞

★1　ミネルヴァ書房より邦訳近刊。エルスターの当該論文を同じく訳者（玉手）が担当している。

第一章

★1　デイヴィドソンは、人が他人の行為について理解できるとかできないと論じる際には、その他人が個人としては合理的に行動しているはずだということを前提していると論じている。言い換えれば、他人がそもそも個人として合理的でないという想定は、その人の個々の行為について論じることを不可能にしてしまうため、ありえないということである。たとえば将棋について考えてみよう。相手がそもそも駒の動きや相互に打つといったルールを理解しているとみなせなければ、打ち筋について良い手だとか悪い手だとか論じることはできないし、逆に言えば相手の打ち筋を幼稚だと判断する際にはすでに相手がルールを理解していることを前提していることになる。詳細はドナルド・デイヴィドソン『合理性の諸問題』（金杉武司ほか訳、春秋社、二〇〇七年）などを参照。デイヴィドソンについての（特に言語論に焦点を絞った）非常に簡潔な解説として、森本浩一『デイヴィドソン――「言語」なんて存在するのだろうか』（NHK出版、二〇〇四年）がある。

★2　ニールス・ボーア（Niels Bohr）はデンマーク出身の理論物理学者。原子物理学、とりわけ量子力学に大きな貢献をし、一九二二年にノーベル物理学賞を受賞した。日本語で読める著作（論文集）として『因果性と相補性』や『量子力学の誕生』（ともに山本義隆編訳、岩波文庫）がある。

★3　ノーベル文学賞も受賞したフランスの小説家アンドレ・ジッド（André Gide）の小説。一九一四年作。ジッドの言う「無償の行為（acte gratuity）」とは、日本語の「無償」から想像されるような見返りを求めない慈善的行為のことではなく、一切の利害関係なしになされる行為のことである。『法王庁の抜け穴』は一切の利害関係なしの行為としての「動機なき殺人」が一つのテーマになっている。詳しくは、田中宏「アンドレ・ジードの『鎖を離れたプロメテ』と「無償の行為」について」（中部大学人文学部研究論集6、二〇〇一年）を参照。

★4　エインズリーの説について補足しておくと、選択肢をひとまとめにするとは、たとえば次のようなことである（ジョージ・エインズリー『誘惑される意志——人はなぜ自滅的行動をするのか』山形浩生訳、NTT出版、二〇〇六年の第5章および第9章を参照）。目の前にケーキがあるがダイエットしたいと考えている場合、目下の選択肢だけを考えると（非指数的な時間割引の下では）どうしてもケーキを食べるほうが魅力的になってしまう。というのも、遠い将来のダイエットの利益の現在価値は非指数的な割引によって非常に小さな（ケーキの現在価値よりも小さな）ものになってしまうからである。しかしここで、「今食べない」「明日も食べない」「明後日も食べない」というように連続的な選択をひとまとめにしたもの（現在価値を加算したもの）として目標を認識しなおすと、非指数的な時間割引の下でも食べないことの価値が大きく（ケーキの現在価値よりも大きく）なる。具体的には、たとえばケーキを我慢するたびに手帳にシールを貼ることにすることで、ダイエットが成功しやすくなる。しかしこのような戦略は、たったの一回でもケーキを食べることを許すなら崩壊してしまうものであり、このような個人ルール化が「絶対に、絶対に絶対に食べてはいけない」という強迫的な欲求に転じうるものであることもエインズリーは指摘している。たとえば友人の結婚式のウェディングケーキでさえ食べることができなくなってしまうかもしれない。エルスターが次に「選択肢をひとまとめにする習慣は硬直的で強迫的な行動を導きうる」と述べているのはこのことである。

★5　サルトルの「即自」と「対自」の概念について、梅木達郎は次のように解説している。「なにもことさらに自分のことを意識していないときでも、自分のことを主題化しないときでも、意識は自分のありようを知っています。意識は自分自身を即座に反射する鏡のようなものです。それをサルトルはヘーゲルの用語を転用しながら「対自」と呼び、たんなる物のあり方「即自」と区別しました。道ばたに転がっている石（即自）は、おのれがなにものかを知らず、その不透明な同一性に安らっています。ところが意識（対自）は自分がなにものかを知り、つねに自分に即してあります。つまりそれは、絶対的な近さと同時性の中で、「自己に―対する」直接的な関係をもった存在です。」(梅木達郎『サルトル――失われた直接性をもとめて』NHK出版、二〇〇六年、三〇頁)。

★6　原文ではmaximumだがmaximinの誤植と判断して訳出した。

★7　マラン・メルセンヌ(Marin Mersenne)は一六～一七世紀に活躍したフランスの神学者。デカルトと親交が深かった。

★8　ここで*p*は特定の命題を指す。「*p*または非*p*」は「*p*であるか*p*でないかのどちらかである」という主張であり、真である。「*Np*または非*Np*」は、たとえば*N*を信念と捉えるならば、「*p*を信じるか*p*を信じないかのどちらかである」という主張であり、やはり真であろう。しかし「*Np*または*N*(非*p*)」は、「*p*を信じるかあるいは*p*でないことを信じるかのどちらかである」という主張であり、偽でありうる(信じるのでも信じないのでもなく、ただ単に信念を形成しないことがありうる)。この意味で、本文にあるように「あらゆる問題について信念を形成する合理的な必要性はいっさい存在しない」と言うことができる。なお本文でこの後に論じられる信仰の例では、*N*を信念、*p*を神の存在として、*Np*が信仰、*N*(非*p*)が無神論、このいずれでもない(*p*について信念を形成しない)が不可知論である。命題的態度についても排中律を求めてしまうと、不可知論の可能性が消滅してしまうが、それはおかしい、というのがエルスターの趣旨である。

★9　アレクサンドル・ジノヴィエフ(Alexander Zinoviev)は二〇世紀ロシアの論理学者・作家。ここで言及されているのは彼の最初の小説*The Yawning Heights*(『恍惚の高み』一九七六年)であり、この作品をはじめとするソヴィエト社会の風刺小説の国外出版によってジノヴィエフは国外追放となった(東浩紀編『ゲンロン5――特集 幽霊的身体』二〇六頁および同編『ゲンロン6――特集 ロシア現代思想I』一四六頁を参照)。

★10　レオナルド・ジミー・サヴェイジ(Leonard Jimmie Savage)は二〇世紀アメリカの著名な数学者であり、行動経済学の議論を深める中でカーネマンがしばしば引用している。

★11　ここでエルスターが議論しているのは、フレーミングによる選好変化の中でも特にメンタル・アカウンティングあるいは心理会計と呼ばれるものである。フレーミングによる選好変化は支出の種類に関するカテゴライズの場面に限らず、リスクの評価や言葉の選び方(たとえば損失と呼ぶか費用と呼ぶか)に際しても生じる。ダニエル・カーネマン『ファスト&スロー――あなたの意思はどのように決まるか?』(村井章子訳、早川書房、二〇一二年/ハヤカワノンフィクション文庫、二〇一四年）の第4部を参照。

★12　論理的に言えば、ある個人が特性Xと特性Yの両方を備えている可能性は、いずれか一方を備えている可能性よりも常に小さい。この場合で言えば、共和党支持の法律家である可能性は、ただ単に共和党支持者である可能性、およびただ単に法律家である可能性のいずれよりも低い。確率は掛け算であり、特性Xである確率に特性Yである確率をかけることで、特性XかつYである確率が求められる。しかしここでは、共和党支持の法律家である可能性が法律家である可能性よりも高く見積もられてしまっており、論理的に誤った推論がなされている。「共和党支持者らしさ」のイメージに当てはまるかどうかという印象論が、判断を歪めているのである。上掲ダニエル・カーネマン『ファスト&スロー』の第15章を参照。

★13　第三項は第一項の分母に2を掛けたもの、第四項は第二項の分母に2を掛けたものになっている。おそらく第五項以降は（1/8, 3/8), (3/16, 1/8), (1/16, 3/16), (3/32, 1/16）と続いていくだろう。この数列は第一財と第二財の大小関係を反転させせながらゼロに収束する。

★14　この部分は経済学における「パレート最適性」についての知識が必要とされるため、説明しておこう。経済学においては、「他の誰かの状況を改悪することなしには、誰の状況も改善することができない」とき、その財の配分はパレート効率的であるという。逆に言えば、「他の誰の状況も改悪することなしに誰かの状況を改善することができる」ならば、その状況はパレート非効率的であることになる。たとえば三人でリンゴ一〇個を分けるとき、平等に三個ずつ得るとすれば、その分配はパレート非効率的である。というのも、一個のリンゴが誰にも配られずに残っており、それを誰かに与えれば他の二人の状況を改悪せずにその人の状況を改善できるからである。このようにパレート非効率的な状況からパレート効率的な状況へ移行することを「パレート改善」と呼ぶ（強パレート効率性と弱パレート効率性の違いはここでは省略する）。

　パレート効率的よりもパレート改善のほうが、その望ましさを直観的に理解しやすいかもしれない。パレート改善によっては誰も損をすることがない（各人にとって状況は現状維持か改善かのいずれかである）のだから、それは誰にも反対する理由がない、すなわち最低限の全員一致の規範として受容されると言える。

　理想的な状況下では、市場メカニズムは必ずパレート効率性を達成することがわかっている。これが第一の意味での集合的合理性である。しかし理想的でない状況下では、パレート効率性を達成するために個々人の合理的行為の修正が求められる。これが第二の意味での集合的合理性である。もちろん、パレート効率性はあくまで最低限の全員一致の基準であり、それ以上の要求（たとえば格差の縮減）などが求められることは十分にありうる。

★15　Garbage in, Garbage outとは、信頼できないデータからの結果は信頼できないという意味の、情報科学分野の格言のこと。頭文字をとって「ガイゴー（GIGO）」とも言う。

★16　パスカルの賭けの文脈とは、神の実在は理性によっては決定できないが、実際のところ神が存在しているとしても存在していないとしても、現実のわれわれにとっては神が存在するほうに賭けたほうが良い（実際には神は実在しておらず賭けに失敗しても失うものは何もないのだから）、という有名な考え方のことだと思われる（『パンセ』第二三三節）。

★17　この例は次のように理解されていると考えられる。少年Aは自分総取りというメカニズムを、少年Bは均等分配というメカニズムを主張している。大人Cはこの両者の、取り分ではなく、主張それ自体を公平に扱っている（ここがポイントである）。したがって、半分のケーキは少年Aの主張に従い、Aの総取りに、もう半分のケーキは少年Bの主張に従い、均等分配される。すると結果としてAが四分の三を、Bが四分の一を取ることになる。大人Cはこれを公平であると考えているため、少年Bに対して四分の三を分けてあげなさいと言う。エルスターが分析するように、このやり方では、メカニズムの選択の段階で少年Aの選好が配慮された上に、さらに少年Bの主張するメカニズム内部で少年Aの選好が配慮されている（そういうメカニズムを少年Bは望んでいるからである）。このダブルカウントは少年Aについてのみ生じており、逆は成り立たない、少年Aの主張するメカニズム内部では少年Bの選好は配慮されていないからである。

第二章

★1　内的否定はある対象の否定に対する態度であり、外的否定はある対象に対する態度の否定である。*p*を命題とし、これに対する態度を*N*（たとえばその命題の実現を欲すること）としよう。内的否定は「*N*（非*p*）」であり、外的否定は「非*N*（*p*）」である。ここでの例に照らせば、前者は「愛想よく見えないように（非*p*）欲する（*N*）」という点で内的否定であり、後者は「愛想よく見えるように（*p*）欲さない（非*N*）」という点で外的否定である。第一章第3節の第一〇段落および第一章訳注8も参照。

★2　ここでエルスターが説明なしに言及する「言い出しかねて（I Can't Get Started）」とは、ビリー・ホリデイ（Billie Holiday）の歌う有名なジャズ・ナンバーのことである。小説家の村上春樹によれば、この曲は「一九三〇年代後半に大ヒットした」曲で「バラード演奏の定番みたいなものだった」とのことである（『雑文集』新潮文庫、二〇一五年、所収「言い出しかねて」）。なお、詩句の中のJ・P・モルガンは有名なアメリカの事業家であり、また『緑の牧場』は一九三六年公開の映画のタイトルであると思われるが確証はない。いずれにせよ、ここでの論旨は、モルガンほどの人物が頭を下げても（あるいは皇帝がひざまずいても）動じない、と自分で言うのは、その相手がモルガン（皇帝）であるとわかっている点において、意に介さないことになっていないぞ、ということにある。

★3 『チャンス（Being There）』は一九七九年にアメリカで公開されたコメディ映画であり、ピーター・セラーズは主人公のチャンスを演じた。セラーズの遺作でもある。

★4 ここに登場するロエヴィンガーとは、アメリカの心理学者ジェーン・ロエヴィンガー（Jane Loevinger）のことだと思われる。

★5 これはフロイトの有名な文章"Wo es war, soll Ich warden"から取られたものであると思われる。この点について立命館大学の山本圭先生から助言を受けた。

★6 『優等兵シュヴァイク（The Good Soldier Schweik）』はヤロスラフ・ハシェフ（Jaroslav Hašek）によって書かれた小説。一九二一〜二三年に出版された。

★7 『キャッチ＝22（Catch 22）』はジョーゼフ・ヘラー（Joseph Heller）による小説。一九六一年に発表された。邦訳もあり、最近になって文庫新版が出されている（飛田茂雄訳『キャッチ＝22』上下巻、ハヤカワepi文庫、二〇一六年）。

★8 『恍惚の高み』（The Yawning Heights）はアレクサンドル・ジノヴィエフ（Alexander Zinoviev）による小説。本書第一章にも登場した。

★9 実際の小説から、エルスターの議論と合致した一節を引こう（オアは登場人物の一人）。「それ〔キャッチ＝22と呼ばれる規則〕は、現実的にしてかつ目前の危険を知った上で自己の安全をはかるのは合理的な精神の働きである、と規定していた。オアは気が狂っており、したがって彼の飛行勤務を免除することができる。彼は免除願を出しさえすればよかったのだ。ところが願い出たとたんに、彼はもはや狂人ではなくなるから、またまた出撃に参加しなければならない。オアがもしまた出撃に参加するようなら狂っているし、参加したがらないようなら正気だろうが、もし正気だとすればどうしても出撃に参加しなくてはならない」（邦訳上巻八六頁）。

★10 ここで登場するディアギレフとは、ロシアのバレエ興業主・美術評論家のセルゲイ・ディアギレフ（Serghei Diaghilev）のこと。この言葉はフランスの小説家ジャン・コクトーに対して発せられたものとして知られる。

★11 スマリヤンの「試験のパラドクス」とは次のようなものである。講義日が月曜日から金曜日の五日間であり、「いずれかの日に試験を行う」「どの日に試験を行うかは、当日にならなければわからない」という条件が提示されている。この場合、抜き打ちの試験は論理的に不可能であるように思われる。というのも、もし木曜日の講義が終わった時点で試験が行われていなければ、翌日に試験が行われることは確実であることになるので、金曜日にテストを行うことはできず、同様に、もし水曜日の講義が終わった時点で試験が行われていなければ、翌日に試験が行われることは確実であることになるので、木曜日にテストを行うことはできず、同様に……ということで、どの曜日に試験を行うにしても、それは予測可能であったことになってしまうからである。しかし、まさにこの推論（いかなる日にも抜き打ち試験を行うことはできない）が存在しているがゆえに、実際に試験が行われたならば、それは誰も予測していない、「当日にならなければわからない」抜き打ちテストになる。高橋昌一郎『理性の限界』（講談社現代新書、二〇〇八年）の一八八〜一九四頁を参照。（ちなみに、この本には本文にあるエイプリルフールの話も紹介されている。）

★12　ゲーテの一七九〇年の戯曲『トルクァート・タッソー（Torquato Tasso）』、第二幕第一場におけるタッソーのセリフの一節と思われる。翻訳は高橋健二訳『ゲーテ作品集 第四巻 傑作戯曲集』（創元社、一九五二年）一四七頁から。

★13　「恐るべき子供たち enfants terribles」というフレーズは、ジャン・コクトー（Jean Cocteau）の小説を念頭に置いているものと思われる。

★14　アラン・ジョン・パーシヴァル・テイラー（Alan John Percivale Taylor）はイギリスの歴史家。多くの著作があり、邦訳書も豊富である

★15　恵与あるいはエヴェルジェティズム（evergetism）とは、古代ギリシア・ローマ社会における、富者や権力者による経済上の無償の奉仕行為のこと。共同体における有力者の人気と尊敬の源泉と見なされた。

★16　トラヤヌスの記念柱は、現代に残る古代ローマのモニュメントの一つ。三〇メートルを超える高さを持つ柱であり、その周りには螺旋状にローマの叙事詩が描かれているが、柱の上部にあるレリーフは位置が高すぎて、何が描かれているのか肉眼ではもはや確認できない。

★17　ハムスンとはノルウェー出身の小説家クヌート・ハムスン（Knut Hamsun）のこと。一九二〇年にノーベル文学賞を受賞している。『ミステリーズ（Mysteries）』は一八九二年の作品である。

★18　『危険な関係（Les Liaisons Dangéreuses）』は、フランスの作家コデルロス・ド・ラクロ（Choderlos de Laclos）の小説。一七八二年に刊行された。あらすじ等については植田祐次編『十八世紀フランス文学を学ぶ人のために』（世界思想社、二〇〇三年）の第三章第二節を参照。

★19　両者ともスタンダールの小説『リュシアン・ルーヴェン』の登場人物。

★20　ヴァレリー・ジスカール・デスタン（Valéry Marie René Georges Giscard d'Estaing）は、ここで話題になっている一

九八一年の大統領選挙におけるミッテランの対立候補。二人は一九七四年の選挙でも争っており、その際はジスカール・デスタンが勝利して大統領に就任している。

★21　ピエール・マンデス＝フランス（Pierre Mendès-France, 1907-1982）はフランスの政治家。一九五四年から一九五五年にかけてフランスの首相を務めた。

★22　シャルル・ド・ゴール（Charles André Joseph Pierre-Marie de Gaulle）はフランスの政治家。一九五八年から一九五九年までフランス首相を、また一九五九年から一九六九年までフランス大統領を務めた。

★23　決疑論とは、典型的なケースにかんして範型となる判断を作り、類似のケースについてその判断に適当な変更を加えながら、比較を重ね、新たな判断を帰納的に導く方法のことである。本来はキリスト教神学の用語であるが、近年では原則主義的でない倫理理論の一つとして生命倫理学で再び注目されている（赤林朗編『入門・医療倫理Ⅰ〔改訂版〕』勁草書房、二〇一七年の八〇～八三頁などを参照）。また『プロヴァンシアル』はパスカルによる書簡形式の著作（一六五六～五七年に匿名で出版）で、イエズス会を批判するもの。邦訳は野田又夫ほか訳『筑摩世界文学体系19　デカルト・パスカル』（筑摩書房、一九七一年）。抄訳であるが、以下で論じられる「第七の手紙」は収められている。

★24　エドナ・ミレイ（Edna St. Vincent Millay, 1892-1950）はアメリカ合衆国の女性詩人。またソネットとは一四行からなる定型詩であり、押韻の置かれ方に規則性を有する。エルスターがこの詩をメタ・ソネットと呼んでいるのは、ソネットの形式でもってソネットについて論じているからである（そのことは一行目の「一四の線」という表現などに端的に現れている）。

★25　エイラート・スント（Eilert Sundt）はノルウェー出身の神学者・社会学者。

★26　コンセプチュアル・アートは、一九六〇年代から一九七〇年代にかけての美術トレンドで、「コンセプト」（＝考え方）を基礎とし、絵や彫刻といった具体的な物にとらわれず、パフォーマンスやさらにはハプニングを導入した芸術のことである。とはいえ、そもそもアートとは何かを捉え直していく活動でもあるので、定義することそれ自体が難しい。

★27　アンディ・ウォーホル（Andy Warhol）はアメリカの芸術家。一九六二年に、身近にあったキャンベル社のスープ缶をモチーフに『キャンベルのスープ缶』という絵を製作し、これがポップ・アートの始まりになったとされている。一般的な理解によれば、これは通俗的な物を描くことによって抽象的な表現主義を批判することにその目的があり、スープ缶を描くことそれ自体に目的があるわけではない（スープ缶は通俗的であり美術的に無意味なものの一例であり、大量生産品であればなんでもよかった）。

★28　ミニマル・アートもまた一九六〇年代のアメリカ美術の動向の一つであり、高度に単純化・画一化された絵や立体物による表現がなされる。

★29　ここでのドイツ語での引用「初めの日と同じような wie am ersten Tag」はゲーテ『ファウスト』からの引用（第一部冒頭のラファエルの言葉）。

★30　クリストファー・ドレッサー（Christopher Dresser）は一九世紀後半から二〇世紀初頭にかけて、イギリスを中心に活躍した工業デザイナー。

★31　円は（言うまでもないことだが）平面上のある一点からの距離が一定となる点を結んだものであり、弧とは円の一部を切り取ったものである。楕円は平面上の二点からの距離の和が一定となる点を結んだものである。平面上の三点からの距離の和が一定となる点を結んだ図形がどうなるかというのはあまり知られていないように思われるが、これは「卵形線」を描く。さて、問題は四つ目の曲線であり、原文の cardioid はおそらく cardioid、すなわち「カージオイド（心臓形）」曲線のことであると思われる。カージオイド曲線とは、ある円に接して外周をまわる円の、その円周上の定点の軌跡を指す（二つの組み合わさった歯車を想像してほしい。そこで一方の歯車の軸を中心としたときの、他方の歯車の一つの歯の動きが、カージオイド曲線である）。これがなぜ「四つの中心から線を引いた」ものとなるのかは、訳者にはわからなかった。とはいえ、その曲線の厳密な意味はなんであるかにかかわらず、美しさをそのように理屈で根拠づける態度こそがここでのポイントである。

★32　オーガスティン・ウェルビー・ピュージン（Augustin Welby Pugin）は一九世紀イギリスの建築家。教会建築を多く手がけ、また厳密に計算された設計手法のゆえに機能主義の創設者とも言われる。

★33　ジョン・ラスキン（John Ruskin）は一九世紀イギリスを代表する美術評論家。日本では社会主義者としての活動、特にウィリアム・モリスとの関係が有名である。

★34　シーシュポスもタンタロスもギリシャ神話の登場人物。シーシュポスは神々を騙した罰として巨大な岩を山頂まで運ぶように命じられたのだが、その岩は山頂に届こうかというときに重みで麓まで転がり落ちてしまい、この仕事は永遠に終わらない。タンタロスもまた神々の怒りを買い、沼の上に吊るされる。タンタロスが沼の水を飲もうとすると水は引いていき、タンタロスが沼辺の木々の実を食べようとすると風が吹いて枝が舞い上がるため、タンタロスはいつまでも飢えと渇きに苛まれることになる。本文の文脈に照らせば、いずれの状況も逃れがたいものであり、またそこで設定されている目標は近寄りがたいものであるが、しかしシーシュポスの目標は外部から与えられており、本人が設定したわけではないのに対して、タルタロスの目標は自分で設定したものである（タルタロスは決して手の届かない果樹を食べよと命じられたのではなく自らの欲求のゆえに食べようとしている）。したがって後者の方が、近寄りがたい目標を自ら設定したがゆえに逃れがたい状況に置かれている、ということの例として適切であることになる。

★35　名目賃金とは物価変動を加味しない賃金であり、物価変動を加味した賃金を実質賃金と呼ぶ。たとえば名目賃金が3％上昇していても、社会全体がインフレで物価が3％上昇しているなら、実質賃金は変化していないことになる。ここで言われている政策では、名目賃金の上昇が「第一の効果」であり、その恩恵はすべての人が受けられる（ように見える）。しかしその背後で経済がインフレ状態にあるならば、実質賃金は上昇していない可能性が高く、そこに累進課税を組み合わせれば、「総体としての効果」は、高所得者を不利に扱う（が全体としては望ましい）高所得層から低所得層への所得再分配ということになる。こうして、第一の効果としては平等な恩恵という見せかけでありながら総体としての効果は不平等な（この場合には低所得者に有利な）取り扱いをなす、という政策が成立する。

★36　xをもたらそうと告知することによって$f(x)$が生じるとは、xが告知された帰結、$f(x)$がその実際の帰結ということである。ここで、必ずしも告知された結果がもたらされるわけではないということに注意されたい（関数fの形状次第で$x \neq f(x)$という可能性がある）。この仮定の下で望み通りの結果を生じさせるには、二つの方法が考えられる。一つは、偶然によってうまい具合に$x = f(x)$となる場合、もう一つは、関数fの形を把握して、xがもたらされるよう別の状態を当初の目標とする場合である（$x \neq f(x)$だとしても、もし$f(y) = x$であるなら、yを目指すと告知することで当初の目的を実現できる）。エルスターはこの二つを順番に検討する。まず前者についてエルスターが言っているのは、目標が偶然によって実現されることがありうるとしても、それは目標が常にそのとおり実現されることを意味しない、ということである。したがって偶然を頼りにすることは確実性を持たない。では後者ならば確実だろうか。関数fの形を把握することができるならば、目標を実現するために当初は別の目標を据えるという、間接的な手法をとることができる。しかしそもそも目下の問題は、必ずしも意図した結果がもたらされないということであり、その原因は情報が不完全にしか入手できないことにあると考えられる。であれば、まさに同様の理由によって、関数fの形状を把握することも不可能になるだろう。よって、いずれの場合も狙い通りの目標の実現には失敗する。以上がここでの議論の趣旨であると考えられる。

★37　チャーティスト運動（Chartism）は、一八三二年にイギリスで起こった社会運動である。選挙法改正に不満を持った都市の労働者が主体となり、一八三八年に発表した「人民憲章」(People's Charter)が制定されることを目的としていた。最終的に憲章が定まることはなく、運動の本来の目的に照らせば失敗ということになるが、労働者階級の政治意識を高めたという評価も可能であり、本文の引用ではそのような見方が取られている。

★38 この文章に登場する"sociodicy"は、神義論(theodicy)のアナロジーとして、(一見した矛盾をはらんだ)社会の存在について正当化する議論を指すと考えられる。日本語の定訳はないようなので、ここではアナロジーを重視して「社会義論」と訳した。また次の段落で登場する"biodicy"という単語も同様に、(一見した矛盾をはらんだ)生命存在についての正当化の議論と判断し、「生命義論」いう語を当てた。

★39 「多面発現の(pleiotropic)」とは、一個の遺伝子が二つ以上の結果を生むような場合を指す。たとえば特徴A(例:めしべが大きい)と特徴B(例:花びらの色が薄い)が同一遺伝子に由来するとしよう。もし特徴Aが生存上有利である場合、淘汰によってこの遺伝子を持つ個体が生き残ることになり、特徴Aと同時に特徴Bを有する個体(めしべが大きく薄い色の個体)が広がることになる。しかしこのとき、特徴Bが生存上有利であった(花びらの色が薄いことが生存上有利であった)と推定することは誤りであることになるだろう。この場合には、特徴B単体に関しては生物学的適応の原則は当てはまらない。

★40 原書では、文法的には肯定文であるが最後にクエスチョン・マークが付されている。

★41 科学者が科学に没頭するのはなぜかという問いに対して、科学者はそこから満足を得たいと考えている(=当人の意図)からだ、と説明するのが「意図による説明」である。これに対して、科学者が結果的に得る満足が当人の意図を強めるという(因果的)メカニズムがあるからだ、と説明するのが「因果による説明」である。この事例の場合、科学者が結果として得られる満足は本質的に副産物であるので、意図による説明は失敗する。本質的に副産物である状態に向かう行動においては、動機について因果的な説明を行う必要がある、というのがここでのポイントである。動機を引き合いに出すからといって、必ずしも意図による説明に訴えているわけではない、という点に注意してほしい。

第三章

★1 邦訳にはいくつか種類があるが、ここでは窪田般彌訳『ラ・フォンテーヌの寓話』(沖積舎、二〇〇六年)七三頁の訳文を引用した。

★2 アルコホーリクス・アノニマス(Alcoholics Anonymous)は、アルコール依存症の治療を目的とした自助グループ。一九三五年にアメリカで始まった。また Alastair V. Campbell. 2013. *Bioethics: the basics*, Routledge(山本圭一郎ほか訳『生命倫理学とは何か――入門から最先端へ』勁草書房、二〇一六年）のp. 162（邦訳一九三頁）によれば、この祈りの文句は「冷静さを求める祈り」と呼ばれるものであって、もともとはアメリカの神学者ラインホルト・ニーバー（Reinhold Niebuhr）によって書かれたものだという。

★3　認知的不協和理論はレオン・フェスティンガーによって二〇世紀半ばに提唱された理論であり、はじめに当人の自由意志があってそれが行動を決定するという従来の考え方を否定し、まず外界の影響によって行動が決定され、その行動と一貫するように意志が形成されると主張する。簡単な解説として小坂井敏晶『社会心理学講義』（筑摩書房、二〇一三年）の第2部を参照。

★4　後に本文で述べられるが、この「運命愛」という言葉はニーチェによるものである。

★5　序数的功利主義と基数的功利主義との区別について補足しておきたい。まず前提として、功利主義は個々人の福祉（置かれた状況の良さ）を当人が得る効用のみから判断する。その上で序数的功利主義とは、ある対象から得られる効用について、量的な比較が不可能で順序のみが付されうるとする立場であり、基数的功利主義とは、量的な比較も可能であるとする立場である。たとえば、私が監獄の中で暮らすことから得る効用よりも、自由な市民として暮らすことから得る効用の方が〜倍大きい、というようなことを言えると考えるのが、基数的功利主義の立場である。そうではなく、自由な生活の方が相対的に望ましいということが言えるのみで、どれだけ望ましいのかは正確には言えないとするのが、序数的功利主義の立場である。

★6　「ビュリダンのロバ（Buridan's Ass）」とは、「左右に完全に等しい距離で、完全に等しい量の干草を空腹ロバの前に置いておくと、ロバを動機づける要因がまったく等しいそのような二つの選択肢の前では、自由意志をもっていないロバはいずれの干草を先に食べるかを決定できずに餓死する、という事例」である（中村隆文『不合理性の哲学――利己的なわれわれはなぜ協調できるのか』みすず書房、二〇一五年、一三五頁）。もともとは「一四世紀のフランスのスコラ哲学者ジャン・ビュリダンの名前に由来する」という（同書同頁）。もちろんロバに自由意志がないというのはあくまで比喩であり、（ある種の）合理性のみによって行為を選択する主体が不合理な帰結に陥ってしまう、という例である。

★7　ここでは"state-dependency"と"possibility-dependency"の二つの用語が対比されているが、本文から明らかなように、前者は実際に選ばれた事実としての選択肢への依存性、後者は可能な選択肢全体（実際にそのうちのどれが選ばれるかに関係なく）への依存性を示している。この対比を明確に示すために、それぞれ「事実的状況依存性」「可能的状況依存性」と訳し分けた。

★8　この人物が獲得不可能であるものを格下げするとするならば、A車の購入時点（所持金三〇〇〇ポンド）ではC車の格下げがなされ、購入後（所持金二〇〇〇ポンド）にはB車の格下げがなされるだろう。ここでの問題は、B車の格下げの理由である。一方では、A車を選択したことによって格下げされたのであるから、これは事実的状況依存性を持つ選好（過去の選択によって形づくられた選好）であると考えられる。しかしまた、それがどれだけ格下げされるかといえば、ブランドC車と「ちょうど同じくらいまで格下げ」されるのであり（なぜなら選択後の獲得不可能についてBはいまやCと等しくなっているから）、この意味では可能的状況依存性を持つ選好（選択肢集合全体によって形づくられた選好）ということもできる。このいずれの解釈も可能である、というのがここでのエルスターの議論の趣旨であると考えられる。

★9　以下の議論はいわゆる「中体西用論」のことであると考えられる。中体西用論は、一方で伝統的な体制を維持しつつも、他方で列強の侵略と国内の反乱を防ぐための技術として西洋の軍事・工業の技術を採用する、という清朝末期の洋務運動の理念であったが、日清戦争の敗北によりその限界が露呈したとされる。

★10　倭仁（Wo-jen）は清朝末期の洋務運動の反対派の中心人物である。

★11　ロバート・マートン（Robert K. Merton）はアメリカの社会学者。彼の生涯と主たる提唱理論の簡潔なまとめとして、小笠原眞『理論社会学への誘い——アメリカ社会学史断章』（有斐閣、一九九三年）の第5章「ロバート・K・マートン」などがある。なお、一九九七年に金融理論でノーベル経済学賞を受賞し、その後自らの理論に基づいて運用していたヘッジファンドが破綻して話題になったロバート・マートン（Robert C. Merton）は彼の息子であって別人である。

★12　ここでエルスターは三つの可能性を比較している。すなわち、

(1)彼は、放っておいたらqが生じていたはずのところ、pを生じさせた。

(2)彼は、放っておいてもどのみちpが生じていたところで、

(2)-(a) qを生じさせることもできたのだが、pを生じさせた。

(2)-(b) pを回避することはできなかったのだが、あえて自分の手によってpを生じさせた。

ここで、(2)-(a)は別に彼がそうしなくても同じだったという意味で、また(2)-(b)はそうしなくても同じだっただけでなくそもそも彼にはそれを回避できなかったという意味で、いずれも彼が決定的な原因ではない。したがって、ゴールドマンのように仮定法的条件文を基準にするなら彼は権力を持っていなかったことになる。しかしエルスターは、いずれにせよ彼が手を下したのだという事実、つまり直接の因果性によっ

て権力を捉えようとしている。というのも、上の三ケースのいずれにおいても当の人物の権力は空虚なものではない、とエルスターは考えるからである。

★13　本節の第三段落を参照（特に注56が付されている文章）。ここでいう「すべての人が個別的に持っているような類の自由」とは、個々人のレベルで見ると複数の人が有しているが、社会全体のレベルで見ると共存しえないような自由のことを指している。たとえば、誰のものでもない土地に咲いている一輪のたんぽぽの花を摘んで帰る自由は、すべての人が持っていると言える（誰もがそうすることができる）が、すべての人が同時にその花を取って帰ることはできない。この場合、たんぽぽを摘んで帰る自由は集合的にではなく個別的に所有されている。社会的自由について考える文脈でそのような自由を足し合わせるのは明らかに不適切である。

★14　この条件をもう少し日常的な言葉遣いで述べ直すと、「一方の選択肢集合においてはxの方がyより好ましく、別の選択肢集合においてはyの方がxより好ましいというようなことはない」すなわち「選択肢集合に応じて選好順序が逆転したりしない」となる。（なお次の文にあるように、一方の選択肢集合においてはxの方がyより好ましいが、別の選択肢集合においてはyもxと同じくらいだ、という事態は許容される。）

★15　原文では（x, y）とされているが、（y, z）の誤植であると判断して変更した。ここではxが自由な市民であること、yが収容所の囚人であること、zが収容所の看守であることを示しているから、収容所の中にあってはyとzの選択肢しかないはずであり、また（x, y）で考えると後の文章とも整合しない。なお、この論文の初期のヴァージョン（Sen & Williams 1982 所収）の当該箇所では（y, z）となっている（p. 229）。

★16　この場合には、収容所の看守になろうなどとは望まず（zの低評価）、自由な市民であろうと収容所の囚人であろうと関係ない（xとyの無差別）ということになるので、与えられる状態をただ受け止めそこに幸せを見出すストア派的な態度とみなすことができる、ということ。

第四章

★1　出典は記載されていないが、一八〇四年の詩集『エルサレム Jerusalem』の中の一節である。

★2　レシェク・コワコフスキ（Leszek Kolakowski）はポーランド出身の作家・哲学者である。

★3　プライステイカーとは、経済学において、財の価格を自らでは決定できず市場において決定された価格に応じて行動を決定する主体のことを指す言葉である。理想的な市場においては生産者および消費者は多数いることになり、全員がプライステイカーとなる。これに対して、独占企業のように特定の財の価格を自ら決定できる主体のことをプライスメイカーと呼ぶ。

★4　ゲシュタルトとは、物事を認識する上で、要素に還元できない全体的性質のことを指す。たとえば音の並びとしてのメロディーは、個々の音に還元できない意味を持つと言える。ゲシュタルトスイッチとは、同じ要素から得られるゲシュタルトが複数存在し、われわれがどちらのゲシュタルトを認識するかが切り替わることである。よく知られたものとして、見方によってアヒルにもウサギにも見える絵や、老婆にも少女にも見える絵などの認識において起きているのが、ゲシュタルトスイッチである。

★5　現実原則（reality principle）と快楽原則（pleasure principle）は、フロイトの精神分析における用語。詳しくは竹田青嗣編・中山元訳『自我論集』（ちくま学芸文庫、一九九六年）に収められている諸論文、とりわけ「欲望とその運命」および「快楽原則の彼岸」を参照。

★6　原文はラテン語。この一文は古代ローマの風刺詩人であるデキムス・ユニウス・ユウェナリス（Decimus Junius Juvenalis）によるものである。カントが『実践理性批判』第二部の九段落目においてユウェナリスから引いている一節の、その最後の一文にあたる。訳出にあたっては熊野純彦訳『実践理性批判／倫理の形而上学の基礎づけ』（作品社、二〇一三年）三四九頁の訳文を参照した。

★7　ここでの話を整理しよう。中国の革新主義者と伝統主義者はともに、西洋の技術と合理化の精神を受け入れなければ、国が滅んでしまうという認識を共通してもっていた。しかし同時に、中国の伝統文化を守るべきだという価値も共有していた。ここで革新主義者は、西洋的合理性を受け入れても中国の伝統は損なわれないと主張したが（いわゆる中体西用論）、これは希望的観測であった。その不可能性に気づいていた伝統主義者は、西洋的合理性とするように中国の伝統を作り変えようとした。しかしこれでは、中国の伝統文化を守るべきだ、と言っておきながら守るものの内実が変わってしまっている。結局のところ、（希望的観測に陥った）革新主義者においても（守るものの価値を骨抜きにした）伝統主義者においても、伝統を守るべきだというその主張は「弁明」にすぎない、ということになる——以上がここでの趣旨と思われる。

★8　ルィセンコ事件（Lysenko Affair）とは、スターリン支配下の旧ソ連において、農学者トロフィム・デニソヴィッチ・ルィセンコの提唱した獲得形質の遺伝の承認を含む進化論が正しいものとみなされ、政策の基礎とされたことを指す。対立学説（とりわけ遺伝子説学者）への政治的弾圧を伴った。周知のように獲得形質の遺伝は科学的根拠のないものであるが、政府権力と結びついたことで広まり、長く訂正されずに残った。政治的権力によって科学が捻じ曲げられることの典型例としてよく扱われる。詳しくは、藤岡毅『ルイセンコ主義はなぜ出現したか――生物学の弁証法化の成果と挫折』（学術出版会、二〇一〇年）を参照。

★9　ここで問題は、訓練において人は褒められた方が伸びるのか、それとも叱られた方が伸びるのか、ということである。大抵の場合、「褒めた後にうまくいった」事例と「叱った後にうまくいった」事例を比べると、後者の方が多くなる。このことを理由に、しばしば叱られた方が人は伸びると結論されがちである。しかしこれは誤りであると、トヴェルスキーとカーネマンは言う。というのも、ランダムな事象においては良い事例の後には悪い事例が、悪い事例の後には良い事例が起こる可能性が確率論的に高いのであり、「叱った後にうまくいった」というのは、叱られたからうまくいったのではなく、ただ前回はうまくいかなかったから叱られ、そして確率的変動のゆえに次はうまくいった、というだけである。これが「平均への回帰」という認知バイアスである。ダニエル・カーネマン『ファスト&スロー――あなたの意思はどのように決まるか？』（村井章子訳、ハヤカワノンフィクション文庫、二〇一四年）の第4部を参照。

★10　「ギャンブラーの誤り」とは、たとえばコイントスにおいて、五回連続で表が出たのだから次は裏が出るに違いない、と考えてしまうことを言う。実際は次のコイントスの確率も、表裏それぞれ二分の一である（カーネマン上掲書）。「根本的帰属誤謬」とは、人の行為を理解する上でその人の性格や人格といった内的要素に原因を求めてしまうことを言う（小坂井敏晶『社会心理学講義』筑摩書房、二〇一三年、七六頁を参照）。コイントスの例に当てはめれば、五回連続で表が出たことに対して、そこにはコインをトスする人の、表を出そうという意思が働いているにちがいないと考え、次も表が出るだろうと考えてしまうことである。この両者が相殺して、本来の正確な確率判断へと至るかもしれない、というのがここでの趣旨だと考えられる。

★11　初年度に成功した選手が翌年に成功できないという判断は、大抵の場合はバイアスによるものである。初年度に成功したのに次年度にぱっとしない選手は目立つため印象に残りやすく、それを典型例として他の事例を判断してしまうものであり、これをサンプリング効果と言う。しかしながら、そのようなバイアスに適切な「因果関係」を読み込むことができた場合には、正しい予測を導くことがありうる。初年度のスター扱いによって増長したその選手は、統計的にどうであるかに関係なく、次年度にはうまくいかない可能性が高い、というのがここでの趣旨だと考えられる。

解説　『酸っぱい葡萄』の背景と射程

玉手慎太郎

《1》はじめに

本書の著者ヤン・エルスターは、一九四〇年生まれ、ノルウェー出身の社会科学者である。社会科学者、という言い方は曖昧だが、しかし彼はいったいどの分野に属する研究者なのか、という問いに答えることはとても難しい。その研究活動は非常に多岐にわたり、多数のトピックを扱う数多くの論文・著作が世に出されているからである。

もちろん第一には、この『酸っぱい葡萄』（一九八三年）やその姉妹編である『ユリシーズとセイレーン *Ulysses and the Sirens*』（一九七九年、改訂版一九八四年）に代表されるように、合理性概念の分析者として有名であろう。しかし彼の研究はこれにとどまるものではない。『マルクスを理解する *Making Sense of Marx*』（一九八五年）をはじめとして、アナリティカル・マルクシズム、すなわちマルクス主義を現代の分析的手法によって再構成しようという学派の主要な論者の一人としても活躍してきた。[*1] また社会科学方法論についても多くの研究があり、『社会科学の道具箱――合理的選択理論入門 *Nuts and Bolts for the Social Sciences*』（一九八九年）という教科書も執筆している（邦訳は海野道郎訳、ハーベスト社、一九九七年）。さらにはいわゆる「心の哲学」を論じる分析哲学者としての姿も持っており、その研究の一つが、特に嗜癖という非合理性（これについては本書でも言及がある）について論じた『合理性を圧倒する感情 *Strong Feelings*』（一九九九年）である（邦訳は染谷昌義訳、勁草書房、二〇〇八年）。二〇〇〇年以前の研究だけでも以上のような幅がある上に、その後も精力的に研究・執筆を続けており、その射程はなおも拡大している。

本書『酸っぱい葡萄』はエルスターの邦訳書としては三冊目ということになるが、以上のことからわかるように、これで彼の研究の全体像が日本語でも把握できるようになった、などとは到底言うことができない。その研究の射程の広がりがかえって足かせになってしまったのか、日本では、彼の主張がそれぞれの分野において言及されることはあっても、その思想の全体像を見渡すまでの議論の蓄積はみられない。[*2] この意味で、広く誰もがその重要性を認めながら、誰もその重要性を十分に味わおうとはしない——さながら、誰も飲まないヴィンテージワインのような——人物、それがこれまでの日本におけるエルスターの姿と言えるだろう。果たしてその味は酸っぱいのだろうか、甘いのだろうか。それこそ、実際に味わう前から判断することは差し控えなければならない。

《2》議論の前提——現代政治哲学における本書の位置づけ

以上のような状況であるから、訳者解説においてエルスターの思想の全体像を描くということは不可能である。ここではあくまで本書『酸っぱい葡萄』のみに焦点をしぼり、その背景について補足するとともに、その現代的射程についていくつかの論点を示したい。本書を読む上で第一に留意すべきは、その出版がすでに三〇年以上も前だということである。はじめに、学史的な位置付けのため、本書の出版された時期（一九八〇年代初頭）までの政治哲学の状況を概観しておこう。（もちろん本書は厳密に「政治哲学」の書ではないが、この解説でも以下に論じるように、本書の議論は明確に政治哲学への含意を目標点に据えていると考えられるため、ここを押さえておくことが重要であると訳者は考える。）

広く知られている通り、この領域の議論の出発点は一九七一年のジョン・ロールズによる『正義論』出版であった（Rawls［1971］1999）。二〇世紀初頭以来、何をすべきかを問う規範倫理学ではなく、そもそも「べき」とは何かを問うメタ倫理学が倫理学の中心問題となっていたところ、ロールズのこの著作によって再び規範倫理学（そして政治哲学）の問題が広く論じられる機運が生み出されたのであった。[*3] その内容は、社会契約論（とりわけ合理的選択理論の考え方を取り入れた形での）に基づいた、功利主義の批判とリベラリズムの擁護であった。それ以降『正義論』をめぐって、一九八〇年代初頭までの一〇年ほどの間にも非常に多くの議論が展開された。ここでそのすべてを概観することもやはりかなわないが、過度の単純化の危険を承知で、それらの議論において注目すべき二つの重要な方向性を確認したい。

第一に、ロールズが功利主義を主たる批判対象としていたことに由来して、功利主義の是非をめぐる議論が活発になされることになったが、そのことはさらに、功利主義的な思考法を暗黙に基礎としていた経済学について、その規範的側面をめぐる批判を引き起こすこととなった。この方向の議論を牽引したのはアマルティア・センである。彼は功利主義を帰結主義・厚生主義・総和主義の三つの要素からなるものであると分析し、そのそれぞれの規範的問題を指摘することを通じて、功利主義ひいては新厚生経済学の枠組みそのものを批判した（Sen 1982 所収の諸論文）。[*4] その中でも重要な焦点の一つが「選好」であり、その充足をもって社会状態を評価する態度であった。経済学が市場を通じた「財の配分」について論じるものである以上、財の分配の正当性を問うロールズの正義論は、経済学の方法論についても再考を迫るものだったのであり、ここに、哲学と経済学との新たな学問的交流の場が生じたと言える。

第二に、ロールズの正義論が福祉国家を擁護する、いわゆる社会民主主義の要素を有していたこと、端的に言えば貧困者への財の再分配を肯定していたことについて、その理論的基礎をめぐる議論がなされた。[*5] そして財の再分配をめぐる議論の一つの焦点は、功績という道徳的価値との兼ね合いであった。功績の観点とは、人は自分で成したことに応じた帰結を受け入れるべきであるという考え方を指す。この観点から、自分の力で取得したものを強制的に徴収されるのは不当だと主張し大きな影響力をもったのがロバート・ノージックのリバタリアニズムであった（Nozick 1974）。さらにこれに対し、ロナルド・ドゥオーキンらによって「運の平等主義」をめぐる議論が提起される（Dworkin 2000 所収の諸論文）。運の平等主義とは、当人に責任のある不平等と当人に責任のない不平等とを区別し、後者にのみ再分配を認めることで、功績の観点を損なうことなしに財の再分配を肯定しようとするものであった。こうして、個人は自律的な主体であるという命題をめぐる議論に、大きな焦点が当たるようになったと言える。一般に、自律的な主体でなければ、その功績を論じることも責任を帰することもできないと考えられているからである。

本書に展開されているエルスターの思想は、あえて非常に積極的な評価をすれば、この二つの議論の方向性の結節点をなしていると述べることができる。すなわち、「人々の合理性とはいかなるものか」という根本的な問題の検討を基礎として、経済学が想定している合理的個人の仮定に対する疑問と、人々の行為の自律性に対する疑問とが交差するのである。そしてそこから、ありうべき合理性の考え方が、特に社会のあり方との関係に照らしつつ展開されていくことになる。彼の主張は、特定の立場を正当化するものとしてではなく（実際のところ本書はエルスター自身の主張を体系的に述べたものではない）、むしろ論争状況全体を見渡して問題を提起するものとしてこそ評価できると考えられる。[*6]

《3》第一章「合理性」

(a) 合理性の四分類

第一章では本書全体の議論の準備として、「合理性」概念の類型がなされる。合理性をめぐって二つの対比軸が提示され、二かける二で四つの合理性が区別される。その四つの区分のそれぞれに第一章第2節から第5節が一節ずつ当てられるという構造である。冒頭でいきなりドナルド・デイヴィドソンの主張をめぐるガチガチの分析哲学の議論が展開されるため、社会科学や規範倫理学に属する関心を持って読み始めた読者は面食らってしまうかもしれない（デイヴィドソンは現代分析哲学の中でもとくに難解と言われる論者の一人である）。しかし、四つの合理性の区別さえ把握することができれば後段の議論に進む上で大きな支障はないため、訳者として差し出がましい提案をさせてもらえば、第2節は細部にこだわらず先へ進んでしまっても構わないと思われる。ゲーム理論的な思考に不慣れな読者の場合は第4節も同様である。ただし、第3節は本書全体に対して重要な意義を持つので読み飛ばすべきではない。

本章で論じられる合理性の四分類について確認しよう。「信念」や「欲求」（まとめて「理由」）からある行為が引き起こされるとして、その信念や欲求の内容については不問とし、とにかくその信念や欲求と行為との論理的な関係性に基づいて合理性を判断するとき、その合理性を「薄い」合理性、信念や欲求の内容そのものに基づいて合理性を判断するとき、その合理性を「広い」合理性とエルスターは呼ぶ（第一の対比軸）。たとえばわれわれは、「ギャンブルで成功するために最も合理的な手段は何か？」という問いを立てることができるが、他方で「そもそもギャンブルの成功を目標とすることは合理的か？」と問うこともできる。この二つの「合理性」は異なる合理性を意味しているというわけだ。

なお、ここでの言葉の選び方にはクセがある。普通「薄い thin」の対義語は「厚い thick」であり、また「広い broad」は一般に「狭い narrow」の対義語である。日本語の語感としても、薄いことと広いこととはむしろ同じような意味に取れてしまうかもしれない（コーヒーに入れたミルクは広がり薄まっていく）。以下のように考えるとよいだろう。信念や欲求の内容については不問とする、すなわち「内容が薄い」合理性と、対して形式のみならず信念や欲求の内容まで問う、すなわち「論じる対象が広い」合理性とを区別しているのだ、と。

つづいてエルスターは、これら二つの合理性について個人の意思決定と集合的な意思決定とを区別する（第二の対比軸）。個人的な行為の合理性についての議論を社会的決定の合理性の問いにつなげていくところは、分析哲学者であり社会科学者でもあるエルスターの本領を示す部分だろう。そしてこの分析が、集合的なレベルでの薄い合理性に基づく「社会選択理論」に対する批判へとつながっていく。

(b) 方法論的個人主義の基礎として

先に結論を述べれば、エルスターは本書における議論の基本線として、個人的なものであれ集合的なものであれ「薄い合理性」の批判を試みている。そのような批判の背景として、「薄い合理性」の考え方が現代の社会科学の方法論において非常に大きなプレゼンスを持っていることが指摘されよう。本書でも批判されるが、狭義の合理的選択理論の枠組みや主流派経済学における方法論は、「薄い合理性」の立場を取っている。すなわち、個々人が何を望んでいるかについてはオープンとして、各人は自らの達成を目的として「合理的な」手段を選択するということのみを仮定して分析がなされる。

ここで注意すべきは、エルスター自身が明確に方法論的個人主義の立場を取る論者だということである。彼は『社会科学の道具箱』の中で次のように述べている。「社会科学において、基本事象は個々の人間の行為である。もちろん、この行為には、信念形成のような精神的行為も含まれる」(Elster 1989, p. 3, 邦訳二頁)。「社会生活の基本単位は、個々の人間の行為である。社会制度や社会変動を説明するというのは、個人の行為や個人間の相互作用の結果として制度や変動がどのようにして生じたかを示すことだ。この考え方は方法論的個人主義と呼ばれることが多いが、私の考えでは、これはしごく当然の考え方である」(p. 13, 邦訳一四頁)[*7]。このような態度は、たとえば本書第一章第4節の冒頭にも明確に現れている。

「集合的合理性」というこの概念自体が、疑わしい、あるいは(そうでなければ)トリビアルなものである、と思われるかもしれない。もしこの概念が諸個人にさらに加える形で彼らが形成している集合体に訴えているならば、すなわち（架空の集合的存在としての）「人々」のために（諸個人としての）「人々」が自分たちの利益を犠牲にしなければならないということの正当化を訴えているならば、それは疑わしいものとなるだろう。他方でもしこの概念が単に意思決定能力における集合体を意味するならば、あるいは（その代わりに）集合体を形成している諸個人の合理性に個別に言及するならば、それはきわめてトリビアルなものとなるだろう。（本書四〇頁）

ここでは、個人を超えた社会のようなものを主体として想定するのは疑わしいし、かといって個人の合理性をただ足し合わせるだけならわざわざ集合的合理性などと言う必要はない（個人の合理性だけで事足りる）ということが述べられているわけだが、これは明確に方法論的個人主義の立場からの記述である。

とはいえ、人々の行為から社会を説明するといっても、人々がどのように行為するかが決まらなければ分析はできない。ここで、個々人は「合理的に行動する」ものと仮定して考察分析を行うとき、方法論的個人主義は合理的選択理論の形をとる。再び『社会科学の道具箱』から引こう。「行為の筋道が複数あるような時には、人々は一般に、全体として一番良い結果をもたらしそうだと考えることを行う。この一見やさしそうに見える文が、合理的選択理論を要約している」（Elster 1989, p. 22, 邦訳二四頁）。

エルスターもわざわざ「一見やさしそうに（deceptively simple）」と言っていることからもわかるように、ここには重要な問題がある。合理的に行動するとは、果たしてどういうことだろうか？　これこそがまさに本書第一章において、そしてさらには本書全体において探究される問題である。すなわち、エルスターによる合理性の検討は、「合理性とは何か？」という哲学上の疑問を考察するものであると同時に、方法論的個人主義および合理的選択理論に立って社会を考察する上で適切な方法はいかなるものであるのかという、社会科学方法論上の疑問をも取り扱うものなのである。一読したところでは純粋に哲学的な検討に主眼があるように思われるかもしれないが、その検討がまさにエルスターの社会科学方法論の要ともなっていることに注意してほしい。

(c)社会選択理論の困難と実質的な合理性

第一章に関してもう一点記しておくべきは、このような合理性概念の検討に基づいて、エルスターの熟議民主主義への賛意が（条件付きではあるが）示されていることである。第一章第4節においてエルスターは、社会選択理論に対する反論から熟議に基づく民主主義理論の検討へと進んで行く。ここで問題は選好を所与として取り扱うか、それとも選好を変形させることを許容するかという点にある。社会選択理論は、各人の選好に対して一切の制限を設けず、与えられた選好の束に対して特定の公理群を満たす集計手続きを導出するものである。すなわち、そこには選好を変更させるという発想の余地はない。

エルスターがこのようなアプローチの問題点を浮き彫りにするものとして言及するのが、有名なアローの不可能性定理である。この定理は、四つの妥当な公理、すなわち「定義域の非限定性」「弱パレート原理」「無関係選択肢からの独立性の条件」「非独裁制」を同時にすべて満たすような集計手続き（厳密に言えば社会厚生関数）が存在しないことを証明したものであった。[*8] それはあたかも、「妥当な民主的決定手続きは存在しえない」ということを厳密に示すものであるかのように受け止められた。

これに対して社会選択理論の領域では、公理を様々に緩めたり取り替えたりすることで何らかの妥当な集計手続きを導出することが試みられた。しかしエルスターは、社会選択理論の方法論がそもそも間違っている可能性を指摘する。すなわち、各人の選好を所与として扱うことそれ自体に問題があるのではないか、というのである。「社会選択理論は数多くの問題を提起している——そのうちのいくつかはこの理論によって明らかにされた困難であり、他のものはむしろこの理論に対する反論である。ある程度まで、困難は同時に反論を指し示すものである。というのも、この理論における様々な不可能性定理は、全体としての枠組みに何か間違ったところがあるに違いないと考える理由を提供するものでもあるからである」（本書四七〜四八頁）。そこでエルスターは、選好が変形する可能性について考えるべきではないかと論じる。それはまず何より、話し合いによって考えを変えるという観点からの議論となるだろう。すなわち、公共の議論を重視する、いわゆる熟議民主主義である。[*9] ここに至って、エルスターは合理性をめぐる哲学的議論から、社会科学方法論の再検討を行い、それを通じて政治理論の批判的検討を行っていることになる。ここまでのところでもすでに、彼の議論の射程の広さを見ることができるだろう。

エルスターは以上のように社会選択理論を批判しているわけだが、実は社会選択理論家の中にも同様の問題を把握している研究者は少なくない。たとえばアマルティア・センは、定義域の非限定性は「どの社会で個人的選好がどういう分布をしていても機能するもの」を求めるがゆえの条件であるが、それは要求過剰であるとしている（Sen 1970, 邦訳二三八頁）。「〔個人的選好を集計する〕手続きをわれわれが評価するときに、その社会のタイプに依存しなければならないのは当然」であり、「純粋さはオリーブ油や海の空気や民話のヒロインにとっては明らかに美徳であるが、集合的選択の方法にとってはそうではない」とセンは述べる（同二三八〜二三九頁）。*10

現実の政治における「投票」も社会選択理論と同様に、個々人の意見の内容を問わない集計手続きであるが、日本の社会選択理論家の坂井豊貴は投票制度について、一般向けの文章の中で次のように指摘している。「そもそも投票は、投票用紙をインプットして、投票結果をアウトプットする変換装置に過ぎない。有権者の質が低ければ、結果の質が高くなることは期待しがたい。〔原文改行〕厳しい言い方かもしれないが、投票は、有権者に、デマに流されないことや熟慮できることを求める制度なのだ。有権者はそのような「強い個人」であらねばならないし、そうでないなら有権者に向いていない」（坂井 2016, 37頁）。これはまさにエルスターが言う、「もし個人の選好が実質的な合理性を欠いているならば、政治は「ガラクタを入力すればガラクタが出力される」の一例となってしまう」（本書五〇頁）ということであろう。しかし問題は、個人の選好のうちいったいどれが「ガラクタ」、すなわち政治において考慮されるべきではないものなのか、という判断である。これを安易に決定すれば、特定の個人的信念の抑圧になる危険性を回避できないだろう（たとえばかつて女性の意見は政治に反映されるべきではないものとされていた）。したがってわれわれは、ガラクタではない、「合理的な選好」というものの内実を考えなければならない。それは「実質的な合理性」を理解すること、すなわち「薄い」合理性でなく「広い」合理性を探究することを必要とする営みとなるのである。

《4》第二章「本質的に副産物である状態」

(a)日本における作品例

第二章の主題は「本質的に副産物である状態」と呼ばれる、次のような特徴を持つ心的状態および社会的状態にある。すなわち、「他の目的のために行われた行為の副産物としてのみ生じうるという特徴を持って」いるもの、「そうしようと試みるというまさにそのことが、もたらそうとしている状態を排除してしまう」ものである(本書六七頁)。本質的に副産物である状態について、本章のエルスターは縦横無尽に、圧倒的な博覧強記でもって様々な領域からの引用を駆使し、多数の例を示している(率直に言えばいささかペダンティックに過ぎる面は否めないようにも思うが)。ここでは訳者もこれにならい、本質的に副産物である状態について、日本における作品例を二つほど挙げることにしよう。

直木賞作家である村山由佳の初期の恋愛小説、『天使の卵——エンジェルス・エッグ』(集英社、一九九九年)では、主人公が明示的な形で「本質的に副産物である状態」に悩む描写が見られる。この小説は、一本槍歩太という青年が一人の女性と情熱的な恋に落ち、そして一度は結ばれるものの、悲劇的な別離に遭遇する物語である。二人は満員電車の中ではじめて出会い、その後に病院において偶然に再会する。といっても歩太が怪我や病気をしたわけではない。彼の父が精神科に入院しており、その担当医が先に一目惚れした女性なのである(運命の再会ということになろう)。この物語では二人の恋愛模様とともに、歩太と父との関係性についてもまた魅力的な叙述がなされるのだが、ここでは歩太が次のように言うシーンに注目したい（二〇〜二一頁）。

神経質で、潔癖性で、自分にも他人にも、どこまでも正直かつ精確であり続けようとしたがために、親父はああなって〔＝精神疾患にかかって〕しまった。

〔中略〕

だからこそ僕は、何をやるにしても親父とはまったく逆に、わざとあまり深く考えずにやるようにしているのだ。友達から「オッチョコチョイ」とか「ドジ」とか言われて内心こおどりしている奴なんか、僕くらいなものだろう。だが、軽挙妄動のツケは、それがわざとであろうとなかろうと、ちゃんと僕自身のところに回ってくる。それで僕は、自分のやったことについて年中後悔ばかりしている、と、こういうわけだ。

ちょっと考えれば誰にでもわかることなのだが、そんなにまでしても結局僕は「神経質でありたくない」というその一点について、異常なまでに神経質になっているだけなのだ。

まったく、ばかみたいな話だと思う。そうじゃないか？

ここには本質的に副産物であるところの目的にむかってもがく姿がくっきりと描かれている。神経質でありたくない、という目的を合理的に達成しようとする行いそのものが神経質なものになれば、目的は達成されえないのである。

ただし明示されている点と暗に示されている点があることに注意したい。明示されているのは、「神経質でありたくないということに神経質になる」という点であり、これは明らかに自滅的な営みである。しかしながら、彼は自身の行為について神経質に神経質さを排除しようとしている一方で、その帰結についてきっちり反省していることには無自覚である。彼は自分の「軽挙妄動のツケ」について後悔しているが、そもそも自分の行動について反省すること自体がある種の繊細さであろう（この意味でも歩太は神経質である）。いずれ彼が、行動のたびにどれだけのツケをはらっているのか、を逐一確認することそれ自体が神経質な営みであるということをさらに自覚し、そのような反省はしないようにしよう、と考えることは十分にありうるだろう。そのときには、「逐一反省したりしない人間であるために、自分が反省したかどうかを逐一反省する」ことになり、ふたたび自滅的な隘路へ入り込むことになる。この小説は一般にストレートな恋愛小説と位置づけられるが、上記のような自己言及の檻に閉じ込められた主人公が、他者とのつながりを通してそこから解放されていく物語としても読むことができると訳者は考えている。

もう一つの例に移ろう。子供向けのテレビ番組「仮面ライダー」シリーズは二〇〇〇年に入ってから新しいシリーズ（平成ライダーシリーズ）として放送が続いているが、その第三作として『仮面ライダー龍騎』（テレビ朝日系列で二〇〇二年～二〇〇三年に放送）がある。一三人の仮面ライダーが自らの望みを叶えるために最後の一人になるまで殺し合う、というそれまでの勧善懲悪とは一線を画したストーリーゆえに大きな話題となった作品である。ここで注目したいのは、作品後半に登場する東條悟という人物である。彼は平和を守るとか愛する人を幸せにするとかではなく「英雄になる」という目的のために仮面ライダーに変身し、ライダー同士の戦いに身を投じていく、いささか錯乱した人物として描かれている。彼は仮面ライダー同士のバトルロワイアルに勝ち残ること、特に（たいていの英雄がそうであるように）自分の大切なものを犠牲にしながらも勝ち残っていくことを通じて、英雄になることができると考えている。それゆえに、彼は自分の大事にしてくれていた恩師を手にかけさえする。しかしバトルロワイアルの最中、別の仮面ライダー、北岡秀一から次のように指摘される。

絶対英雄になれない条件が一つあるんだけど教えてやろうか？　英雄ってのはさ、英雄になろうとした瞬間に失格なのよ。お前、いきなりアウトってわけ。

東條の目指す「英雄」という目標は、本質的に副産物である。上記の台詞が直接に指摘していることであるが、英雄になりたいと考えているような人物は英雄とは言えない。英雄は、自分の利益を投げ打って人々のために戦うからこそ英雄となるのであり、虚栄的な目的でもって英雄を目指しているかぎりは、その行為がどんなものであれ英雄にはなりえない。これに加えて、東條は英雄になるために「大切なものを犠牲に」していくが、大切なものを犠牲にすることに付随する英雄性もまた本質的に副産物である。愛する人を犠牲にしてまで人々のために戦う人物は英雄的でありうるが、愛する人を意図的に犠牲にする人物は英雄的でありえない。犠牲になど絶対にしたくない、そのような状況で犠牲にせざるをえないからこそ、英雄性が生じる。

ストーリーは次のように続く。上記の発言によって大きく動揺した東條はその後、ライダー同士の戦いにおいても相手の強さに恐怖し、戦いから逃げ出してしまう（この時点での彼は明らかに英雄的ではない）。そうして茫然自失で街を歩いている最中、トラックに轢かれそうになっている親子を目撃する。東條はそこで（おそらくは反射的に）親子をかばって道路に飛び出す。そして彼は、（彼が英雄性を求めたライダー同士の戦いではなく、日常生活の一場面において）その親子の命を救う代わりに死んでしまうのだ。翌日の新聞の片隅に、「親子を救った英雄」として彼を讃える記事が載る。彼は英雄になろうという気持ちから解放されて初めて英雄になることができた。英雄という目標は、自分の命を意図せざる形で犠牲にすることをもってして初めて叶うものだったのだと言えよう。

(b)禅との関連性

本質的に副産物である状態は、さらに「禅」の思想に通じるものであることがエルスターによって論じられる。これはわれわれ日本の読者にとってはとりわけ興味深いポイントであると思われるので、少し踏み込んで論じてみよう。禅の思想について考える上では、本書でも引用されている鈴木大拙の諸著作が重要であることは言うまでもないが、西洋哲学との一つの明確な対比の事例として、オイゲン・ヘリゲル『弓と禅』がある（稲富栄次郎・上田武訳、福村出版、二〇一三年、原著一九四八年）。これは新カント学派の哲学者であったヘリゲルが来日し[*11]、六年間にわたって弓道の稽古にのぞむ中で、そこに内在する禅の思想を内面化していく過程を描いた自伝的な著作である。禅の思想が西洋哲学の思想枠組みにとってなぜ、どのように衝撃的であったのかが率直に、かつ印象的に記されている。

稽古を始めた当初、ヘリゲルは弓道の師範から、弓の弦を引っ張るのに全身の力を用いてはならない、力を抜いたままにしておかなければならないと言われ、戸惑う。というのも弦の強さは、彼が全身の力を動員しなければ到底引けるようなものではなかったからである。呼吸法を体得することで彼は一歩前進するものの、それでもなかなかうまくいかない。

私は一度弁解のために、「それでも私は力を抜いたままでいるよう誠心誠意苦心しているのです」といったことがある。すると彼〔師範〕は答えていった。「まさしくそのことがいけないのです。あなたがそのために骨折ったり、それについて考えたりすることが。一切を忘れてもっぱら呼吸に集中しなさい。ちょうどほかには何一つなすべきことがないかのように。」（邦訳四六頁）

また、引いた矢を放つ（手から離す）動作についても同様に言われ、ヘリゲルはまたも大いに戸惑う。

彼〔師範〕は私に呼びかけていった。「あなたは何をしなければならないかを考えてはいけません。どのように放れ〔矢を放つ動作〕をやるべきであるかとあれこれ考えてはならないのです。射というものは実際、射手自身がびっくりするような時にだけ滑らかになるのです。弓の弦が、それをしっかり抑えている親指を卒然として切断する底〔原文ママ〕でなければなりません。すなわちあなたは右手を故意に開いてはいけないのです」と。（邦訳五五頁）

他にも様々な場面を通して、西洋的な合理主義の思考が「本質的に副産物」である状態を達成しようともがく苦悩が、非常にドラマティックに描かれている。師範が暗闇の中、的を狙わずに的を射抜くシーンこそは、この本の山場である。

ところで、この『弓と禅』の、訳者が有している邦訳の帯には次のように記されている。「スティーブ・ジョブズの生涯の愛読書！　彼の人生に大きな影響を与えた「禅」。その道に傾倒した若き日のジョブズが出会った運命の一冊。すべてはここから始まった……」。スティーブ・ジョブズといえばアップル社を大会社へと成長させた稀代の実業家である。さて、ジョブズ氏が成功した理由の一つは、彼が他の人の思いつかないようなアイデアを持っていたことにある、ということは疑いえないだろう。ということは、この本を読んでジョブズ氏の思考法の一部を身につけることは、果たして有意義だろうか。おそらくそうではない。というのもこれをマニュアルとして読むならば、彼の独創性にならうことにはならず、むしろ定型にはまった思考をもたらすことになるだろうからである。この帯にもまた、本質的に副産物である状態への示唆を見出すことができるように思われる。ジョブズのようになりたければ、ジョブスのまねをしてはいけないのである。

(c)社会科学への含意

第二章におけるここまでの分析はそれ自体として十分に知的好奇心をそそるものであるが、エルスターはこの分析がさらに社会科学に対して持つ含意を指摘する。すなわち、人間にとって合理的に達成することができない（達成しようとすればするほど達成が遠ざかってしまう）目標がありうるならば、同様にわれわれには合理的に達成することができない社会状態がありうるのではないか、というアナロジーが成立するのである。ここでもまたエルスターは、合理性をめぐる哲学的議論から、社会科学方法論を検討し、政治理論の批判的検討へと進んでいる。目標とされる社会状態の実現可能性という問題は、現代の政治哲学においては理想理論と非理想理論という区別によって論じられてきたが[*12]、その際の論点は個別文脈的な制約をどこまで理論に含み入れるかにある。しかしそれに加えて、ここで指摘されているような、目標とされる社会状態への移行に付随する論理内在的な不可能性もまた、検討されるべきであると言えよう。

エルスターは直接に言及しないが、ここでの議論の前提として、共産主義とソ連の問題があることは明らかであるように思われる。マルクス主義の歴史における最も重大な課題の一つは、共産主義はいかにして実現されるかという問題であった。周知のようにマルクス自身は「史的唯物論」と呼ばれる歴史理論を提示したが、それは単純化して言えば、(i)政治や文化、あるいは理念といったもの（上部構造）は経済（下部構造）によって決定されるのであり、経済の形態こそが人々のあり方を決めるのであって逆ではない、という経済決定論と、(ii)資本主義経済は虐げられた立場にある労働者の勢力を不可避に増していくものであり、最終的に革命に至って崩壊し、共産主義が到来する、という共産主義社会の必然論、以上二つの要素によって構成される。[*13]

このようなマルクスの史的唯物論においては、上部構造を意図的に変更しようとしても、下部構造がそれに適応していなければ変更は失敗することになる。現状の資本主義社会は否定されなければならないとしても、しかしそれをただ否定するだけでは別の抑圧がそれに取って代わるだけである。だからこそ、下部構造の発展に基づいて共産主義が「必然的に」到来する、という形でなければならない。そして実際のところ、レーニンの指導のもと、意図的に共産主義社会を実現しようとしたのがロシア革命によるソヴィエト連邦の設立であったわけだが、これは（エルスターが第四章で論じるように）その理想を実現したものとはみなせない。ソ連の体制が別の形態の抑圧でしかなく、マルクスの理想とした共産主義社会とは遠くかけ離れたものであったことは今や広く認められている。しかし他方で、下部構造を共産主義の成立するような状況まで進めるということは、基本的には資本主義的生産関係を推し進めることであり、それ自体としては共産主義の理想に反する。直接的な実現のみならず間接的な実現にも課題がある。ではわれわれはこれをいかにして実現できるだろうか？

以上のことから、共産主義という社会状態は、少なくとも一見した限り、意図に基づく実現を拒むものになっているのであり、集合的な意味での《本質的に副産物である状態》という概念と大きな関連を持っている。エルスターのここでの議論は、史的唯物論の批判的研究、および共産主義の意図的な実現の失敗についての研究から導かれていると言えよう。

《5》第三章「酸っぱい葡萄」

(a)自律と厚生の衝突という視点

書名をタイトルに掲げるこの第三章のテーマは、エルスターの提起を受けていまや倫理学のキータームのひとつとなっている「適応的選好形成」の概念である。功利主義批判が議論の中心となっていることは、第一章・第二章から読み進めてくると若干唐突な印象を与えるかもしれない。しかしすでに論じたように、ロールズの『正義論』にはじまる現代の政治哲学は功利主義批判の文脈で発展してきたのであり、学説史的背景を踏まえればこれは決して不自然な展開ではない。

適応的選好形成とは、大まかに言えば、実行可能な選択肢に応じて選好が変化すること、とりわけ、実行可能な選択肢が貧弱である場合に、そこからでも十分な満足を得られるように選好を切り詰めてしまうことである。この概念それ自体は、そもそもエルスターがラ・フォンテーヌの寓話を引いていることからも明らかなように、決して新しいものではない。他にもたとえばカール・マルクスの叙述の中にはっきりと見出すことができる。「人間は……他のどんな動物よりも自己の性質をかくも信じがたい程度にまで変形させて、与えられた状況に適応することができるのであり、したがって自己の肉体的・精神的欲求を同じ信じがたい水準にまで切り縮め、自己の生活条件を自ら最低限にまで制限することができる」（マルクス 2016, 二三〜二四頁）。よってポイントは、エルスターがこの概念からいかなる含意を引き出したかである。

適応的選好形成の最重要の特質は、そこにおいては「自律」と「厚生」が衝突するということにある。

というのも、適応的な選好は、実行可能性によって非意図的な形で形成されたという点で非自律的な選好であるが、実行可能性に応じた選好を持つことによってその人が達成する厚生は高まっているからである。したがって、適応からの解放が生じた場合には、自律は高まるが厚生は下がってしまうかもしれない。このトレード・オフが重要なポイントである。

エルスターは本書において、適応的選好形成と「計画的性格形成」との区別を重視する。計画的性格形成においても適応的選好形成と同様に、選択肢集合に応じた選好の変形が生じ、それによって厚生が上昇している。しかし計画的性格形成の場合には、その変形が自律的なものとみなされうるので、倫理学的に問題はない。適応的選好形成と異なり、「計画的性格形成は自律を損なうことなしに厚生を向上させるかもしれない」(本書二二八頁)。エルスターが注目するのは選好の変形そのものではなく、その変形に付随する自律と厚生のトレード・オフである。選好の変形そのものをエルスターは批判したのだと誤解してはならない。

適応的選好形成という概念は、少なくとも国内では、アマルティア・センによる開発経済学への応用を通じて広まっていった。センは途上国の状況を見る上で心理的尺度を用いることの不適切性を指摘しており、たとえば次のように論じている。

すっかり困窮し切りつめた生活を強いられている人でも、そのような厳しい状態を受け入れてしまっている場合には、願望や成果の心理的尺度ではそれほどひどい生活を送っているようには見えないかもしれない。〔……〕実際に、個人の力では変えることのできない逆境に置かれると、その犠牲者は、達成できないことを虚しく切望するよりは、達成可能な限られたものごとに願望を限定してしまうであろう。このように、たとえ十分に栄養が得られず、きちんとした服を着ることもできず、最小限の教育も受けられず、適度に雨風が防げる家にさえ住むことができないとしても、個人の困窮の程度は個人の願望達成の尺度には現れないかもしれない。(Sen 1992, p. 55, 邦訳七七頁)

これは「飼いならされた主婦」の例と呼ばれ、しばしば適応的選好形成の問題の典型例として扱われてきた。しかしセンの議論とエルスターの議論では強調点が異なることに注意しておきたい。センの議論では、適応的選好形成は主観的な厚生水準を用いることの不適切さを指摘する文脈で用いられている。要するに、本人が幸せだと言っていてもそれが適応の結果であるならば客観的にみて幸せではない可能性がある、ということである。問題は主観的な水準と客観的な水準の対立にある(これはまさに「飼いならされた主婦」の例に典型的である)。これに対して本書で中心となるのは、自律と厚生のトレード・オフの指摘である。すなわち、本人が適応の結果として幸せだと言っているとき、そこでは自律を犠牲にして厚生が得られているのであり、むしろ問題は自律と厚生の対立にある(これはまさに「狐と葡萄」の例に典型的である)。主観的な厚生水準の批判という前者の議論は、(セン自身の本来の意図からは離れて)客観的な厚生水準を利用すべしという議論へと進んでいくだろう。そしてそれはパターナリズムに帰結する。人々の選好は歪んでいる可能性があるのだから、当人たちが何を望んでいるのかを離れて彼らの利益を客観的に判断しなければならない、というわけである。しかしこれはエルスターの議論からみた場合、適応的選好形成の含意としてはまったく不適切である。適応的選好形成もパターナリスティックな介入も、自律を無視して厚生を優先するという点ではむしろ同型の問題を有する（エルスターは当人が熟慮の上に自律的に清貧の生活を選ぶならばそれを否定しないだろうし、そのような人に対して生活の客観的な厚生の低さを理由に政府が介入することは自律の不当な侵害とするだろう）。広く論じられている適応的選好形成の議論とエルスターの本来の議論とには微妙なずれがありうる、という点に注意する必要がある。

(b)幸福度研究と適応的選好

より人々のためになる政策を立てるためには、人々が何について「幸福」を感じるのかを知ることが有効でありそうだ、というのは直観的に納得できるだろう。とはいえ人々の幸福度を知ることは実務的に困難が大きいため、広範な調査は実施されてこなかった（それゆえ長らく人々の幸福度は所得で代替されてきた）。しかし現代では大規模なアンケート調査の実施およびその処理は、技術的に決して難しいものではなくなっている。それゆえ、今の生活に、あるいは今の生活のうちどの活動にどれだけの幸福感を得ているかを、実証的に調査することが求められるようになった（このことはまた、先進国がすでにかなりの程度の経済成長を達成したものの、人々がその割にはあまり生活に満足しているように思われない、という事態に対応した動きでもある）。数年前に、ブータンでは人々の幸福度が高い、というニュースが大きく取り上げられたことを覚えている方も多いだろう。

Bok（2010）はこのような幸福度の実証研究について平易かつ包括的に論じているが、その中では幸福度研究に対する批判の一つとして、適応的選好形成に基づく反論がありうることがしっかりと触れられている（ただしボックが言及する名前はエルスターではなくセンなのだが）。当然のことだが、もし適応的選好形成が生じているならば、人々が主観的に幸福であると答えたところでそれは望ましい社会が形成されていることを意味しない（むしろ逆である可能性さえある）。ボックは次のように述べる。「厳密な研究が、教育、知能、民族の要因をコントロールした上で、奴隷は自由人と同じくらい満足していると明らかにしても、奴隷制度といった不道徳な慣習は正当化できない。ある政策の影響を被る人々の感情とは関係なく、その政策を非難することのできる幸福以外の望ましい価値が存在するはずである」（邦訳七二頁）。

これはほとんど主観的満足度を計測することの放棄の宣言ではないかと思われるかもしれないが、そうではない。ボックは上記の文章のすぐ後に、むしろ価値を客観的に押し付けることの問題点を指摘する。「民主主義では、明確で一般に受け入れられている正義の原則と対立しない限り、市民が自分自身の幸福の判定者となるべきである」（邦訳七三頁）。ボックの結論は以下である。「したがって要するに、幸福は非常に重要な目標であるが、政府の目標の一つにすぎないというのが適切である。市民の自由や機会の平等を擁護することが、別の目標としてある。さらに加えて、さまざまな憲法上および法律上の予防手段をもうけて、巧妙な操作や不正な方法で幸福を高めようと政府にさせないことも重要である」（邦訳七三〜七四頁）。

厚生のみならず自律も大事にしようとし、どちらかのみを取ることを避ける点で、ボックの主張はエルスターと道を同じくしている。しかし、では具体的にどうすればよいのかということになると、ボックはあまり明確とは言えない。その理由は、自律性をめぐる検討がなされていないからであろう。本書でエルスターが論じているように、適応的選好形成の問題を解決する（自律と厚生の適切なバランスを取る）ためには「自律とは何か」について明らかにする必要がある。上の文脈で言えば、いかなる場合であれば「市民が自分自身の幸福の判定者となる」ことができるのか、その条件を考察する必要があるだろう。それを後回しにしている限り、人々の主観的判断を（適応的選好形成の可能性にもかかわらず）盲目的に信じるか、それを無視してパターナリスティックに介入するかという二択にしかならない。われわれが政策について、さらには人々の生活について考える際には、適応的選好形成が突きつける「自律」の問い（すなわち「広い合理性」の問い）を回避するわけにはいかないのである。

《6》第四章「信念、バイアス、イデオロギー」

(a)**ポスト真実の時代に**

第三章で不合理な欲求形成について分析がなされたのに対して、第四章では不合理な信念形成がテーマとなる。とりわけ中心的な問題は「希望的観測」、すなわち、願望によって自分に都合のよい信念が変形される事態である。社会心理学や認知心理学へも言及がなされており、近年広く注目される「行動経済学」の問題関心とも重なる点がある。

二〇一六年一一月にドナルド・トランプ氏がアメリカ大統領に就任して以来、「ポスト真実（post-truth）」

という言葉がニュースを賑わすようになった。これはオックスフォード英語辞書が二〇一六年を表す言葉として掲げたものであり、「客観的事実よりも感情的な訴えかけの方が世論形成に大きく影響する状況を示す形容詞」だという。[*14] 日本でも、インターネット上のフェイク・ニュースの問題や、政治家による事実の歪曲（かつての文書・発言などをさも存在しなかったかのようにふるまうこと）に際して、この言葉が使われるようになって久しい。

このような形で表現される状況には、権力者側による情報操作という側面ももちろんあるが、他方で市民の側に客観的事実を軽視する、より強く言えば自分の信じたい事実を信じようとする態度が広まっているという側面も無視することはできないだろう。個々人が情報の真偽を確認するコストは無視できないものだが、それでも人々の側に客観的事実を重視する態度があれば、ここまで「ポスト真実」が広まることはなかったはずである。この意味で、人々が非合理的な信念を抱く、とりわけ欲求によって信念を歪めてしまう事態についての分析は、今こそ読まれるべきものであると言ってよいだろう。

(b) 議論の整理

第四章は本書の中でも特に議論の流れが掴みづらいように思われる。はじめに用語の確認をしておくことで理解が進むだろう。本章の主題は「バイアス」と「イデオロギー」である。バイアスとはその人の置かれた社会経済的な地位やその人にとっての利益のために非合理的な信念を持つことである。対してイデオロギーとはバイアスの中でも特に、階級的地位や階級利益のために非合理的な信念を持つことである。

表1

	地位をめぐる問題	利益をめぐる問題
バイアスの形式	地位に基づいた、非合理的な信念形成→錯覚（illusion）	利益に基づいた、非合理的な信念形成→歪曲（distortion）
イデオロギーの種類	特に階級的地位に基づいた、非合理的な信念形成	特に階級利益に基づいた、非合理的な信念形成
バイアスのメカニズム	認知的	情緒的
具体的現象	推論の誤り	希望的観測
「選好」における類似物	フレーミングによる選好のシフト	酸っぱい葡萄

バイアスおよびイデオロギーの原因に、地位と利益の二つのものがあるということがポイントとなる。地位によるバイアスは認知的なメカニズムであり、錯覚をもたらす。利益によるバイアスは情緒的なメカニズムであり、歪曲をもたらす。まとめれば表1のようになるだろう。

本章は、第2節で「錯覚」（表の左列）について、第3節で「歪曲」（表の右列）についてそれがどのようなものであるかを論じ、最後に第4節でそれらについて機能的説明（すなわち「そのような信念はこれこれの役に立つがゆえに形成されたのだ」という説明）をなすことについて検討し、その妥当性を否定する、という流れになっている。

(c)労働者階級の選択とイデオロギー

本章を読む上で押さえておくべきは、当時の現実政治の変遷に際してマルクス主義が抱えていた課題である。過度の単純化は承知の上で、本書が書かれた当時のマルクス主義の動揺を以下のようにまとめることができるだろう。

マルクス主義の歴史理解が階級闘争に基礎をおく史的唯物論であ

ったことはすでに論じた通りである。この考え方においては、労働者階級は階級として自分たちの利益を実現するために行動を起こすものと考えられていた。しかし一九七〇年代、特にイギリスにおいてこのような考え方は再考を迫られることになる。[*15] この時期のイギリスに起こったのは、福祉国家の行き詰まりと産業構造の転換による労働運動の停滞である。とりわけ一九七九年の総選挙でマーガレット・サッチャー率いる保守党が、労働者にとって有利とは思えない政策を掲げていたにもかかわらず、労働者階級の支持を得て政権に就いたことが重大な転機となった。このことは、抑圧された労働者の「階級意識」（＝イデオロギー）が労働者自身のためのものとはならない可能性を示すものであり、それゆえ改めて階級意識がいかにして形成されるかの研究の必要性が生じた。そしてその中で、特定のイデオロギーが支配的となるプロセスを明らかにするものとして「ヘゲモニー」という概念（そもそもはイタリアのマルクス主義理論家アントニオ・グラムシの用いた語である）が用いられるようになった。[*16]

この第四章でエルスターが注目しているのもまさにこのイデオロギーの形成過程という問題であり、特にイデオロギーとそれを抱いている階級の利益との関係である。冒頭にエルスターが明確に「ヘゲモニー」に基づく議論を批判対象にあげていること、本書の出版年（一九八三年）などから考えても、エルスターが当の問題を念頭に置いていたことは明らかであろうと思われる。

そしてこの論点は現代のわれわれにとっても重要な問題を提起している。二〇一六年は世界の民主主義にとって激動の年であった。この年の前半を通じて行われたアメリカ大統領選の各党の候補者選挙において、その過激な発言で多くの非難を呼んでいたドナルド・トランプ氏が、大方の予想に反して共和党候補としての指名を得ることとなった。そして秋には大統領に選ばれたことは周知の通りである。また少し戻って六月には、イギリスで行われたEUからの離脱をめぐる国民投票において、これまた大方の予想に反して離脱派が過半数を獲得した（いわゆるブレグジット）。これらの選挙における大きな衝撃の一つは、アメリカ・イギリスといった先進国における市民が、保守的かつ排外的な態度を是認したことであった。

近年のポピュリズム政治を研究する水島（2016）によれば、その支持者には共通性があり、いずれも衰退地域の白人労働者層を中心としているという。「イギリス独立党支持の中核となり、EU離脱を問う国民投票で賛成票を投じたのは、地方の荒廃した旧工業地帯や産炭地域の白人労働者層だった。その「置き去りにされた」人々を取り巻く状況と、アメリカのラストベルトで白人労働者層の置かれた社会経済的な状況が、きわめて似ていることは明らかだろう」（一九四頁）。このような事態に接して、われわれは（おそらくエルスターが八〇年代のヨーロッパにおいてそうしたように）次のように問わざるをえない。はたしてこの労働者たちは本当に、彼ら自身にとって最善の利益となる選択をなしたのだろうか？ あるいはなさなかった（なせなかった）としたら、それはなぜなのか？ そして、そのような「置き去りにされた」人々の行動は、階級イデオロギーのような形で認識することができるのだろうか？ 本章でのエルスターの分析は、これらの問いを考える上で、大きな助けになるだろう。

《7》エルスターにとっての「自律」

最後に、エルスターの理論的立場についてもう一歩だけ踏み込んでみよう。ここまで指摘してきた通り、本書を通じてエルスターは「自律」の価値を重視している。エルスターによれば、適応的選好形成に問題があるのは、それが（たとえ厚生を増すとしても）自律的ではないからである。単なる集計モデルとしての民主主義に問題があるのは、それが自律的な集団的意思決定だとは限らないからである。さらには『ユリシーズとセイレーン』から議論されている事前制約（プレコミットメント）も、個人の行為の制約を事前の自己決定によって正当化するものであり、自律の価値に基づいている。

自律には価値がある、という主張は当然のことであるように思われるかもしれない。確かに自律は近代社会思想の基礎中の基礎といってもよいものだろう。しかしながらエルスターの場合、自律の重視を当然の前提として受け止めるわけにはいかない。というのも、彼の考える人間像は必ずしも自律的な個人ではないからである。エルスターの見る個人は、本書第三章で示された多様な心理メカニズム、および第四章で示された多様な認知メカニズムによって、自律的な意思決定をしばしば歪められている（そして上に示したように当時の労働者の状況はまさにそのことを明らかにしていた）。エルスターは決して素朴に自律的な主体を見ていたわけではない。[*17] エルスターの態度は、個人は主として自律的であるからそれを尊重すべきだというものでもなく、個人はさまざまな事情によって自律的ではないから統治者が指導すべきだというものでもなく、個人はさまざまな事情によって自律的ではないにもかかわらず（だからこそ？）自律を尊重すべきだ、というものである。[*18]

エルスターの理論的立場を理解する上では、彼のこのような自律の重視、あえて言えば自律への「こだわり」というものをどう考えるかが鍵になるものと思われる。十分な論証をなすことはできないが、訳者はここにエルスターの、究極的なところでのマルクス主義へのコミットが見出せるのではないかと考えている。マルクスの疎外論あるいは物象化論の視座は、人間の本来あるべき自由なあり方が社会関係の中で失われてしまっていることを指摘するものである。この指摘を引き受ける中で、エルスターは自律の価値に強く依拠しているのではないだろうか。現代の政治哲学ではマルクス主義は主要な立場の一つとはもはやみなされていないが、この両者の結節点には、さらなる研究の可能性が広がっているのかもしれない。

《8》おわりに

本書に「結論 Conclusion」はない。結局のところエルスターが本書を通じて最も主張したかった点は何だったのか、それはわれわれ読者の理解に委ねられる。読者一人ひとりが、それを探らねばならない。この意味で、訳者がここに示した（すでにあまりに長過ぎる）解説は、最も妥当な解釈であるなどと主張しうるものではない。少なくともこのような含意がありうるであろうというものに過ぎない。

ここに収められたエルスターの議論の真意を深く理解するには、当然のこととして、関連するテーマを扱った彼の他の著作にも直接当たる必要があるだろう。[*19] 訳者も含め、エルスターの議論に関心を持った探究心ある人々が、改めて彼の知性に触れ、思索を展開することが望まれる。本書がその導入に資することがあれば、訳者としては望外の喜びである。

参考文献
Bok, D. 2010. *The Politics of Happiness: What Government Can Learn from the New Research on Well-Being*, Princeton University Press. 土屋直樹・茶野努・宮川修子（訳）『幸福の研究――ハーバード元学長が教える幸福な社会』東洋経済新報社、二〇一一年。
Dworkin, R. 2000. *Sovereign Virtue: The Theory and Practice of Equality*, Harvard University Press. 小林公・大江洋・高橋秀治・高橋文彦（訳）『平等とは何か』木鐸社、二〇〇二年。
Elster, J. 1989. *Nuts and Bolts: For the Social Sciences*, Cambridge: Cambridge University Press. 海野道郎（訳）『社会科学の道具箱――合理的選択理論入門』ハーベスト社、一九九七年。
Mayer, T. F. 1994. *Analytical Marxism*, Sage Publications. 瀬戸岡紘（監訳）『アナリティカル・マルクシズム――平易な解説』桜井書店、二〇〇五年。
Nozick, R. 1974. *Anarchy, State and Utopia*, Oxford: Blackwell. 嶋津格（訳）『アナーキー・国家・ユートピア――国家の正当性とその限界』木鐸社、一九八九年。
Nussbaum, M. C. 2006. *Frontiers of Justice: Disability, Nationality, Species Membership*, Harvard University Press. 神島裕子（訳）『正義のフロンティア――外国人・障碍者・動物という境界を越えて』法政大学出版局、二〇一二年。
Okin, S. M. 1989. *Justice, Gender, and the Family*, Basic Books. 山根純佳・内藤準・久保田裕之（訳）『正義・ジェンダー・家族』岩波書店、二〇一三年。
Pogge, T. 1989. *Realizing Rawls*, Cornell University Press.
Rawls, J. [1971] 1999. *A Theory of Justice*, revised edition, Cambridge, MA: Harvard University Press. 川本隆史・福間聡・神島裕子（訳）『正義論 改訳版』紀伊國屋書店、二〇一〇年。
Sandel M. J. 1982. *Liberalism and the Limits of Justice*, Cambridge University Press. 菊池理夫（訳）『リベラリズムと正義の限界』勁草書房、二〇〇九年。
Sen, A. K. 1970. *Collective Choice and Social Welfare*, San Francisco: Holden-Day. 志田基与師（監訳）『集合的選択と社会的厚生』勁草書房、二〇〇〇年。

Sen, A. K. 1982. *Choice, Welfare and Measurement*, Cambridge, MA: Harvard University Press. 大庭健・川本隆史（訳）『合理的な愚か者――経済学＝倫理学的探求』（抄訳）、勁草書房、一九八九年。

Sen, A. K. 1992. *Inequality Reexamined*, Oxford: Oxford University Press. 池本幸生・野上裕生・佐藤仁（訳）『不平等の再検討――潜在能力と自由』岩波書店、一九九九年。

Walzer, M. 1983. *Spheres of Justice: A Defence of Pluralism and Equality*, Oxford: Blackwell. 山口晃（訳）『正義の領分――多元性と平等の擁護』而立書房、一九九九年。

小原一馬．2001．「気高さの社会学――シグナル理論から見たブルデューとヴェブレン」『社会学評論』五二巻二号、一九六～二一三頁。

坂井豊貴．2016．「多数決の「正しい使い方」――国民投票に必要な〝強い個人〟」週刊エコノミスト八月三〇日号、三七～三九頁。

佐々木隆治．2016．『カール・マルクス――「資本主義」と闘った社会思想家』ちくま新書。

沢田善太郎．2005．「熟議民主主義と集合的決定」『現代社会学』六号、一～二六頁。

太子堂正称．2014．「嗜癖――アディクションは非合理な行為なのか」橋本努（編）『現代の経済思想』勁草書房、四七三～四九五頁。

髙橋克也．2018．「カントの「x」とヘリゲルの「それ」」『理想』七〇〇号、四九～六三頁。

高増明・松井暁編．1999．『アナリティカル・マルクシズム』ナカニシヤ出版。

高山智樹．2016．「階級概念と社会主義をめぐって」ポスト基礎付け主義研究会研究報告（三月二七日、於早稲田大学）※未公刊
中村勝己．2014．「ヘゲモニー論の系譜学――グラムシと現代政治思想」杉田敦（編）『岩波講座政治哲学4 国家と社会』岩波書店、一四九～二四四頁。

成田和信．2003．「適応的選好形成と功利主義」『慶應義塾大学日吉紀要』一八号、八七～一〇七頁。

松元雅和．2015．『応用政治哲学――方法論の探求』風行社。

マルクス，カール．2016．『資本論 第一部草稿――直接的生産過程の諸結果』森田成也（訳）、光文社古典新訳文庫。

丸祐一．2013．「プリコミットメントから見たアドバンス・ディレクティブ」仲正昌樹（編）『「法」における「主体」の問題』

御茶の水書房、二七五～二九三頁。
水島治郎 2016『ポピュリズムとは何か——民主主義の敵か、改革の希望か』中公新書。
守健二・玉手慎太郎 2011「政治経済学の復権——A・センにおける経済学と倫理学」柴田信也（編著）『政治経済学の再生』創風社、一七五～二〇九頁。

解説　注

＊1　学派としてのアナリティカル・マルクシズムの全体像、およびそこにおけるエルスターの立ち位置と独自性については、Mayer (1994) および高増・松井編 (1999) を参照（ただし興味深いことに、いずれの本においても、エルスターはアナリティカル・マルクシズムの主要な論者として挙げられながら、単独で扱われる章を置かれていない）。アナリティカル・マルクシズムとは、七〇年代後半にはじまったマルクス主義の一潮流である。いわゆる「学派」と異なり、特定の理論ではなく方法論的態度によって結びついている。すなわち彼らは、マルクスの提示した、資本主義において抑圧された人間の解放という問題関心をより説得的に展開するために、時として大胆にマルクス自身の分析手段を放棄する。特に重要なのはヘーゲル由来の弁証法論理学の否定であり、彼らはそれにこだわることがマルクス主義の説得力を損なってきたと考え、より明晰な議論を行うために形式論理学に依拠し、数理的分析に強くコミットする（「アナリティカル（analytical）」と形容される所以である）。彼らはマルクスの問題関心、すなわち「人間解放のために真に科学的で真に有用な社会理論を創造したいというヴィジョンに動機を得て」いるのだが、同時に「このヴィジョンを追求する中で、かれらは、科学的で解放のために有用な理論の出現をさまたげると思われる伝統的マルクス主義の諸要素を批判」するのである（Mayer 1994, 邦訳一六～一七頁）。なお松井暁によれば、アナリティカル・マルクシズムという名称は、エルスターが命名したものだという（高増・松井編（1999）二〇二頁）。

＊2　国内の論文でエルスターについて論じた研究には、訳者の知る限り次のものがある。小原（2001）は本書第二章で展開されるエルスターのヴェブレン批判およびブルデュー批判について、成田（2003）は本書の主題たる適応的選好形成の概念について、沢田（2005）は本書第一章で触れられているエルスターの熟議民主主義論について、それぞれ論じている。丸（2013）は医療現場におけるアドバンス・ディ

レクティブについて論じるなかで、プレコミットメントの理論的基礎としてエルスターに言及しており、エルスターの理論が実践にも影響を及ぼすものであることが示されている。近年では太子堂（2014）が嗜癖および合理性についてのエルスターの議論を幅広く取り扱っており、これは国内における、現時点で最も充実した紹介とみなしてよいだろう。

＊3　この点の哲学史理解については松元（2015）の第二章を参照。

＊4　この点については守&玉手（2011）も参照のこと。

＊5　このように貧者への再分配をめぐる議論が一つの論争点となったことが、左派的な問題関心を強く有するアナリティカル・マルクシズムの論者たちがこの領域にさかんに参入していったことの理由であると考えられる。

＊6　なお本書の解説という目的からは逸れるが、ロールズ『正義論』をめぐって八十年代初頭以降に新たに生じた議論の方向性としては、以下のものを挙げることができるだろう。第一に、共同体的な価値を重視するコミュニタリアンによるロールズ批判が広く知られるようになり、いわゆる「リベラル・コミュニタリアン論争」が生じた（Sandel 1982, Walzer 1983など）。第二に、フェミニズムの論者たちの中からロールズの議論を主たる批判対象とする議論が生じてきた（Okin 1989など）。第三に、一国の範囲を超えて、グローバルな正義構想をめぐる議論が生じることになった（Pogge 1989, Nussbaum 2006など）。ロールズのその後の著書（『政治的リベラリズム』および『万民の法』）をめぐる議論まで含めるならばさらに多くの議論が展開されたことは言うまでもない。

＊7　ただし訳文には原文を確認した上で修正を加えている場合がある。以下同じ。

＊8　Sen（1970), Ch. 3を参照のこと（特に邦訳四七～五〇頁）。以下それぞれの公理について、その含意を簡単に説明しよう。(1)定義域の非限定性とは、個々人の選好についていかなる制約も課してはならない、という条件である（社会的厚生関数は個々人の選好から社会的選好を導出するものであるから、定義域＝個々人の選好と読み換えてよい）。たとえば、個々人は特定の政治制度を好む傾向性を持つと最初から想定してよいなら、その制度が当然のように導出されるだろうが、それでは理論の一般性を欠くだろう。(2)弱パレート原理とは、すべての個人が社会xを社会yよりも選好するならば、集計した結果においても社会xが選好されなければならない、という条件である。すべての人がxを好んでいるのにそれに反する決定を社会がなすというのは、直観的にみて民主主義的とは言えないだろう。(3)無関係選択肢からの独立性とは、選択肢に対して与えられる最終的な評価はその選択肢についての情報からのみ判断されていなければいけない、という条件である。たとえばヒラリーとトランプのどちらを選ぶかという判断は、サンダースとルビオのどちらが好ましいかという判断に左右されてはいけない、ということが要求さ

れている。判断がそのように左右されてしまうことは端的に言って不合理であろう。(4)最後に非独裁制とは、読んで字のごとく、独裁制は認められないという条件である。これが民主主義の要請として正当であることは疑いえないだろう。なおアローの不可能性定理は、以上四つの公理を満たす社会厚生関数は存在しない、という形で表現されることもあれば、最初の三つの公理を満たす社会厚生関数は独裁制以外にありえない、という形で表現されることもある。

＊9　この点の理解については沢田（2005）の四頁および一二～一三頁も参照のこと。沢田によれば、エルスターは「社会的選択理論の批判のために、公共討議に注目した最初の論者である」（一二頁）。

＊10　〔 〕内は引用者補足。以下同じ。

＊11　ヘリゲルの議論のカント哲学との関係性については、たとえば高橋（2018）をみよ。高橋はカントの「先験的主観」とヘリゲルの議論をつなぎ、行為を直接に意図する主体ではなく、行為に対する意図が消去される状況を設定するような主体の可能性を論じることで、無意識性と主体性のバランスを成立させようとする。これは本書におけるエルスターの議論に照らせば、本質的に副産物である状態を間接的な手段で達成しようとする試みとみなせるだろう。

＊12　理想理論と非理想理論の区別については松元（2015）の第四章を参照。

＊13　厳密に言えばマルクス自身がこのように考えていたかどうかには多くの異論がある。しかし少なくとも俗流の「マルクス主義」においては、このような理解がなされているものと考えられる。マルクス自身の見解については、たとえば佐々木（2016）を参照。

＊14　BBC NEWS JAPAN ウェブ記事「『ポスト真実』が今年の言葉　英オックスフォード辞書」二〇一六年一一月一七日付記事（http://www.bbc.com/japanese/38009790、二〇一七年三月一日閲覧）。

＊15　このパラグラフの内容は高山（2016）に依拠している。未公刊の発表資料への言及を許諾してくださった高山氏に感謝申し上げたい。

＊16　ヘゲモニー概念の成立と左派理論内部での展開については中村（2014）を参照。

＊17　さらに言えば、八〇年代までにすでにフランクフルト学派やいわゆるポストモダン派の哲学により「自律」や「主体」といった近代的価値の批判が広く行われていたことにも留意すべきであろう。

＊18　このうち第一の態度の典型例は合理的個人に依拠する新古典派経済学の自由主義であり、第二の態度の典型例はパターナリスティックな功利主義である。その両者をエルスターが本書で強く批判していることは一読して明らかであろう。

＊19　特に、序文においてエルスターが本書の姉妹編とする『ユリシーズとセイレーン』、および本書の後に出版され本書を姉妹編と名指しする『ソロモンの審判』（一九八九）、そし

て『ユリシーズとセイレーン』をさらに発展させた著作である『解き放たれたユリシーズ』(二〇〇〇)における議論が大きな助けになると思われる。

訳者あとがき

マルセル・プルーストの小説『失われた時を求めて』に次のような文章がある。花の水彩画を描くことについて、ヴィルパリジ夫人が述べた言葉だ。「……もし絵筆の先から生まれる花がつまらぬものだとしても、少なくとも花を描くというのは自然の花々と交流しながら生きることであって、とくにその姿を正確に写すためにごく近くから花を見つめなくてはならないとき、花の美しさに飽きることはない……」(高遠弘美訳、四巻、一七三〜一七四頁、光文社、二〇一六年)。僕は今回の仕事を通じて、同じことが翻訳においても当てはまると思った。たとえ訳文がつまらぬものだとしても、翻訳とは叡智との交流であり、文意を正確に写すためにごく近くから著作に向き合わなくてはならないとき、その思想に飽きることはない、と。本書の訳業はこの意味で、僕にとってこの上なく楽しい作業であった。しかしもちろん、学術書の翻訳は趣味で描く絵とは異なる。多くの人に読まれることが前提とされている以上、訳文を良いものに仕上げる責任があるだろう。僕は力の及ぶ限りこれに努めたつもりである。が、しかし果たして訳文が結局のところつまらぬものになってしまっていないかどうか、読者諸氏の批判をあおぎたい。

以下、この場を借りて謝辞を記したい。伊勢田哲治先生、佐藤岳詩先生、杉本俊介先生、岡本慎平先生からは、各章の初稿について詳細かつ非常に有益なコメントをいただいた。文法上の誤訳から背景知識の欠落まで、不十分な点を数多く指摘していただくことができた。奥田太郎先生には、以上のような原稿のチェック体制のコーディネートをしていただいた。加えて、太子堂正称先生には「訳者解説」の草稿をお読みいただき、ご助言をいただいた。皆様にこの場を借りて感謝申し上げたい。もちろん訳文および解説になお残された瑕疵はすべて僕自身に帰せられるものである。また伊勢田哲治先生には重ねて、そもそもの始まりにおいてこの翻訳の仕事を紹介してくださったことについても、心からの感謝を申し上げたい。

吉田修馬先生には、本書にしばしば登場するフランス語の文章の翻訳について、また哲学用語の訳出に関してお力添えをいただいた。山本圭先生には、精神分析に関わる点についてご助力いただいた。お二人には特に、日頃から互いの研究に関して遠慮なく論じ合うことのできる大切な友人でいてくださることに、親愛の情をこめて感謝したい。

現職場である東京大学生命・医療倫理教育研究センター（東京大学CBEL）には、刺激的な研究プロジェクトへの参加機会、および物的にも質的にも研究に集中できる環境を提供していただいている。学術的な議論から日常の雑談まで幅広く付き合ってくださる同僚、学生、事務職員の皆様に、改めて感謝申し上げたい。本書は医療倫理学と直接に関連するものではないが、適応的選好形成をはじめとしてここで展開されている議論は、医療倫理学にも多くの重要な知見をもたらすものであると僕は考えている。

学部から大学院までご指導くださった守健二先生には、博士課程修了後も定期的に、本訳書への期待を示す形で尻を叩いてくださったことについて、心からの感謝を示したい。また、互いの研究について議論を重ねる中で、本訳書の公刊を楽しみにしていると応援してくれた、栗林寛幸先生、児島博紀先生、斉藤尚先生、田畑真一先生、松山淳先生にも感謝したい。幾度となく与えられた声援は、この上なく励まされるものであった。

そしてもちろん、本書の編集にあたってくださった勁草書房の土井美智子さんには、多大な励ましと詳細な助言をくださったことに心より感謝申し上げたい。訳文についてはもちろんのこと、とりわけ多岐に渡った訳注の取捨選択について、非常に有益なアドバイスを数えきれないほどいただくことができた。翻訳の完成までには予定よりも長い時間がかかってしまい、ご迷惑をおかけしてしまったことをお詫び申し上げたく思う。

最後に私事であるが、僕の仕事にいつも理解を示してくれている妻に、そしてまた本書の翻訳中に生まれた二人の息子に対して、感謝の気持ちを述べることをお許しいただきたい。いつもありがとう。息子には、人々が平等な尊重を受けて暮らすことが（残念ながら）一層難しくなってゆきつつあるこの時代に、なお左派の星として輝いて行くことを願って「左星（えるすたあ）」という名前をつけようかとも思ったが、さすがにこらえた。こんな馬鹿なことばかり考えている僕を見守ってくれる、大切な家族に支えられている幸せをかみしめつつ、これからも研究に励んでいく所存である。

二〇一八年八月

玉手慎太郎

著者略歴

ヤン・エルスター（Jon Elster）

1940年生まれ．コロンビア大学ロバート・K・マートン社会科学教授（政治学・哲学），ならびにコレージュ・ド・フランス終身教授．著書に，*Ulysses and the Sirens*（Cambridge University Press, 1979），*Nuts and Bolts for the Social Sciences*（Cambridge University Press, 1989, 邦訳『社会科学の道具箱』ハーベスト社），*Strong Feelings*（MIT Press, 1999, 邦訳『合理性を圧倒する感情』勁草書房）など．

訳者略歴

玉手慎太郎（たまてしんたろう）

東京大学特任研究員．共著に『権利の哲学入門』（社会評論社，2017年），『政治経済学の再生』（創風社，2011年），論文に「外的規範と系統立って観察される規範」『三田学会雑誌』109(4)，2017年ほか．

人名索引

＊あ行

アーレント　Arendt, H. | 53, 61, 162–164

アリストテレス　Aristotle | 84, 127, 289

ウィンストン　Winston, G. | 270

ヴェーヌ　Veyne, P. | 69, 78, 100, 108–113, 123, 176, 183, 190–191, 196, 201, 230, 242, 276–277

ウェーバー　Weber, M. | 193, 240

ヴェブレン　Veblen, T. | 112–116, 178

ウォルハイム　Wollheim, R. | 138–139

エインズリー　Ainslie, G. | 12, 33, 82, 90, 190, 283, 307

エンゲルス　Engels, F. | 220, 224, 239–240, 245, 289

＊か行

カトーナ　Katona, G. | 246

カント　Kant, I. | 1, 31, 34, 154–155, 306

ギバート　Gibbard, A. | 16

クリック　Crick, B. | 109–110

ゲルナー　Gellner, E. | 117

ゴールドマン　Goldman, A. | 206–208, 271

コルム　Kolm, S.-C. | 49, 59, 69, 86, 90, 182, 201

コワコフスキ　Kolakowski, L. | 238–240, 245, 268–271

＊さ行

サルトル　Sartre, J.-P. | 17, 73, 99, 248–250, 290, 309

シェーラー　Scheler, M. | 116, 169

ジノヴィエフ　Zinoviev, A. | 30, 69, 73, 79, 101–103, 127, 144–149, 160–161, 287, 294

ジャニス　Janis, I. | 60

シュンペーター　Schumpeter, J. | 267–268

ジョーンズ　Jones, O. | 140–141

鈴木大拙　Suzuki, D. T. | 69

スタンダール　Stendhal | 70–71, 83–84, 119–120

スマリヤン　Smullyan, R. | 69, 104–106

スミス　Smith, A. | 59, 309

スント　Sundt, E. | 134–136

セン　Sen, A. | 187, 301

＊た行

ダン　Donne, J. | 79, 99, 287

ディアギレフ　Diaghilev, S. | 104–105, 140

デイヴィドソン　Davidson, D. | 3–6, 16

ディキンソン　Dickinson, E. | 73–76, 93, 140, 293

デカルト　Descartes, R. | 28–29, 198, 282, 304

トヴェルスキー　Tversky, A. | 38, 49, 237, 306

トクヴィル　Tocqueville, A. | 78, 93, 147, 154, 156–161, 196, 230, 280, 294–296, 305

ドレッサー　Dresser, C. | 141

トンプソン　Thompson, E. P. | 166–167, 193, 307

＊な行

ニーチェ　Nietzsche, F. | 195

ニスベット　Nisbett, R. | 39, 237, 263, 267–268, 271–272

ノージック　Nozick, R. | 232, 302, 306–307

＊は行

ハーシュマン　Hirschman, A. | 179, 264–271, 297

ハーバーマス　Habermas, J. | 53, 58, 64

パーフィット　Parfit, D. | 155, 284

バーリン　Berlin, I. | 207–212

パスカル　Pascal, B. | 55, 84, 91, 124, 128

ハムスン　Hamsun, K. | 117

バリー　Barry, B. | 164–165

ピュージン　Pugin, A. | 142

ヒンティッカ　Hintikka, J. | 7

ファーバー　Farber, L. | 69, 80–83, 99

フィンリー　Finley, M. | 163

フーコー　Foucault, M. | 172–174

フェスティンガー　Festinger, L. | 183, 199, 201, 303

フォン・ヴァイツゼッカー　Weizsäcker, C. C. von | 37, 41

フォン・ノイマン　Neumann, J. von | 125

ブルデュー　Bourdieu, P. | 114–116, 126, 173–178, 291–292, 300

ベイトソン　Bateson, G. | 69, 290

ペイトマン　Pateman, C. | 161–162

ヘーゲル　Hegel, G. W. F. | 1, 53, 79, 93, 289–290

ヘラー　Heller, J. | 103

ベルンシュタイン　Bernstein, E. | 167

ベン　Ben, S. | 164–165

＊ま行

マートン　Merton, R. | 205, 230

マルクス　Marx, K. | 160, 236–238, 244–245, 275–276, 287, 289

マルブランシュ　Malebranche, N. | 170, 271–272

マンデヴィル　Mandeville, B. | 171, 298

ミル　Mill, J. S. | 161–162, 289, 297

＊ら行

ライファ　Raiffa, H. | 41

ライプニッツ　Leibniz, G. W. | 170–171, 174, 229, 271–272, 309

ラカー　Laqueur, W. | 254–256

ラスキン　Ruskin, J. | 142–143

ルソー　Rousseau, J.-J. | 53

レヴェンソン　Levenson, J. | 203, 257–260, 270

ロールズ　Rawls, J. | 1, 53, 154–156, 214, 225, 279, 286, 306

ロス　Ross, L. | 39, 237, 263, 267–268, 271–272

＊わ行

ワズラウィック　Watzlawick, P. | 69, 290

事項索引

※（　）で示したページ数は、直接にその単語が出てくるわけではないが関連する議論がなされている箇所を示す。

文献一覧

Abelson, R. P. 1963. Computer simulation of hot cognition. In S. Tomkins and S. Messick (eds.), *Computer simulation of personality*, pp. 277–98. New York: Wiley.

Acton, H. B. 1967. Dialectical materialism. In *The Encyclopedia of Philosophy*. New York: Macmillan.

Ainslie, G. 1975. Specious reward. *Psychological Bulletin* 82: 463–96.

——. 1982. A behavioral economic approach to the defense mechanism: Freud's energy theory revisited. *Social Science Information* 21: 735–79.

——. 1984. 'Behavioral economics 11: motivated involuntary behavior', *Social Science Information* 23, 247–74.

Ainslie, G. and Schafer, E. 1981. The application of economic concepts to the motivational conflict in alcoholism. In D. Gottheil *et al.* (eds.), *Matching patient needs and treatment methods in alcoholism and drug abuse*, pp. 215–45. Springfield, Ill.: C. C. Thomas.

Arendt, H. 1958. *The human condition*. University of Chicago Press. 志水速雄（訳）『人間の条件』ちくま学芸文庫，1994.

——. 1973. *On revolution*. Harmondsworth: Pelican Books. 志水速雄（訳）『革命について』ちくま学芸文庫，1995.

Arrow, K. 1963. *Social choice and individual values*. New York: Wiley. 長名寛明（訳）『社会的選択と個人的評価』勁草書房，2013（第三版の訳）.

Arrow, K. and Hurwicz, L. 1972. An optimality criterion for decision-making under uncertainty. In C. F. Carter and J. L. Ford (eds.), *Uncertainty and expectation in economics*, pp. 1–11. Clifton, N. J.: Kelley.

Asch, S. 1956. Studies of independence and conformity: I. A minority of one against a unanimous majority. *Psychological Monographs* 70.

Aschenbrenner, K. M. 1977. Influence of attribute formulation on the evaluation of apartments by multi-attribute utility procedures. In H. Jungermann and G. de Zeeuw (eds.), *Decision making and change in human affairs*, pp. 81–97. Dordrecht: Reidel.

d'Aspremont, C. and Gevers, L. 1977. Equity and the informational basis of collective choice. *Review of Economic Studies* 44: 199–210.

Axelrod, R. and Hamilton, W. D. 1981. The evolution of cooperation. *Science* 211:

1390–6.
Barry, B. 1978. Comment. In S. Benn *et al.*, *Political participation*, pp. 37–48. Canberra: Australian National University Press.
——. 1979. *Economists, sociologists and democracy*, 2nd edn. Chicago: Chicago University Press.
Bateson, G. 1956. Towards a theory of schizophrenia. In Bateson (1972), pp. 201–27.
——. 1972. *Steps to an ecology of mind*. New York: Ballantine Books. 佐藤良明（訳）『精神の生態学』新思索社，2000.
Baumol, W. 1965. *Welfare economics and the theory of the state*, 2nd edn. London: Bell.
Benn, S. 1978. The problematic rationality of political participation. In S. Benn *et al.*, *Political participation*, pp. 1–22. Canberra: Australian National University Press.
Berelsen, B. R. 1954. Democratic theory and democratic practice. Ch. 16 in B. R. Berelsen, P. F. Lazarsfeld and W. N. McPhee, *Voting*. University of Chicago Press.
Berlin, I. 1963–4. 'From hope and fear set free'. Quoted after the reprint in I. Berlin, *Concepts and categories*, pp. 173–98. Harmondsworth: Penguin, 1981.
——. 1969. *Two concepts of liberty*. Oxford University Press. 生松敬三（訳）「二つの自由概念」小川晃一・小池銈・福田歓一・生松敬三（共訳）『自由論』みすず書房，1971 所収.
Bernstein, E. 1899. *Die Voraussetzungen des Sozialismus*. Many editions.
Bloom, G. F. 1940. A reconsideration of the theory of exploitation. *Quarterly Journal of Economics* 55: 413–42.
Bodemann, E. 1895. *Die Leibniz-Handschriften*. Hanover.
Borch, K. 1968. *The economics of uncertainty*. Princeton University Press.
Borkenau, F. 1934. *Die Übergang vom feudalen zum bürgerlichen Weltbild*. Paris: Felix Alcan.
Boudon, R. 1977. *Effets pervers et ordre social*. Paris: Presses Universitaires de France.
Bourdieu, P. 1979. *La Distinction*. Paris: Editions de Minuit. 石井洋二郎（訳）『ディスタンクシオン——社会的判断力批判』（全二巻），藤原書店，1990.
Bronfenbrenner, M. 1971. *Income distribution theory*. London: Macmillan.
Buchanan, J. and Brennan, G. 1980. *The power to tax*. Cambridge University Press.
Buchanan, J. and Tullock, G. 1962. *The calculus of consent*. Ann Arbor: University of Michigan Press. 宇田川璋仁（監訳），米原淳七郎・田中清和・黒川和美（訳）

『公共選択の理論——合意の経済論理』東洋経済新報社，1979.
Burke, E. 1955. *Reflections on the Revolution in France*. New York: Bobbs-Merrill. 半沢孝麿（訳）『フランス革命の省察』みすず書房，1997.
Burnyeat, M. F. 1980. Aristotle on learning to be good. In A. Rorty (ed.), *Essays on Aristotle's ethics*, pp. 69–92. Berkeley: University of California Press.
Bøe, A. 1956. *From Gothic revival to functional form*. Oslo: Universitetsforlaget.
Capra, F. 1976. *The Tao of physics*. Huntington, N. Y.: Fontaha Books.
Cohen, G. A. 1978. *Karl Marx's theory of history: a defence*. Oxford University Press.
——. 1979. Freedom, capitalism and the proletariat. In A. Ryan (ed.), *The idea of freedom*, pp. 9–25. Oxford University Press.
Coleman, D. C. 1973. Gentlemen and players. *Economic History Review*, 2nd series 26: 92–116.
Coser, L. 1971. Social conflict and the theory of social change. In C. G. Smith (ed.), *Conflict resolution: contributions of the behavioral sciences*, pp. 58–65. Notre Dame, Ind.: University of Notre Dame Press.
Cyert, R. M. and de Groot, M. H. 1975. Adaptive utility. In R. H. Day and T. Groves (eds.), *Adaptive economic models*, pp. 223–46. New York: Academic Press.
Dahl, T. S. 1977. *Barnevern og samfunnsvern*. Oslo: Pax.
Davidson, D. 1980. *Essays on actions and events*. Oxford University Press. 服部裕幸・柴田正良（訳）『行為と出来事』勁草書房，1990（抄訳）.
Davis, K. and Moore, W. E. 1945. Some principles of stratification. *American Sociological Review* 10: 242–9.
Dennett, D. 1976. Conditions of personhood. In A. Rorty (ed.), *The identities of persons*, pp. 175–96. Berkeley: University of California Press.
Descartes, R. 1897–1910. *Oeuvres Complètes*, ed. C. Adam and P. Tannery. 11 vols. Paris: Vrin. 山田弘明ほか（訳）『デカルト全書簡集』（全 8 巻予定），知泉書簡，2012～続刊．
Dickinson, Emily 1970. *Complete poems*, ed. Thomas H. Johnson. London: Faber and Faber.
Dresser, C. 1862. *The art of decorative design*. London.
Dreyfus, H. L. and Dreyfus, S. 1978. Inadequacies in the decision analysis model of rationality. In C. A. Hooker, J. J. Leach and E. F. McClennen (eds.), *Foundations and applications of decision theory. Volume I: Theoretical foundations*, pp. 115–24. Dordrecht: Reidel.
Elster, J. 1975. *Leibniz et la formation de l'esprit capitaliste*. Paris: Aubier-Montaigne.

——. 1976. Some conceptual problems in political theory. In B. Barry (ed.), *Power and political theory*, pp. 245–70. Chichester: Wiley.
——. 1978a. *Logic and society*. Chichester: Wiley.
——. 1978b. Exploring exploitation. *Journal of Peace Research* 15: 3–17.
——. 1978c. The labor theory of value. *Marxist Perspectives* 1: 70–101.
——. 1979. *Ulysses and the sirens*. Cambridge University Press.
——. 1980a. Négation active et négation active: essai de sociologie ivanienne. *Archives Européennes de Sociologie* 21: 329–49.
——. 1980b. Reply to comments, in Symposium on Elster (1978a), *Inquiry* 23: 213–32.
——. 1981. Snobs (review of Bourdieu 1979). *London Review of Books* 3 (20): 10–12.
——. 1982a. *Explaining technical change*. Cambridge University Press.
——. 1982b. Deception and self-deception in Stendhal. Unpublished lecture, Oxford University.
——. 1982c. A paradigm for the social sciences? (Review of van Parijs 1981). *Inquiry* 25: 378–85.
——. 1982d. Marxism, functionalism and game theory. *Theory and Society* 11: 453–82.
Engels, F. 1845. *The condition of the working class in England*. In Marx and Engels, *Collected works*, vol. IV. London: Lawrence and Wishart. 浜林正夫（訳）『イギリス労働者階級の状態』（全二巻），新日本出版社，2000.
Farber, L. 1976. *Lying, despair, jealousy, envy, sex, suicide, drugs and the good life*. New York: Basic Books.
Farrell, B. A. 1981. *The status of psychoanalytic theory*. Harmondsworth: Pelican Books.
Feller, W. 1968. *An introduction to probability theory and its applications*, vol. I, 3rd edn. New York: Wiley.
Fellner, W. 1965. *Probability and profits*. Homewood, Ill.: Irwin.
Fenoaltea, S. 1975. The rise and fall of a theoretical model: the manorial system. *Journal of Economic History* 35: 386–409.
Festinger, L. 1957. *A theory of cognitive dissonance*. Stanford University Press. 末永俊郎（監訳）『認知的不協和の理論——社会心理学序説』誠信書房，1965.
Fingarette, H. 1969. *Self-deception*. London: Routledge and Kegan Paul.
Finley, M. I. 1965. Technical innovation and economic progress in the ancient world. Reprinted as Ch. 11 in Finley (1981).
——. 1973. *Democracy: ancient and modern*. London: Chatto and Windus.

——. 1976. The freedom of the citizen in the Greek world. Reprinted as Ch. 5 in Finley (1981).

——. 1981. *Economy and society in ancient Greece*. London: Chatto and Windus.

Fitzhugh, G. 1857. *Cannibals all!* Reprint Cambridge, Mass.: Harvard University Press, 1960.

Foucault, M. 1975. *Surveiller et punir*. Paris: Gallimard. 田村俶（訳）『監獄の誕生——監視と処罰』新潮社，1977.

Frankfurt, H. F. 1971. Freedom of will and the concept of a person. *Journal of Philosophy* 68: 5–20. 近藤智彦（訳）「意志の自由と人格という概念」門脇俊介・野矢茂樹（編・監修）『自由と行為の哲学』春秋社，2010 所収.

Georgescu-Roegen, N. 1954. Choice, expectations and measurability. *Quarterly Journal of Economics* 68: 503–34.

Gibbard, A. 1986. Interpersonal comparisons: preference, good and the intrinsic reward of a life. In J. Elster and A. Hylland (eds.), *Foundations of social choice theory*. Cambridge University Press, pp. 165–94.

Goldman, A. 1972. Toward a theory of social power. *Philosophical Studies* 23: 221–68.

——. 1978. Epistemics. *Journal of Philosophy* 75: 509–24.

Goldmann, L. 1954. *Le Dieu caché*. Paris: Gallimard.

Goldstine, H. 1972. *The computer from Pascal to von Neumann*. Princeton University Press.

Goodin, R. 1986. Laundering preferences. In J. Elster and A. Hylland (eds.), *Foundations of social choice theory*. Cambridge University Press, pp. 75–102.

Gorman, W. M. 1967. Tastes, habits and choices. *International Economic Review* 8: 218–22.

Gullestad, S. and Tschudi, F. 1982. Labelling theory of mental illness: a critique illustrated by two case studies. *Psychiatry and Social Science* 2: 213–26.

Haavelmo, T. 1970. Some observations on welfare and economic growth. In W. A. Eltis, M. Scott and N. Wolfe (eds.), *Induction, growth and trade: essays in honour of Sir Roy Harrod*, pp. 65–75. Oxford University Press.

Habermas, J. 1982. Diskursethik—Notizen zu einem Begründungs-program. Mimeographed.

Hammond, P. and Mirrlees, J. 1973. Agreeable plans. In J. Mirrlees and N. H. Stern (eds.), *Models of economic growth*, pp. 283–99. London: Macmillan.

Harsanyi, J. 1977. *Rational behavior and bargaining equilibrium in games and social situations*. Cambridge University Press.

Hart, H. L. A. and Honoré, A. M. 1959. *Causation in the law*. Oxford University

Press. 井上祐司・真鍋毅・植田博（訳）『法における因果性』九州大学出版会，1991.
Heal, G. 1973. *The theory of economic planning*. Amsterdam: North Holland.
Heckscher, E. 1955. *Mercantilism*, vols. I-II. London: Allen and Unwin.
Hegel, G. W. F. 1970. *Werke in 12 Bänden*. Frankfurt: Suhrkamp.
——. 1977. *The Phenomenology of Spirit*. Oxford University Press. 牧野紀之（訳）『精神現象学』未知谷，2001.
Heimer, C. and Stinchcombe, A. 1980. Love and irrationality. *Social Science Information* 19: 697-754.
Hintikka, J. 1961. *Knowledge and belief*. Ithaca, N. Y.: Cornell University Press. 永井成男・内田種臣（訳）『認識と信念——認識と信念の論理序説』紀伊國屋書店，1975.
Hirsch, F. 1976. *Social limits to growth*. Cambridge, Mass.: Harvard University Press.
Hirschman, A. 1967. *Development projects observed*. Washington, D. C.: The Brookings Institution. 麻田四郎・所哲也（訳）『開発計画の診断』巌松堂出版，1973.
——. 1982. *Shifting involvements: private interest and public action*. Princeton University Press. 佐々木毅・杉田敦（訳）『失望と参画の現象学——私的利益と公的行為』法政大学出版局，1988.
Hogarth, R. M. 1977. Methods for aggregating opinions. In H. Jungermann and G. de Zeeuw (eds.), *Decision making and change in human affairs*, pp. 231-56. Dordrecht: Reidel.
Janis, I. 1972. *Victims of group-think*. Boston: Houghton Mifflin.
Johansen, L. 1977. *Lectures on macroeconomic Planning. Part 1: General aspects*. Amsterdam: North Holland.
Jones, O. 1856. *The grammar of ornament*. London; reprint New York; van Nostrand, 1972.
Jones, R. A. 1977. *Self-fulfilling prophecies*. Hillsdale, N. J.: Lawrence Erlbaum.
Kahneman, D. and Tversky, A. 1979. Prospect theory. *Econometrica* 47: 263-91.
Kant, I. 1795. *Perpetual peace*. In H. Reiss (ed.), *Kant's political writings*, pp. 93-130. Cambridge University Press, 1977. 宇都宮芳明（訳）『永久平和のために』岩波文庫，1985.
Katona, G. 1951. *Psychological analysis of economic behavior*. New York: McGraw-Hill.
Kelly, J. 1978. *Arrow impossibility theorems*. New York: Academic Press.
Kenny, A. 1963. *Action, emotion and will*. London: Routledge and Kegan Paul.

——. 1965-6. Happiness. *Proceedings of the Aristotelian Society* (n.s.) 66: 93-102.

——. 1970. Intention and purpose in law. In R. Summers (ed.), *Essays in legal philosophy*, pp. 146-63. Oxford: Blackwell.

——. 1975. *Will, freedom and power*. Oxford: Blackwell.

——. 1976. Human abilities and dynamic modalities. In J. Manninen and R. Tuomela (eds.), *Essays on explanation and understanding*, pp. 209-32. Dordrecht: Reidel.

Knei-Paz, B. 1977. *The social and political thought of Leon Trotsky*. Oxford University Press.

Kolakowski, L. 1978. *Main Currents of Marxism*, vols. I-III. Oxford University Press.

Kolm, S.-C. 1979. La philosophie bouddhiste et les 'hommes économiques'. *Social Science Information* 18: 489-588.

——. 1981a. Altruismes et efficacités: le sophisme de Rousseau. *Social Science Information* 20: 293-354.

——. 1981b. Efficacité et altruisme: les sophismes de Mandeville, Smith et Pareto. *Revue Economique* 32: 5-31.

Koopmans, T. 1960. Stationary ordinal utility and impatience. *Econometrica* 28: 287-309.

Koopmans, T., Diamond, P. and Williamson, R. 1964. Stationary utility and time perspective. *Econometrica* 32: 82-100.

Koyré, A. 1966. *Etudes galiléennes*. Paris: Hermann.

Laqueur, W. 1980. *The terrible secret*. Boston: Little, Brown.

Lehrer, K. 1978. Consensus and comparison. A theory of social rationality. In C. A. Hooker, J. J. Leach and E. F. McClennen (eds.), *Foundations and applications of decision theory. Vol. I: Theoretical foundations*, pp. 283-310. Dordrecht: Reidel.

Leibniz, G. W. 1875-90. *Die Philosophische Schriften*, ed. Gerhardt, 7 vols. Reprint Hildesheim: Olms, 1965.

Levenson, J. 1968. *Confucian China and its modern fate*, vols. I-III. Berkeley: University of California Press.

Lipsey, R. G. and Lancaster, K. 1956-7. The general theory of the second best. *Review of Economic Studies* 24: 11-32.

Loevinger, J. 1976. *Ego-development*. San Francisco: Jossey-Bass.

Luce, R. D. and Raiffa, H. 1957. *Games and decisions*. New York: Wiley.

Lukes, S. 1974. *Power: a radical view*. London: Macmillan. 中島吉弘（訳）『現代権力論批判』未来社，1995.

Lyons, D. 1965. *Forms and limits of utilitarianism*. Oxford University Press.

MacIntyre, A. 1958. *The unconscious*. London: Routledge and Kegan Paul.
Mahoney, M. J. and Thoresen, C. E. (eds.) 1974. *Self-control: power to the person*. Monterey, Calif.: Brooks/Cole.
Maital, S. and Maital, S. 1978. Is discounting the future irrational? Mimeographed.
March, J. 1978. Bounded rationality, ambiguity and the engineering of choice. *Bell Journal of Economics* 9: 587–608.
Marcuse, H. 1964. *One-dimensional man*. Boston: Beacon Press. 行松敬三・三沢謙一（訳）『一次元的人間——先進産業社会におけるイデオロギーの研究』河出書房新社，1980.
Marx, K. 1847. *The Communism of the Rheinischer Beobachter*. In Marx and Engels, *Collected works*, vol. VI. London: Lawrence and Wishart, 1976.
——. 1857–8. *Grundrisse*. Reprint Harmondsworth: Pelican Books, 1973.
——. 1867. *Capital I*. Reprint New York: International Publishers, 1967. 向坂逸郎（訳）『資本論』（一～三巻），岩波書店，1969.
——. 1879–80. Randglossen zu Wagner. In *Marx-Engels Werke*, vol. XIX. Berlin: Dietz, 1962.
——. 1894. *Capital III*. Reprint New York: International Publishers, 1967. 向坂逸郎（訳）『資本論』（六～九巻），岩波書店，1969–70.
Merton. R. 1957. *Social theory and social structure*. Glencoe, Ill.: Free Press. 森東吾・森好夫・金沢実・中島竜太郎（訳）『社会理論と社会構造』みすず書房，1961.
Meyer, R. F. 1977. State-dependent time preference. In D. E. Bell, R. L. Kenney and H. Raiffa (eds.), *Conflicting objectives in decisions*, pp. 232–45. New York: Wiley.
Midgaard, K. 1980. On the significance of language and a richer concept of rationality. In L. Lewin and E. Vedung (eds.), *Politics as rational action*, pp. 83–97. Dordrecht: Reidel.
Mill, J. S. 1859. Bentham. In J. S. Mill, *Utilitarianism*, pp. 78–125. London: Fontana Books, 1962. 川名雄一郎・山本圭一郎（訳）「功利主義」同訳『J. S. ミル功利主義論集』京都大学学術出版会，2010.
Millay, Edna St Vincent 1975. *Collected poems*, ed. N. Millay. New York: Harper and Row.
Mitroff, I. I. and Mason, R. O. 1981. *Creating a dialectical social science*. Dordrecht: Reidel.
Morris, J. M. 1978. Non-events. *Philosophical Studies* 34: 321–4.
Nagel, T. 1979. *Mortal questions*. Cambridge University Press. 永井均（訳）『コウモリであるとはどのようなことか』勁草書房，1989.
Newton-Smith, W. 1981. *The rationality of science*. London: Routledge and Kegan

Paul.
Nietzsche, F. 1887. *Zur Genealogie der Moral*. In *Werke in zwei Bänden*, vol. II. München: Hanser, 1967. 信太正三（訳）「道徳の系譜」同訳『ニーチェ全集 11 善悪の彼岸・道徳の系譜』ちくま学芸文庫，1993 所収．
——. 1888. *Ecce homo*. In *Werke in zwei Bänden*, vol. II. München: Hanser, 1967. 川原栄峰（訳）「この人を見よ」同訳『ニーチェ全集 15 この人を見よ・自伝集』ちくま学芸文庫，1994 所収.
Nisbett, R. and Ross, L. 1980. *Human inference: strategies and shortcomings of social judgment*. Englewood Cliffs, N. J.: Prentice-Hall.
North, D. and Thomas, R. P. 1971. *The rise of the Western world*. Cambridge University Press.
Nozick, R. 1969. Newcomb's problem and two principles of choice. In N. Rescher (ed.), *Essays in honor of Carl Hempel*, pp. 440–72. Dordrecht: Reidel.
——. 1974. *Anarchy, state and utopia*. Oxford: Blackwell. 嶋津格（訳）『アナーキー・国家・ユートピア——国家の正当性とその限界』木鐸社，2008.
Parfit, D. 1973. Later selves and moral principles. In A. Montefiore (ed.), *Philosophy and personal relations*. London: Routledge and Kegan Paul.
——. 1981. Prudence, morality and the prisoner's dilemma. *Proceedings of the British Academy*. Oxford University Press.
van Parijs, P. 1981. *Evolutionary explanation in the social sciences*. Totowa, N. J.: Rowman and Littlefield.
Parkin, F. 1968. *Middle class radicalism*. Manchester University Press.
Pateman, C. 1970. *Participation and democratic theory*. Cambridge University Press. 寄本勝美（訳）『参加と民主主義理論』早稲田大学出版部，1977.
Pattanaik, P. 1978. *Strategy and group choice*. Amsterdam: North Holland.
Pears, D. 1974. Freud, Sartre and self-deception. In R. Wollheim (ed.), *Freud*, pp. 97–112. New York: Anchor Books.
Popper, K. 1957. *The poverty of historicism*. London: Routledge and Kegan Paul. 岩坂彰（訳）『歴史主義の貧困』日経 BP クラシックス，2013.
Pruyser, P. W. 1974. *Between belief and unbelief*. New York: Harper and Row.
Pugin, A. W. 1836. *Contrasts*. Reprinted New York: Humanities Press, 1969.
——. 1841. *True principles of Christian or pointed architecture*. London: John Weale.
Rader, T. 1972. *Theory of microeconomics*. New York: Academic Press.
Raiffa, H. 1968. *Decision analysis*. Reading, Mass.: Addison-Wesley.
Rapoport, A. and Chammah, A. 1965. *Prisoner's dilemma*. Ann Arbor: University of Michigan Press.
Rawls, J. 1971. *A theory of justice*. Cambridge, Mass.: Harvard University Press. 川

本隆史・福間聡・神島裕子（訳）『正義論 改訳版』紀伊國屋書店，2010〔改訂版の訳〕.
Rorty, A. 1980a. Self-deception, akrasia and immorality. *Social Science Information* 19: 905–22.
——. 1980b. Akrasia and conflict. *Inquiry*, 23: 193–212.
Runciman, W. G. and Sen, A. 1965. Games, justice and the general will. *Mind* 74: 554–62.
Ruskin, J. 1853. The nature of Gothic. In *The stones of Venice*, vol. II of *The works of John Ruskin*. London: George Allen, 1904.
Russel, R. 1966. The effects of slavery upon nonslaveholders in the ante-bellum South. In H. D. Woodman (ed.), *Slavery and the Southern economy*, pp. 117–27. New York: Pantheon.
Ryan, A. 1978. Comment. In S. Benn *et al*., *Political participation*, pp. 31–6. Canberra: Australian National University Press.
Samuelson, P. 1976. Speeding-up of time with age in recognition of life as fleeting. In A. M. Tang, F. M. Westfield and J. S. Worley (eds.), *Evolution, welfare and time in economics: essays in honour of Nicholas Georgescu-Roegen*, pp. 154–68. Lexington, Mass.: Lexington Books.
Sartre, J. P. 1943. *L'être et le néant*. Paris: Gallimard. 松浪信三郎（訳）『存在と無——現象学的存在論の試み』（全三巻），ちくま学芸文庫，2007–08.
Schafer, R. 1976. *A new language for psychoanalysis*. New Haven: Yale University Press.
Scheff, T. J. 1966. *Being mentally ill: a sociological theory*. Chicago: Aldine.
Scheler, M. 1972. *Ressentiment*. New York: Schocken Books.
Schelling, T. C. 1960. *The strategy of conflict*. Cambridge, Mass.: Harvard University Press. 河野勝（監訳）『紛争の戦略——ゲーム理論のエッセンス』勁草書房，2008.
——. 1978. Egonomics, or the art of self-management. *American Economic Review: Papers and Proceedings* 68: 290–4.
——. 1984. *Choice and Consequence*. Cambridge, Mass.: Harvard University Press.
Schotter, A. 1981. *The economic theory of social institutions*. Cambridge University Press.
Schumpeter, J. 1934. *The theory of economic development*. Cambridge, Mass.: Harvard University Press. 塩野谷祐一・中山伊知郎・東畑精一（訳）『経済発展の理論——企業者利潤・資本・信用・利子および景気の回転に関する一研究』（全二巻），岩波文庫，1977.
——. 1954. *Capitalism, socialism and democracy*. London: Allen and Unwin. 中山伊

知郎・東畑精一（訳）『資本主義・社会主義・民主主義』東洋経済新報社，1995.
Segrè, E. 1980. *From X-rays to quarks*. San Francisco: Freeman.
Sen, A. 1967. Isolation, assurance and the social rate of discount. *Quarterly Journal of Economics* 80: 112–24.
——. 1970. *Collective choice and social welfare*. San Francisco: Holden-Day. 志田基与師（監訳）『集合的選択と社会的厚生』勁草書房，2000.
——. 1974. Choice, orderings and morality. In S. Körner (ed.), *Practical reason*, pp. 54–67. Oxford: Blackwell.
——. 1975. *Employment, technology and development*. Oxford University Press.
——. 1976. Liberty, unanimity and rights. *Economica* 43: 217–45.
——. 1979. Informational analysis of moral principles. In R. Harrison (ed.), *Rational action*, pp. 115–32. Cambridge University Press.
——. 1980–1. Plural utility. *Proceedings of the Aristotelian Society* (n.s.) 81: 193–215.
Sewall, R. B. 1974. *The life of Emily Dickinson*. London: Faber and Faber.
Shepard, R. N. 1964. On subjectively optimum selection among multiattribute alternatives. In M. W. Shelley and G. L. Bryan (eds.), *Human judgment and optimality*, pp. 257–80. New York: Wiley.
Skinner, B. F. 1981. Selection by consequences. *Science* 213: 501–4.
Smullyan, R. 1978. *What is the name of this book?* Englewood Cliffs, N. J.: Prentice-Hall.
——. 1980. *This book needs no title*. Englewood Cliffs, N. J.: Prentice-Hall.
Stendhal 1949. *Vie de Henry Brulard*, ed. Martineau. Paris: Le Divan. 桑原武夫・生島遼一（訳），桑原武夫・生島遼一（編）『スタンダール全集 7 アンリ・ブリュラールの生涯』人文書院，1968.
——. 1950. *Souvenirs d'égotisme*, ed. Martineau. Paris: Le Divan. 小林正（訳）「エゴチスムの回想」桑原武夫・生島遼一（編）『スタンダール全集 12 ——エゴチスムの回想・日記』人文書院，1971 所収．
——. 1952. *Lucien Leuwen*. In *Romans et Nouvelles*, ed. Pléiade, vol. I. Paris: Gallimard. 島田尚一・鳴岩宗三（訳），桑原武夫・生島遼一（編）『スタンダール全集 3 リュシアン・ルーヴェン 1』および『スタンダール全集 4 リュシアン・ルーヴェン 2』人文書院，1969.
——. 1965. *De l'amour*. Paris: Garnier-Flammarion. 生島遼一・鈴木昭一郎（訳）「恋愛論」桑原武夫・生島遼一（編）『スタンダール全集 8 恋愛論・恋愛書簡』人文書院，1972 所収．
——. 1970. *Racine et Shakespeare*. Paris: Garnier-Flammarion. 島田尚一・西川長夫（訳）「ラシーヌとシェイクスピア」桑原武夫・生島遼一（編）『スタンダール全

集10文学論集』人文書院，1973所収.
——. 1981. *Oeuvres Intimes*, ed. Pléiade, vol. I. Paris: Gallimard.
Stigler, G. and Becker, G. 1977. De gustibus non est disputandum. *American Economic Review* 67: 76-90.
Stinchcombe, A. 1974. Merton's theory of social structure. In L. Coser (ed.), *The idea of social structure: papers in honor of Robert Merton*, pp. 11-33. New York: Harcourt, Brace, Jovanovich.
——. 1980. Is the prisoner's dilemma all of sociology? *Inquiry*, 23: 187-92.
Stouffer, S. A. *et al*. 1949. *The American soldier*. Princeton University Press.
Strotz, R. H, 1955-6. Myopia and inconsistency in dynamic utility maximization. *Review of Economic Studies* 23: 165-80.
Sundt, E. 1862. Nordlandsbåden. In *Verker i Utvalg*, vol. VII. Oslo: Gyldendal, 1976.
Suzuki, D. T. 1969. *The Zen doctrine of no-mind*. London: Rider.
Taylor, C. 1976. Responsibility for self. In A. Rorty (ed.), *The identities of persons*, pp. 281-300. Berkeley: University of California Press.
——. 1979. What's wrong with negative liberty. In A. Ryan (ed.), *The idea of freedom*, pp. 175-94. Oxford University Press.
Taylor, M. 1976. *Anarchy and cooperation*. Chichester: Wiley.
Taylor, M. and Ward, H. 1982. Chickens, whales and lumpy goods: alternative models of public goods provision. *Political Studies* 30: 350-70.
Thaler, R. H. and Shefrin, H. M. 1981. An economic theory of self-control. *Journal of Political Economy* 89: 392-406.
Thompson, E. P. 1968. *The making of the English working class*. Harmondsworth: Pelican Books. 市橋秀夫ほか（訳）『イングランド労働者階級の形成』青弓社，2003.
Tocqueville, A. de 1952. *L'ancien régime et la révolution. Edition des Oeuvres Complètes*, vol. I. Paris: Gallimard. 小山勉（訳）『旧体制と大革命』ちくま学芸文庫，1998.
——. 1953. *L'ancien régime et la révolution. Edition des Oeuvres Complètes*, vol. II. Paris: Gallimard.
——. 1962. *Ecrits et discours politiques. Edition des Oeuvres Complètes*. Paris: Gallimard.
——. 1969. *Democracy in America*. New York: Anchor Books. 松本礼二（訳）『アメリカのデモクラシー』（全四冊），岩波文庫，2005-08.
Trivers, R. 1971. The evolution of reciprocal altruism. *Quarterly Review of Biology* 46: 35-57.

Tsou, T. 1980. Back from the brink of revolutionary-'feudal' totalitarianism: some preliminary reflections. Mimeographed.

Tversky, A. 1981. Choice, preference and welfare: some psychological observations. Paper presented to a colloquium on 'Foundations of social choice theory', Ustaoset (Norway).

——. 1982. Self deception and self perception: some psychological observations. Paper presented to a colloquium on 'The multiple self', Maison des Sciences de l'Homme (Paris).

Tversky, A. and Kahneman, D. 1974. Judgment under uncertainty. *Science* 185: 1124–30. 村井章子（訳）「不確実性下における判断——ヒューリスティクスとバイアス」同訳『ファスト&スロー——あなたの意思はどのように決まるか？』（全二冊），ハヤカワノンフィクション文庫，2014 下巻所収．

——. 1981. The framing of decisions and the rationality of choice. *Science* 211: 543–58.

Ullmann-Margalit, E. and Morgenbesser, S. 1977. Picking and choosing. *Social Research* 44: 757–85.

Veblen, T. 1915. *Imperial Germany and the industrial revolution*. London: Macmillan.

——. 1970. *The theory of the leisure class*. London: Allen and Unwin. 高哲男（訳）『有閑階級の理論 増補新訂版』講談社学術文庫，2015.

Veyne, P. 1976. *Le pain et le cirque*. Paris: Seuil. 鎌田博夫（訳）『パンと競技場——ギリシア・ローマ時代の政治と都市の社会学的歴史』（新装版），法政大学出版局，2015.

Watkin, D. 1977. *Architecture and morality*. Oxford University Press.

Watzlawick, P. 1978. *The language of change*. New York: Basic Books.

Weber, M. 1920. Die protestantische Ethik und der Geist des Kapitalismus. In *Gesammelte Aufsätze zur Religionssociologie*, vol. I. Tübingen: Mohr. 大塚久雄（訳）『プロテスタンティズムの倫理と資本主義の精神』岩波文庫，1989.

——. 1968. *Gesammelte Aufsätze zur Wissenschaftslehre*. Tübingen: Mohr.

Weintraub, E. 1979. Microfoundations: the compatibility of microeconomics and macroeconomics. Cambridge University Press.

von Weizsäcker, C. C. 1971. Notes on endogenous change of tastes. *Journal of Economic Theory* 3: 345–72.

Wetlesen, J. 1979. *The sage and the way: Spinoza's philosophy of freedom*. Assen: Van Gorcum.

Wicklund, R. A. and Brehm, J. W. 1976. *Perspectives on cognitive dissonance*. Hillsdale, N. J.: Lawrence Erlbaum.

Williams, B. A. O. 1973. Deciding to believe. In *Problems of the self*, pp. 136–51. Cambridge University Press.
——. 1981. *Moral luck*. Cambridge University Press. 伊勢田哲治（監訳）『道徳的な運——哲学論集 1973～1980』勁草書房（近刊）.
Williams, G. C. 1966. *Adaptation and natural selection*. Princeton University Press.
Winston, G. 1980. Addiction and backsliding: a theory of compulsive consumption. *Journal of Economic Behavior and Organization* 1: 295–324.
Winter, S, 1964–5. Economic 'natural selection' and the theory of the firm. *Yale Economic Essays* 4: 225–72.
Winters, B. 1979. Willing to believe. *Journal of Philosophy* 76: 243–56.
Wollheim, R. 1971. *Freud*. Cambridge University Press.
——. 1974. *On art and the mind*. Cambridge, Mass.: Harvard University Press.
——. 1980. *Art and its objects*, 2nd edn. Cambridge University Press.
Zeldin, T. 1973. *France 1848-1945*, vol. I. Oxford University Press.
Zinoviev, A. 1963. *Philosophical problems of many-valued logic*. Dordrecht: Reidel.
——. 1978. *L'avenir radieux*. Lausanne: Editions Age d'Homme.
——. 1979. *The yawning heights*. London: The Bodley Head.

酸っぱい葡萄

合理性の転覆について　　双書現代倫理学4

2018年9月20日　第1版第1刷発行

著　者　ヤン・エルスター

訳　者　玉《たま》手《て》慎《しん》太《た》郎《ろう》

発行者　井村寿人

発行所　株式会社　勁草《けいそう》書房

112-0005　東京都文京区水道2-1-1　振替　00150-2-175253

（編集）電話　03-3815-5277／FAX　03-3814-6968

（営業）電話　03-3814-6861／FAX　03-3814-6854

ブックデザイン：寺山祐策　　印刷：港北出版印刷

本文組版：プログレス　　製本：松岳社

ISBN978-4-326-19970-9　　Printed in Japan

http://www.keisoshobo.co.jp